新常态下高校思想理论课教学改革发展研究

宋倩 著

吉林大学出版社

·长春·

图书在版编目（CIP）数据

新常态下高校思想理论课教学改革发展研究 / 宋倩著. -- 长春：吉林大学出版社, 2022.9
ISBN 978-7-5768-1000-4

Ⅰ.①新… Ⅱ.①宋… Ⅲ.①高等学校—思想政治教育—教学改革—研究—中国 Ⅳ.① G641

中国版本图书馆 CIP 数据核字 (2022) 第 206036 号

书　　名	新常态下高校思想理论课教学改革发展研究
	XINCHANGTAI XIA GAOXIAO SIXIANG LILUNKE JIAOXUE GAIGE FAZHAN YANJIU
作　　者	宋　倩 著
策划编辑	殷丽爽
责任编辑	安　萌
责任校对	殷丽爽
装帧设计	李文文
出版发行	吉林大学出版社
社　　址	长春市人民大街 4059 号
邮政编码	130021
发行电话	0431-89580028/29/21
网　　址	http://www.jlup.com.cn
电子邮箱	jldxcbs@sina.com
印　　刷	天津和萱印刷有限公司
开　　本	787mm×1092mm　1/16
印　　张	12
字　　数	200 千字
版　　次	2023 年 1 月　第 1 版
印　　次	2023 年 1 月　第 1 次
书　　号	ISBN 978-7-5768-1000-4
定　　价	72.00 元

版权所有　　翻印必究

作者简介

宋倩，女，1986年3月出生，河南省鹿邑县人，毕业于西安交通大学，硕士研究生学历，现任黄淮学院讲师一职。研究方向：马克思主义理论、大学生思想政治教育。主持并完成河南省人文社科课题一项、驻马店社科课题三项，参与省市级课题多项，在核心期刊发表论文三篇。

前 言

高校不仅是传授知识的场所，更是铸魂育人的关键阵地。教育部数据显示，2019年高等教育阶段，在学总规模4002万人。万千青年学子在高等教育阶段逐渐形成正确的世界观、人生观、价值观，实现全面健康成长。习近平总书记强调："思政课是落实立德树人根本任务的关键课程，思政课作用不可替代。"高校思想政治理论课肩负着引导高校学子成为社会主义建设者和接班人的重任，进入新时代，党和国家事业发生历史性变革，中华民族迎来强起来的伟大飞跃，思政课也迎来新的机遇和挑战。高校思政课既要因时而进、因势而新，又要在变革中保持定力，肩负时代使命。

本书第一章为新常态概述，主要从新常态的提出、新常态的内涵与特征、新常态下高校思想政治教育等方面出发。本书第二章讲述了新常态下高校思想理论课教学改革的必要性，主要从高校思想政治教育政策演变、高校思想政治理论课教学改革面临的机遇、高校思想政治理论课教学改革面临的挑战、高校思想政治理论课教学改革的意义等方面出发。本书第三章为新常态下高校思想理论课教学改革理论借鉴，对于人的全面发展理论、主体教育理论、生命教育理论进行了一定的分析。本书第四章为新常态下高校思想理论课教学方法改革，主要从高校思想政治理论课教学方法科学化解读、高校思想政治理论课教学方法的科学选择、高校思想政治理论课教学方法的科学运用、高校思想政治理论课教学方法的科学创新这四方面展开。本书第五章是新常态下高校思想理论课考试改革与创新，从高校思想政治理论课考试改革的必要性、高校思想政治理论课考试改革现状分、开放多元过程式考试模式研究与实践几方面展开了论述。本书第六章是新常态高校思想理论教学评价改革，分别从高校思想政治理论课教学评价的本质与功能、高校思想政治理论课教学评价的基本要求、高校思想政治理论课教学评价改革途径几个方面展开论述。本书第七章为新常态高校思想理论课教学模式改革，分别从高校思想政治理论课教学模式的内涵及理论基础、高校思想政治理论课教学模式的现状分析、高校思想政治理论课教学模式改革的指导思想和基本原则、高校思想政治理论课教学模式改革的实践探索几个方面展开分析。

  在撰写本书的过程中,作者得到了许多专家学者的帮助和指导,参考了大量的学术文献,在此表达真诚的感谢。本书内容系统全面,论述条理清晰、深入浅出,但由于作者水平有限,书中难免会有疏漏之处,希望广大同行及时指正。

作者

2021 年 12 月

目　录

第一章　新常态概述 ··· 1
　　第一节　新常态的提出 ··· 1
　　第二节　新常态的内涵与特征 ··· 2
　　第三节　新常态下高校思想政治教育 ···································· 2

第二章　新常态下高校思想理论课教学改革的必要性 ··············· 31
　　第一节　高校思想政治教育政策演变 ································· 31
　　第二节　高校思想政治理论课教学改革面临的机遇 ············ 33
　　第三节　高校思想政治理论课教学改革面临的挑战 ············ 35
　　第四节　高校思想政治理论课教学改革的意义 ··················· 42

第三章　新常态下高校思想理论课教学改革理论借鉴 ··············· 47
　　第一节　人的全面发展理论 ·· 47
　　第二节　主体教育理论 ··· 49
　　第三节　生命教育理论 ··· 50

第四章　新常态下高校思想理论课教学方法改革 ······················ 61
　　第一节　高校思想政治理论课教学方法科学化解读 ············ 61
　　第二节　高校思想政治理论课教学方法的科学选择 ············ 68
　　第三节　高校思想政治理论课教学方法的科学运用 ············ 71
　　第四节　高校思想政治理论课教学方法的科学创新 ············ 85

第五章　新常态下高校思想理论课考试改革与创新·················89
第一节　高校思想政治理论课考试改革的必要性················89
第二节　高校思想政治理论课考试改革现状分析················91
第三节　开放多元过程式考试模式研究与实践··················93

第六章　新常态高校思想理论教学评价改革·····················97
第一节　高校思想政治理论课教学评价的本质与功能··········97
第二节　高校思想政治理论课教学评价的基本要求············98
第三节　高校思想政治理论课教学评价改革途径··············99

第七章　新常态高校思想理论课教学模式改革··················115
第一节　高校思想政治理论课教学模式的内涵及理论基础·····115
第二节　高校思想政治理论课教学模式的现状分析············119
第三节　高校思想政治理论课教学模式改革的指导思想和基本原则········122
第四节　高校思想政治理论课教学模式改革的实践探索········124

参考文献···183

第一章 新常态概述

本章节内容为新常态概述,分别从新常态的提出、新常态的内涵与特征、新常态下高校思想政治教育三个方面展开论述。

第一节 新常态的提出

改革开放以后,中国经济经历了30多年的快速增长,取得了举世瞩目的成就。纵观当前国际、国内形势,已经与过去发生了很大变化。从国际环境来看,随着经济全球化的发展,中国经济更多地融入全球化的大趋势,经济发展面临的不确定性因素越来越多,受全球经济环境的影响也越来越大,尤其是2007年全球金融危机之后,世界各国经济都处于一种持续低迷的状态,各国政府也在不断调整本国经济政策。全球经济危机带来的外部风险,使我国原有的发展模式已经不能适应当前发展的需要。

与此同时,我国国内环境也发生了变化。当年四万亿元投资虽然在一定程度上拉动了经济增长,但是一些后续的负面效应开始逐渐显现出来,如产能过剩、经济面临外需低迷、投资大幅下滑、总需求收缩明显等情况。面对不断变化的国际、国内形势,根据我国经济发展的实情,必须要用发展的眼光和与时俱进的思维来看待和思考当前中国经济发展的态势。

2014年5月,中共中央总书记习近平在河南考察时首次提及"新常态"的概念,习近平说:"我国发展仍处于重要战略机遇期,要增强信心,从当前我国经济发展的阶段性特征出发,适应'新常态',保持战略上的平常心态。"2014年11月,习近平在亚太经合组织工商领导人峰会上首次系统阐述了"新常态"。2014年12月,中央经济工作会议首次从消费需求、投资需求、出口和国际收支、资源环境约束等角度,全面阐释了"新常态"的九大特征。"新常态"是当前最火热的经济关键词,它已经成为治国理政的新理念,以及中国经济发展的大逻辑。

第二节　新常态的内涵与特征

经济"新常态"预示着国家经济要从过去一段时期较高的经济增长速度、较热的经济状态、不可持续的增长态势、环境污染加剧、社会矛盾增加的"旧常态",迈入经济增长速度由高速转向中高速、发展方式从规模速度型转向质量效率型、经济结构调整从增量扩能为主转向调整存量与做优增量并举、发展动力从主要依靠资源和低成本劳动力等要素投入转向创新驱动的"新常态"。

正确认识"新常态",准确把握"新常态"的内涵,必须认识以下几个问题。

(1)"新常态"主要表现在经济领域,不是任何领域的状态都可以归结为"新常态",也不是任何领域的问题都可以纳入"新常态",不应滥用"新常态"的概念,更不能把不好的现象都归入"新常态"。

(2)"新常态"是一种状态,是我国经济发展到现在的一种客观存在的状态,是一种内在的必然性,没有好与坏之分,不能简单地用"好状态"或者"坏状态"来形容。

(3)"新常态"并不是不发展,并不是不要国民生产总值增长,而是要更好地发挥主观能动性、更有创造精神地推动发展。

当前,中国经济处于重要的战略机遇期,从过去的经济高速增长到今天的经济"新常态",中国经济只是"切换了轨道",进入到一个新的发展阶段。

第三节　新常态下高校思想政治教育

一、新常态下高校思想政治工作的作用

(一)迎接新时代挑战的必然要求

加强思想政治工作,是增强大学生政治素养的基本途径,习总书记提出的不忘初心,不仅为中国梦指明了方向,同时还对广大的学生提出了更高的要求,要求高校要增强大学生的思政教育。因此,为了迎接新时代的挑战,思政工作者需帮助大学生利用发展的眼光看待国际形势。例如,帮助其正确认识和理解国家之间的合作,而不是利用狭隘的民族主义以及爱国主义,现阶段和平与发展是国际社会的主要趋势,只有加强大学生的思政教育,才能做出正确的判断。

（二）有助于提高大学生的素质

新常态下高校思政工作的创新，有助于提高大学生的基本素质以及政治素养，良好的政治意识需要通过政治教育以及政治实践才能得出来。因此，高校思政工作者应结合当前大学生的政治素养以及性格特点，不断地探索促进大学生形成独立的人格，拥有良好的政治素养。

二、新常态下高校思想政治教育特征

（一）新常态下高校思想政治教育者和教育工作的特点

新常态对高校思想政治教育者带来了诸多挑战，这些挑战主要包括对思想政治教育者的综合能力以及专业素养方面提出的新要求。《高等学校辅导员职业能力标准（暂行）》的颁布，对高校辅导员队伍的综合能力、专业化、职业化发展提出了更高的要求。辅导员职业能力考核内容涵盖思想政治教育、党团和班级建设、学业指导、日常事务管理、心理健康教育与咨询、网络思想政治教育、危机事件应对、职业规划与就业指导、理论和实践研究等与学生成长成才密切相关的各方面。

高校思想政治教育理论课是高校思想政治教育创新的重要环节和宣扬社会主义主流价值观的主要渠道。在网络信息快速传播、多元文化思潮盛行的新常态背景下，学生们更倾向于通过网络等更多途径关注国内外时事新闻。为此充分发挥课堂主渠道作用，增强师生互动频率，将知识、娱乐、教育完美结合。提升学生对高校思想政治教育理论课的兴趣，同时切实加强实施素质教育、落实到位，增强学生的主动性和创造性，变人力资源大国为人力资源强国。

（二）新常态下高校思想政治教育对象的特点

随着改革开放的深入，经济发展步入结构调整为主要特征的新常态时期，社会产业的发展进而步入由传统产业比重大向服务业和新兴产业比重大的转型期。将伴随着住房紧张、腐败问题严重、上学困难等社会矛盾问题的发生。思想尚未完全成熟、还没有完全踏入社会的大学生面临这些日益突出的矛盾和问题时，会造成大学生大幅度地情绪波动以及偏激、片面的思想观念的产生。比如：学生极易做出不理智的极端行为、造成群体性事件，严重威胁大学生的生命健康，成长成才。新常态蕴含新动力，挑战同时也伴随着机遇，在面临这些挑战时，大学生要勇于抓住机遇提高自身的综合素质，树立正确的择业观、就业观以及创新意识迎接新常态的新挑战。理性认识社会，勇于参加社会实践活动，充分了解就业市场现状；客观认识自己，调整好就业心态，增强竞争意识，培养自主成才的好习惯；改变传统就业观念，提高自身实力，适应社会发展新要求。

（三）新常态下高校思想政治教育载体的特点

伴随经济结构调整变革为主要特征、政治多极化、文化多元化、经济全球化为表现形式的新常态时代的到来，高校思想政治教育也随之进入了以多元化思潮以及个性化思想引领的新常态，传统载体已经不能适应新常态下的高校思想政治教育。高校思想政治教育工作必须通过一定的教育载体才能完成。一成不变的传统思想政治教育载体已经不能够适应新常态下高校思想政治教育工作的需要。如何提高高校思想政治教育工作的针对性和实效性，更好地适应新常态下高校思想政治教育，还要靠高校思想政治教育载体的创新。

三、新常态下高校思想政治教育内容

（一）马克思主义理论教育

1. 马克思列宁主义教育

马克思列宁主义是我们党治党立国的根本思想，在中国特色社会主义现代化进程中具有重要作用，对于马列主义习近平总书记强调要真学、真懂、真信、真用，并指出："思政课教师只有自己信仰坚定，对所讲内容高度认同，做学习和实践马克思主义的典范，才能讲得有底气，讲深讲透，才能有效引导学生真学、真懂、真信、真用。"[1] 马克思列宁主义教育是大学生思想政治教育的重要内容，作为马克思主义的政党，党始终重视用马列主义武装思想、教育人民，对于大学生的教育不能仅仅停留在表面进行说教，务必内化为学生的真实品格，转化为学生的实践行为。通过长期的社会实践和经验中积极践行马克思列宁主义，并指导大学生更好的认识问题、分析问题和解决问题。参透马克思恩格斯和列宁思想的感悟真谛，在马克思列宁主义的指导下形成正确的信仰，确立正确的人生方向。

2. 毛泽东思想教育

毛泽东同志的思想魅力不仅来源于毛泽东作为新中国的领袖带领人民实现了中华民族站起来的变化，建立了新中国，也在于毛泽东同志的历史功绩以及他创造的革命建设新道路和新理论。由他带领所形成的毛泽东思想，丰富了马克思列

---

[1] 2019年3月18日《习近平在学校思想政治理论课教师座谈会上的讲话》

宁主义，也为今天的中国特色社会主义现代化建设提供了宝贵的思想资源数据库。

3. 中国特色社会主义理论体系教育

中国特色社会主义理论体系包括邓小平理论、"三个代表"重要思想、科学发展观和习近平新时代中国特色社会主义思想，当代的大学生是未来中国梦的见证者、建设者。为了牢固中国特色社会主义的本质，促进国家的繁荣兴盛，要对大学生进行中国特色社会主义理论体系的教育，增强他们的政治意识、大局意识、核心意识和看齐意识。尤其是要加强对习近平新时代中国特色社会主义思想的学习，党的十九大提出习近平新时代中国特色社会主义思想，并将其写进党章，成为全党必须长期坚持的指导思想和行动指南。

（二）世界观、人生观、价值观教育

1. 社会主义核心价值观教育

党的十八大报告首次明确提出社会主义核心价值观的内容，引导大学生熟知并自觉践行是高校的又一重要任务。习近平总书记强调："青年的价值取向决定了未来整个社会的价值取向，而青年又处在价值观形成和确立的时期，抓好这一时期的价值观养成十分重要。"[①] 社会主义核心价值观体现了中华民族的价值追求，凸显了社会主义的本质属性，是基于马克思主义指导下形成的一种新型价值观，立足于中国传统文化，富有中国特色。社会主义核心价值观集共性与个性于一体，社会主义核心价值观不是另辟蹊径，它的价值追求不仅体现着中国人民的价值追求，当前，人们利益多元、思想观念多元，因此社会主义核心价值观的"核心"应是多元的，应体现出人们多元的价值追求。它的价值追求还体现全人类的价值追求，中国与世界紧密相连，中国想要更好地融入世界大潮之中，必须得到更多国家的认同。

在对大学生进行思想政治教育过程中，核心价值观教育始终是其中的重要组成成分，尤其是社会主义核心价值观，对大学生的成长发挥着重要的导向和指引作用，中国共产党自成立以来始终对青年的价值观进行教育和引导。社会主义核心价值观对于大学生来说影响深远，大学生是未来社会的建设者，绝不是旁观者和享受者，大学生具备良好的社会主义核心价值观，才能在发展中沿着正确的方向行进。

2. 理想信念教育

理想确立的过程是对自身、对社会的再认知过程，是个人成熟的重要标志之

---

① 2014年5月4日《习近平在北京大学师生座谈会上的讲话》

一，有了理想目标，人生才会有方向。理想信念对每个人都至关重要，理想信念对人生是一种内在的、强大的凝聚力，理想指引人生道路，信念决定道路成败，一个人有了理想信念，就会克服重重困难，坚定道路，勇攀高峰，成就人生。如果没有理想信念，我们就会浑浑噩噩度过一生，我们精神上就会"缺钙"，就会得"软骨病"。新时代大学生的信仰主要是信仰马克思主义，只有坚信马克思主义，才能树立起中国特色社会主义的自信，如果没有坚定的信仰，我们不会取得新民主主义革命的胜利，我们不会走中国特色社会主义道路，历史证明我们的选择是正确的，改革开放取得的巨大成就更加坚定我们的选择。习近平总书记指出："广大青年一定要坚定理想信念。"[①] 没有理想的大学生，难以实现中国梦，难以承担建设社会主义的重任，大学生必须树立远大理想。理想信念具有强大的凝聚功能，中华民族共同的理想信念使全国人民紧密地团结在一起，为改革开放注入强大力量，大学生也要与各族人民在一起，共创美好家园。大学生的理想信念要建立在对科学理论的理性认同上，只有这样，我们才能真诚地拥护党的领导，永远跟党走，大学生有理想，国家才有希望。

3. 家国情怀教育

家国情怀教育在大学生思想政治教育中的作用极为突出，家国教育尤以爱国主义教育为主，进入新时代，高校要抓好爱国主义教育这一课，把爱我中华的种子埋入每个大学生的心灵深处，让社会主义核心价值观在祖国下一代的心田中生根发芽。大学生的家国情怀是增强中华民族凝聚力的基础性工作，爱国主义作为中华民族永续发展的价值瑰宝，在祖国各项事业的繁荣昌盛和全体中华儿女的团结向上过程中始终起到激励作用。纵观中华民族发展奋斗的心路历程，无论处于什么样的历史阶段，爱国主义始终是一面引领中华民族开拓创新的精神动力，也是我国大学生教育过程中的永恒不变的主题。在大学生思想政治教育中融入以爱国主义为目的的家国情怀教育，能够激励大学生树立爱国的意识，将个人利益与国家利益相联系，在重要时刻将国家利益置于首位，对国家忠诚、对党忠心、对社会主义热爱，能够增强对中国特色社会主义的政治认同和情感认同。当前我国处于新的历史背景和时代机遇中，大学生要认真学习马克思主义以及马克思主义中国化最新理论和实践成果，用科学的思想武装自己的头脑，在爱国的过程中明确自己的使命担当，使爱国主义深入人心。

[①] 2013 年 5 月 4 日《习近平在同各界优秀青年代表座谈时的讲话》

（三）法治教育

法治宣传教育是实行依法治国必不可少的环节，是长期性、基础性的工作，法治宣传能够增强人民群众的法律意识，使人民群众依靠法律手段解决问题、维护自身合法权益，法治宣传有利于构建和谐社会，推进社会主义民主法治建设。法治宣传教育是促进经济发展的内在要求。习近平总书记强调贯彻新发展理念，实现经济从高速增长转向高质量发展，需要以法治为引领。任何活动都需要依法开展、依法办事，中国特色社会主义进入新时期，各种矛盾日益凸显，社会中充满着错综复杂的利益关系，我们需要运用法律保障人民群众的合法利益、促进经济稳定发展。法治宣传是构建社会主义和谐社会的重要保障。法治宣传教育是向民众宣传法律，加强民众对法律的认识与认可，增强法律的权威性，有利于法治建设。法治宣传教育是营造法治社会的重要手段，是构建和谐社会的重要保障。法治宣传教育是实行依法治国方略的基础性工作。依法治国是坚持和发展中国特色社会主义的本质要求，是实现国家治理体系和治理能力现代化的必然要求。法治宣传是实现依法治国的基础性工作，中国人民群众法律意识淡薄，有时对法律的效力产生怀疑，所以法治宣传工作已刻不容缓。加强法治宣传，提高人民的法律意识，严格要求各部门依法办事，使人民群众自发地学习法律知识，让人民信法、懂法、用法，促进依法治国方略顺利实施。

（四）党史国史教育

习近平总书记非常重视党史、国史的学习情况，总书记指出："全党同志要做到学史明理、学史增信、学史崇德、学史力行。学党史、悟思想、办实事、开新局，以昂扬姿态奋力开启全面建设社会主义现代化国家新征程，以优异成绩迎接建党一百周年。"[①] 各种敌对势力一直妄图挑拨中国共产党与人民的关系，妄图颠覆我国的社会主义制度，他们扰乱人们的思想、争夺群众，诽谤中国的领导人和中国历史，妄图在乱中取胜。青年兴则国家兴，我们必须加强对大学生的党史国史教育，加强党史国史教育有利于明辨历史是非。我们必须树立正确的历史观，用史实说话，抵制历史虚无主义的影响，我们要用实事求是的态度对大学生进行党史国史教育，学习中国共产党那段艰难困苦、玉汝于成的历史，提高历史认知思维能力，理性的去看待中国在发展过程中取得的成就与失误，抵制各种错误思潮的影响，只有熟知历史，才能攻破谣言。加强党史国史教育有利于增强道路自信。道路问题关乎党和国家的命运，实践证明，在中国走资本主义道路和中间道路是

---
① 2021年2月20日《习近平在党史学习教育动员大会上的讲话》

行不通的，只有社会主义道路才能挽救中国、复兴中国。大学生进行党史国史的学习，更能了解中国人民的选择，更能掌握历史发展规律，增强道路自信，永远跟着党走。

大学生是社会发展的决定力量，是未来中国特色社会主义事业发展的重要群体，在实现中华民族伟大复兴中国梦中扮演着重要角色和地位。大学生群体的政治信仰十分重要，它代表了未来接班人对我国发展等方面、意识形态等方面以及社会制度的尊崇、信仰和拥护，对他们进行中国共产党党史教育关乎民族未来发展的方向，对于坚定不移地走社会主义道路，牢固树立对中国共产党执政的拥护能够起到良好的促进作用。经历历史的沧桑巨变，新中国如今以更加积极蓬勃的姿态向前发展，通过党史国史的学习教育和宣传，引导让大学生开拓视野，对于中国的建设和发展有新的认识和探索，能够增强大学生对于国家发展和民族进步的自信心。了解国家发展趋势、时代发展步伐，更好地将大学生的青春理想融入国家发展进程中去，激发大学生的爱国情感，民族气节，激发历史使命感和责任感，达到思想政治教育的良好效果，最终成长为能够担当民族复兴大任的人，在日常行为中更热衷于将爱国志、报国行贯穿于自身发展的全过程。

四、新常态下高校思想政治教育的困境

（一）网络"泛娱乐化"对高校思政教育的冲击

互联网的快速发展极大地推动了娱乐泛化，在这一背景下，高校大学生的价值观难免会被影响，教学方式也减少理论性趋向娱乐化，导致高校学习风气被影响，不利于人才的培养。面对网络"泛娱乐化"浪潮，高校思政课教师既要体察大学生的时代新需，又要应对网络"泛娱乐化"浪潮的侵袭，难免左支右绌，在价值定位、叙事风格、教学形式等方面陷入认识摇摆和实践困顿。

1. 课程底色难以维持

定位之困作为"改造世界观"的教育，高校思想政治教育的核心任务是坚持社会主义和共产主义理想信念教育。因此，思想性、政治性和学理性是高校思政课的根本底色，高校思政课的教学实践也应具备崇高性、深刻性和严肃性的鲜明特质，发挥举旗定向、立德树人的重要作用。然而，在网络泛娱乐主义催动的"去政治化""去意识形态化"侵袭下，不少大学生对严肃理性的思想政治理论"兴味索然"甚至"嗤之以鼻"，在思政课上"以手机度日"，以至于高校思政课被一些大学生戏谑为"水课"。对此，高校思政课教师群体深感形势之严峻，纷纷积

极采取措施提高课堂吸引力、捍卫课堂尊严。但是，在具体实践中，部分思政课教师受到"上座率""抬头率"等互联网"流量"思维的片面驱动，一味迎合大学生的"娱求"，在教学过程中有意淡化甚至"避而不谈"马克思主义经典理论和理想信念，转而大谈能够"夺人耳目"的趣味化、碎片化内容。例如，"中国近现代史纲要"这门课程，被一些思政课教师上成了"民国趣闻史""秘闻野史""故事会"，这严重偏离了通过讲授党史、国史、国情开展思想政治教育的课程目标；个别教师在"思想道德修养与法律基础"课的课堂上，对共产主义理想信念、社会主义理想信念一带而过，反而津津乐道网络上那些肤浅、庸俗的"心灵鸡汤""成功学段子""厚黑学段子"以及各类趣事、花边新闻等，偏离了"改造世界观"的正确方向。这些现象反映了网络"泛娱乐化"浪潮冲击下高校思政课教师在坚守课程底色与迎合受众需求之间的摇摆困顿，从深层次折射出部分教师对高校思想政治教育根本任务的认识还有待深化、对如何提升高校思想政治教育亲和力和感染力这一问题的认识尚存偏颇。

2. 大学生盲目追求娱乐

大学生尚未步入社会，社会经验较少，缺乏自身的判断能力，闲暇时间比较多，因此他们经常浏览网上的各种信息，内容涵盖政治、经济、文化、娱乐等方面。现实生活中对于一些严肃的新闻事件报道的越来越少，带有故事性、趣味性的新闻内容吸引力日渐上升，科学教育新闻也加上了"娱乐"的标签，甚至出现了专门的娱乐新闻。在娱乐泛化的大环境之下，除了接触网络上传播的娱乐事件，以娱乐为"生活养料"之一的大学生还进一步将其运用于现实生活，某明星宣布婚恋消息的"官宣体"一时间风靡大学生的朋友圈；在抖音推荐的旅游胜地、娱乐方式被大学生成群效仿，他们更趋向于选择关注流行的事物。

3. 学理性阐释被弱化

以透彻的学理分析回应学生，以彻底的思想理论说服学生，用真理的强大力量引导学生是高校思政课改革创新的内在要求和独特魅力。从叙事风格上看，学理性阐释具有理性、艰深、抽象等特点，这对那些浸淫于"短平快"网络娱乐文化的大学生而言并非是"喜闻乐见"的。出于"便于学生理解"的考量，一些高校思政课教师尝试在授课过程中转变叙事风格，增添了解构性叙事方式。

然而，由于拿捏失当，在部分思政课课堂上出现了学理性阐释被弱化或"悬置"、娱乐化和碎片化叙事盛行的现象，这集中表现在以下方面：一是在学理性阐释过程中不加筛选地穿插网络"酷语""段子""鸡汤式语言"，少用甚至不用学术话语和政治话语；二是对马克思主义经典范畴和理论进行碎片化处理和娱乐化解读，特别是以网络上的各类碎片化信息来比附某一学术概念或思想，这看似"通俗易懂"，实则遮蔽了经典范畴和理论的丰富内涵和深刻意蕴，割裂了马克思主义理论的整体性；三是以戏谑化和表演化口吻授课，通过即兴"抖包袱""抖机灵"活跃课堂气氛，使严肃的思政课滑向"相声表演""个人脱口秀"的边缘；四是偏重网络事例分析、弱化学理论证，个别课堂甚至以网络案例分析完全取代理论分析，其案例选择也多以迎合学生"口味"为主，缺少统领各案例的理论内核和逻辑主线。诚然，适度增添解构性叙事，特别是适当转变话语风格、增加个案分析等，有助于活跃课堂气氛、激发学生求知欲，也能在一定程度上缩短大学生对抽象理论的"心理距离"。但是，解构性叙事过于频繁密集，将会极大地动摇知识的真理性，从而冲击支撑思政课教学活动的价值硬核和理论基础，这既不利于培育大学生的理性甄别能力，也不利于增强大学生的理性政治认同。

4. 教学对象价值取向呈现庸俗

大学生的价值取向在一定程度上决定了他们的价值观念，在马克思主义的理论当中，价值观在很大程度上也影响和决定一个人的人生观和世界观。大学生的社会主义核心价值观教育是高校思想政治理论课的重要组成部分。社会主义核心价值观是我国的主流价值观，引领着我国的精神文明创建和健身文化产品的创造，对我国大学生的思想政治教育具有重要的作用。习近平总书记曾指出，"社会主义核心价值观是当代中国精神的集中体现，凝结着全体人民共同的价值追求。"[1]社会主义核心价值观不仅是我国的主流价值观，也是我国大学生应当共同构建的精神家园。社会主义核心价值观为全体人民提供了正确的价值取向，大学生的价值观应当是符合自身和社会发展的社会主义核心价值观，他们的价值观除了被主流价值观引导和教育外，也会被具体的社会实践和社会交往影响，会被社会上其他的社会意识干扰。

"泛娱乐化"借由网络传播它"娱乐至上"的价值取向，把娱乐作为大学生第一位的选择。在当今时代互联网的支撑下，"泛娱乐化"摆脱时间和空间限制，利用大学生所有的碎片化的时间传播"娱乐至上"的思想。当代大学生对电子产品的依赖性极强，手机不离身是他们的常态，"泛娱乐化"借由电子产品，占领了他们大量的课余时间。更有甚者，一部分大学生即使是上课时间，也沉迷于玩手机无法自拔，无时无刻不在接受"泛娱乐化"的洗脑。现代媒介把娱乐直播平台、短视频、综艺节目和各种标题"新颖"的内容，通过电子产品变成碎片化的

---

[1] 习近平. 决胜全面建成小康社会夺取新时代中国特色社会主义伟大胜利——在中国共产党第十九次全国代表大会上的报告 [J]. 理论学习，2017（12）：4-25.

娱乐快餐文化呈现在大学生的视野当中。"泛娱乐化"通过在网络上对构建一种戏说和调侃式的泛娱乐主义话语，解构了社会公共话语，消解了中国传统文化对于崇高价值的追求。大学生在一种无价值无内涵的娱乐文化当中逐渐丧失深层思考的能力，价值判断能力被降解，价值序列被扰乱，丧失了对崇高价值的尊崇和人生信仰的追求，冲击了主流价值观。大学生在"泛娱乐化"的诱导下，将"佛系"奉为准则，对自己毫无人生理想的追求状态沾沾自喜，以此来混淆中国文化当中"不与世俗同流合污"的价值操守，在无意识中被"去崇高"和"去内涵"的状态同化，价值取向被误导，在庸俗的道路上越走越远，成为"泛娱乐化"的奴隶。

5. 校园充斥不良风气

娱乐泛化在高校中不是偶然的或者是个别现象，随着大众传媒的发展，其发展态势不可逆转，甚至愈加严重。娱乐泛化现象借助着大众传媒的作用，拥有较快的传播速度，较广的传播范围，网络上的各种流行事物日渐普遍，受到学生的追捧，出现了群体效应，校风、学风在大范围的娱乐事物中遭到破坏。随着新媒体的发展，大学生在课余时间接触到越来越多的新事篇，眼界也逐渐宽阔，拜金主义、享乐主义日渐弥漫，甚至低俗文化也逐渐进入校园。校园主播在大学校园里兴起，有的学生在网络平台上随意使用不良语言，甚至还有一些不雅镜头。许多学生之间相互攀比，向往奢侈的生活，在学校里面崇尚消费至上的风气，把大部分精力投入到与学习无关的事情中。

6. 坚守内容讲授与强化"感官"刺激的教学形式之困

将多媒体、互联网等现代化教学手段引入思政课课堂，当然是高校思想政治教育改革创新的重要一环和必然趋势。但是，这并不意味着现代化教学手段能够完全取代以内容讲授为主的传统教学形式。这是因为教师对相关内容的系统讲解和深度剖析，能够在理论的高处辨明是非、引领思想、陶冶情操，这对以立德树人为根本任务的高校思政课而言尤为重要。但是，从高校思政课的具体教学实践看，少数思政课教师为了吸引作为"新媒体一代"的大学生，一味追求"器物"层面的教学效果，出现了重"感官"刺激、轻内容讲授的教学怪相。例如，有些思政课教师不擅科学论证而长于"视频说理"，在课堂上通过播放短视频、影视作品完成教学内容，以至于其课堂被学生戏称为"视频课""电影课"；有些思政课教师在课堂上摇身一变为"PPT放映员"，其制作的课件充斥着图片、动画、漫画、短视频等视觉影像而少见文本内容，这些"乱花渐欲迷人眼"的教学课件难以触及思政课教学内容的思想深度和学术内涵；还有些思政课教师推出"弹幕课堂""手机课堂"模式，允许并鼓励学生通过手机、电脑等电子设备发"弹幕"

到在线讨论区以参与课堂互动。这种以"弹幕"组织教学的方式能在一定程度上提高学生的课堂积极性，但也易因缺乏思想引领、理论深度而陷入"你一言我一语"的碎片化乱局，不利于学生对理论知识的系统学习和深刻领会。上述轻内容讲授、重"感官"刺激的课堂乱象，从根本上折射出：在大学生"泛娱乐化"倾向影响下，部分高校思政课教师对教学改革目标和手段的认知混乱。一味迎合大学生的"泛娱乐化"需求而热衷于运用增强"感官"刺激的教学手段，将大大降低高校思政课的思想性、深刻性和严肃性，既不利于培育大学生深度思考和理性判断能力，也不利于高校思政课教师教学"内功"的修炼。

7. "泛娱乐化"使教学对象道德取向趋于虚无

道德取向不仅关乎社会个体的道德判断与道德认知，也关乎社会"善良意志"的实现。在一定程度上来说，大学生的道德取向引领着社会道德风气的形成。大学生的道德取向除了受到高校思想政治理论课的熏陶之外，与其所处的社会环境，以及周围的信息交互息息相关。在"泛娱乐化"所制造的凡事皆可娱乐的社会现象当中，大学生的道德意识受到冲击，在一片欢声笑语的虚假狂欢中逐渐淡化。高校思想政治理论课在大学生的道德教育中起着至关重要的作用，但是大学生的道德更容易在身处环境、所信奉的人和事物的隐形教化受到影响，因此，高校思想政治理论课对大学生的道德教育显然被"泛娱乐化"削弱，导致个体道德取向趋于虚无。

由于"泛娱乐化"主要是以网络舆论为主要的传播形式，大学生在其制造的环境当中，自我的隐蔽性增强，自由空间更大，鲜少感受到他人的注视，从而自我约束能力下降，道德自律意识淡薄。"泛娱乐化"的传播环境更容易让大学生在"匿名"的保护伞下逐渐变得以自我为中心，过度注重自我感受，自私狭隘且缺乏社会责任感，从而进行情绪化和非理性的宣泄型表达。尤其在一些突发的社会事件出现时，有的大学生会利用网站、论坛和网络社区进行泛娱乐式的表达和评论，以此增加自己体验的乐趣。"泛娱乐化"带来的娱乐风气正在诱发大学生的心理和行为情绪化、极端化、心理不健康等问题，在不断地消解和削弱大学生的理性和道德。大学生在网上冲浪时还极易受到追捧对象的影响，"泛娱乐化"带来的大学生偶像追捧问题也呈现出消极的影响，粉丝之间的互撕现象在网络上屡见不鲜，互相诋毁和谩骂攻击随处可见。同时，部分网红和偶像对自己的公众身份没有清晰的认知，他们依靠树立一些类似于"耿直"的人设进行"吸粉"，但是这样的行为带来的是他们在网络上发布言论随意，甚至发布一些突破道德底线的言论，大学生在盲目追逐的过程中会无意识地受到这些言论的影响。这些现象在不同程度上造成了大学生的网络道德认知出现偏差，道德情感淡化，造成大学生在网络上的道德行为失范。大学生的伦理道德被"泛娱乐化"冲击，道德取向在无序的泛娱乐表达中悄然滑向道德虚无的深渊。

8. 教学方式趋向娱乐化

灌输理论强调借用某种手段由外而内的进行引导、灌输，因此思想政治教育离不开理论灌输。高校思想政治教育理论课堂一般是使用PPT来进行授课，科技的进步使教师在课堂上可以采用比较先进的方法来进行教学，如小程序抽签、发弹幕和老师互动等，活跃了课堂氛围。面对自我想法较多的大学生，高校教师在上课教授知识的时候也会利用网络上的热点事件作为导入，课前吸引学生的注意力，备课时钻研新颖讲课方式、内容，了解当今学生的关注点和兴趣点，尽可能地投其所好。但是如果分寸把握不好将会得不偿失，可能会把学生的思维过度集中在娱乐事物上反而忽视对知识的学习。随着科技的发展和网络的普及，教师与学生之间的沟通也不再仅仅局限在面对面交流中，开始向虚拟空间延伸，智能手机发展更是加快这一趋势。但是方便快捷的沟通方式并未能有效提高课堂效率，反而过多地使用网络这一虚拟工具，使知识传授过程不得不添加一些带有娱乐性质的话语、实例或者行为来吸引学生关注课堂内容，但却难以承担提高课堂的实践效果和学习效率的重任。

9. "泛娱乐化"使教学对象审美取向逐渐低俗

我国对于美好生活的实现，是在实现物质条件的基础上，实现精神上具有感受和体验审美的能力和修养。要永远牢记欲望不代表希望，低俗绝不是通俗，单纯的感官娱乐不等于精神快乐。娱乐作为一种减压手段和生活的调味剂，是人类正常的精神需求，原本是人作为自由个体实现全面发展的应有要义，但是在"泛娱乐化"营造的环境当中，娱乐成为精神追求，目的是使人发笑，它被完全等同于人类精神生活的诉求，超越了自身作为一种工具和手段的属性，成为主导人们思想的指向。显然，"泛娱乐化"与中国特色社会主义和谐美好生活的追求存在明显差异，与我国在精神上追求的审美能力和审美修养不符。"泛娱乐化"在以网络为主阵地，以标新立异的吸引方式为主导时，忽视了审美修养问题，将大学生的审美修养逐渐媚俗化，变成对于低俗快感的追求。

近年来，由于科学技术的发达，网络上不断推出各类社交软件和直播平台，只要有网络的地方，就有人想尽办法吸引观众眼球，为赚取流量用尽"心思"。大学生处在身心发展的关键期，作为网民当中的重要组成部分，在网络上占据一席之地，"泛娱乐化"利用网络直播技术使大学生的审美能力和审美修养变得肤浅和低俗。一些网络主播为了达到迅速走红、追求网络带来的快速的生钱之道，在无须付出过多的精力成本的诱惑下，在直播过程中做出低俗、庸俗和媚俗的行为，以一些"大尺度"的标题和行为吸引眼球，在法律的边缘徘徊，营造强烈的视觉和听觉冲击，使大学生长时间沉迷于这样的虚假快感当中，严重影响了他们的身心健康。各大网络直播平台均以"点赞量、转发量"以及各种虚拟货币形式的打赏来赚取收益，这在一定程度上刺激了现实生活中想要不劳而获的人，形成了不良的社会风气。大学生在网络上不仅充当着明星和直播红人的追随者，也有部分人员成为网络红人，对这些低俗行为进行模仿，用一些媚俗的内容换取热度和流量，成为低俗审美的传播者和制造者。"泛娱乐化"给大学生营造出虚假的沸腾与喧嚣，形成一种虚假式的狂欢氛围，将大学生的审美感官化，把他们对审美的追求变成瞬间性、生理性和流于表面性的肤浅消遣，陷入"泛娱乐化"制造的"刺激陷阱"当中，导致大学生的审美品位和审美能力持续不断的降低，模糊了主流价值当中美和丑的边界，高雅和低俗的区别，诱使他们的审美修养在不知不觉中低俗化。

（二）网络信息化

1. 新媒体信息网络化的新形势对课程教学带来了新挑战

科技进步给社会生产生活带来了翻天覆地的变化，以计算机应用技术为核心、以大数据云计算为支撑的新媒体信息互动传播，已经成为人们获取知识、了解社会资讯、加强沟通交流不可或缺的重要途径。大学生群体几乎都是沉浸在新媒体浪潮中的高黏度用户，而新媒体信息传播还存在内容审核技术的漏洞，虚拟网络的法治监管机制不健全、对网络违法惩治力度不高等问题使一些虚假的、容易引发误导的不良信息始终沉渣泛起，难以消除殆尽。加上网络虚拟世界为了博取关注、吸引流量，一些影视游戏作品充斥着娱乐至上、物质拜金、暴力色情的元素，这给大学生的学习生活和思想行为带来了巨大的负面冲击。

2. 丰富多样的教学创新对课程开展形成了新冲击

近年来，一方面"互联网+教育"理念和技术的不断成熟，另一方面疫情影响催生的客观需求，使形式与政策课程教学的改革创新探索出了不少教学新方向和新路径。如参与式、体验式、模块化、场景式教学方法与线上视频直播和"梯进式"教学模式等，这种新常态下的课堂教学极大地丰富和改进了以教师为主导的"一言堂式"传统课堂教学，也对教师的教学能力提出了更高的要求和挑战。教师要通过培训教育来不断自我精进，才能适应教学新常态提出的更高要求。

（三）新常态下大学生主流意识形态的认同危机

当今融媒体时代，大学生们全天候、无死角、无屏障的融入各种融媒体环境中，被其中大量的观点、思想、说法及其背后包含的多重价值观所左右，一定程度地消解了高校主流意识形态的传播和教育效果。

1. 大学生主流意识形态认同危机的具体表现

融媒体时代大学生主流意识形态认同危机的表现在以下几个方面。

其一，一些大学生不相信马克思主义理论和核心价值观，崇尚历史虚无主义思潮或者普世价值观。"历史虚无主义"思潮是指通过各种方式重新解读历史，从而做出否认马克思主义的指导地位和中国走向社会主义的必然趋势，进而否认中国共产党执政的历史必然性的思潮。"普世价值"并非是一个全新的概念，20世纪90年代初就曾出现。普世价值打着自由、平等、民主、市场经济的旗号，模糊社会主义意识形态的价值取向，颠覆马克思主义的指导地位，强推西方模式的意识形态和价值观。普世价值一般会伴随一些重大社会事件在融媒体中被激活，往往关注改革发展进程中的一些不和谐因素，以混淆"个案"和"共性"的区别来做文章。比如在幼教机构的虐童案，艺人"阴阳合同"避税案，艺人规避中国法律寻求在海外"代孕"等热门舆情案例中，就总有一些人借助大学生群体的质疑和反叛的心理，对这些案例做出对新时代中国特色社会主义前景悲观、消极甚至恶意的解读。这两种错误的思潮和价值观在大学生中都是能找到市场的，从而影响着大学生主流意识形态的认同。

其二，一些大学生不相信官方言论和声音，轻信网络谣言。在各类融媒体中切换自由的大学生，不可避免的接触到各类网络谣言。但是，并不是所有的大学生对于网络谣言都有辨识能力，能做到"不传谣、不信谣"。相反，很多大学生还为网络谣言的传播起到了推波助澜的作用。比如在2018年1月，由于季节因素，不少网民受到了流感"侵袭"，网上也流传出许多谣言，类似"此次流感堪比SARS"；比如，2020年全国上下齐心抗疫的伟大实践充分彰显了中国特色社会主义的制度优势，但是也有人借这种重大疫情在网络上传播谣言；再比如，2018年初，《旅行青蛙》手游风靡网络，有人称这款游戏其实是日本的一款"生育意愿测试器"，连续玩这个游戏超过一周，会被默认生育意向在8级以上。在这类谣言的传播者中，就不乏大学生的身影。不少大学生转发这种谣言抱着"提醒家人和朋友没有坏处"的心理，看似无害的动机却淡薄了是非观念，混淆了真与伪的界限，助长了谣言的泛滥和传播。大量网络谣言在融媒体环境中扩散，必然挤占主流意识形态的传播空间。大学生相信这些无依据、无价值的网络谣言，必然影响其客观、独立的判断思考能力，影响其对主流意识形态的认同。

其三，一些大学生不崇尚中华民族传统美德和奋斗精神，被拜金主义、享乐主义等消极观念所左右。融媒体中到处充斥着"金钱至上"以及追求感官快乐的内容，比如"晒"的文化。融媒体就是年轻人热衷的一个超大"秀场"，在朋友圈里，在微博上，在抖音、美拍等APP上，随时随处都可以见到晒物、晒房、晒车、晒奢侈品、晒旅游、晒男（女）友的帖子。年轻人特别是大学生热衷于看这种帖子，这种帖子给人以感官上的赏心悦目的感觉，让人看了有羡慕的感觉。如果仅仅处于交流或者放松休闲，这类发帖和看帖都无可厚非。但是对于手机不离手已经成为一种生活方式的大学生来说，这种帖子看得多了，不免就会产生一种"心向往之"的感觉，就会渴望一种"有钱""享乐"的生活，视传统美德如草芥。

其四，个别地方校园非法传教行为暗流涌动，有极少数大学生被一些游走于校园的传教人士盯上，作为校园非法传教的对象。根据《中华人民共和国宪法》第三十六条明确规定，宗教活动不得妨碍国家教育制度，任何组织和个人不得利用宗教进行妨碍国家教育制度的活动。不仅如此，《中华人民共和国教育法》第八条也明确规定，教育活动必须符合国家和社会公共利益，国家实行教育与宗教相分离。由此，我国法律明确规定，在高校中传教的行为是违法的。高校是意识形态的前沿阵地，是坚定不移地传播马克思主义的净土。马克思主义与宗教神论是根本对立的。近年来，一些传教人士盯上了高校这片育人之地，利用文化传播之名行传教之实，他们专门找一些理想信念不坚定，思想漂移摇摆的个别学生下手。近年来，一些高校传教事件层出。中国无神论研究会理事、中国生产力研究会常务理事、北京师范大学历史系退休教师李志英曾做过一个调查，"一个班里几乎所有人都被校园里非法的传教人员拉过。只要被拉的同学稍微表现的感兴趣一些，就会被这些所谓的传教人员直接拉去参加非法集会活动。"[①]这种校园传教活动虽然是法律禁止的，却能起到和主流意识形态传播"抢人抢阵地"的作用。根据有关部门调查，我国大学生中信仰各种宗教的人数为1.85%，在一些少数民族地区的学校或者是一些民族院校，这个比例还要高一些校园非法传教行为的屡禁不止严重威胁到大学生主流意识形态的认同。

2.融媒体时代大学生主流意识形态认同危机的影响因素

具体说来，融媒体环境下大学生主流意识形态认同危机主要有以下因素。

---

① 李志英：大学生要理性认识宗教[EB/0L]http：/news.youth.cn/wztt/201410/t20141008_5808798.htm.2018-06-30.

第一，经济全球化的影响。经济全球化是大势所趋。此次全球新冠疫情的暴发更加说明了哪个国家都不可能退回到自我封闭的孤岛，地球上的不同国家、不同民族、不同种族早已成为一个你中有我、我中有你的命运共同体。中国已经连续十年稳居全球第二大经济体，也是新冠疫情全球肆虐之年唯一一个实现经济正增长的主要经济体，为解决人类问题贡献了中国智慧和中国方案。在当今世界共筑人类命运共同体的大势下，少数西方国家并没有放弃对中国进行文化和意识形态的渗透，仍然企图从价值观、文化层面对我国以大学生为主体的年轻人进行颜色革命。比如说，在2015年就曾经有一名叫张凯的北京律师，为了赚取教徒的律师费、教堂的法律顾问费以及境外机构的赞助费等费用，在境外机构和境外势力的支持下，在温州策划10余起被境内外网络炒作的教徒非法聚集活动，他还指示教会骨干成员通过网络发布相关照片、视频等，在境外开设专门网站造势，并组织数批境外记者到温州采访，企图进一步造成国际影响，并获得律师费、境外赞助费等非法收入200多万元。这就是西方国家收买腐蚀我国专业技术人才对我们进行意识形态干预和渗透的典型事例。

第二，科技进步的影响。科学技术自始至终都是一把双刃剑。全球科技的进步，使得过去很多想都不敢想，甚至存在于科幻世界中的事物和场景成为现实，比如无性繁殖、器官移植、转基因食品、无人驾驶等等。人们尤其是青年大学生往往沉醉于科技的奇迹，而忽视了对科技伦理问题的深层审视，迫于阅历看不到其背后的国家主权和主流意识形态的问题。比如，2021年初，媒体曝出某知名流量艺人在美国"代孕弃养"风波，引发了广大互联网以及移动互联网用户尤其是青少年用户的关注。网络媒体上对该事件的评价大多是谴责，批评其对我国国家法律以及伦理道德的无视。但是在不同的舆情表达声中，一些该知名艺人的"粉丝"居然抛出"代孕合法化"的言论。为此，央视新闻以及人民网评及时发声正本清源，说到"代孕在我国被明令禁止，其对生命漠视令人发指""如此践踏底线，法律难容，道德难容""钻法律漏洞绝不是无辜"。

第三，市场经济的快速发展。十九大报告关于经济建设的部分明确提出，贯彻新发展理念，建设现代化经济体系。十九届五中全会提出了三个新，即新阶段、新理念、新格局。建设现代化经济体系更要发挥市场经济的作用。社会主义市场经济，既包括市场经济的一般特征，又要具有社会主义核心价值观的引导，使其注入社会主义的特性。这样既发挥市场经济促进竞争、积极进取、价值激励等优势，又包括社会责任、自律、道德和法律底线等约束的内容。而现实中，往往人们注重市场经济共性较多，注重"社会主义"市场经济的特性较少，引发了拜金主义、个人主义、消费主义思潮，以及唯财富论等错误的观念，甚至一些年轻人错误理解"等价交换"的含义，将一些人生、人格层面不能被商品化的方面滥用等价交换原则，引发诸如"校园贷""裸贷"等乱象。

第四，非主流的社会思潮的蔓延。融媒体大大增强了社会的包容度，使得每个人都可以"手握麦克风"，可以成为一个声音源，成为一个自媒体甚至意见领袖。在这种传播形势下，融媒体中，尤其是一些非官方的自媒体或者公众号中，一些视频小程序或短视频中混杂的一些非主流的、非马克思主义的，不健康的社会思潮也会得到传播和蔓延，与其他内容杂糅一同进入大学生的头脑和视野，产生了一系列的"去集体化""去政治化""去超越化"以及"物化"的倾向。当然，大部分大学生对融媒体中明显的反动言论和观点还是可以辨别的，但是对一些譬如说鼓吹享乐的、崇尚消费主义的、异化奋斗的价值的、宣传成功的偶然性以及关系至上的言论就缺乏辨析能力和抵抗力。这些消极的、非主流的社会思潮久而久之就如"温水煮青蛙"般消解着大学生对主流意识形态的认同。

第五，转型期的各种社会问题的出现。融媒体大大拓展了信息的传播和扩散能力，使信息一旦披露在网上，就会呈不可控的几何状蔓延。一些社会热点事件从发生，到在融媒体环境中迅速传播开来，用时之短，是过去不曾有过的。在这种媒介融合环境下，就不可避免地暴露出一些社会问题和个案。以2018年7月下旬的舆情热门事件"疫苗造假"事件为例，在新浪微博上搜索"长生问题疫苗"为主题，短短三天阅读量就有2.5亿，讨论13万，这还不包括一些公安、媒体等官方微博以及官方微信公众号的发声和朋友圈的转载。网友们将融媒体环境中各种信息相互关联，得知该疫苗企业董事长的财富已经"荣登"中国福布斯富豪榜。随着事态的发酵，网友们又"扒"出该疫苗企业董事长的儿媳妇，是演艺圈某明星，其在微博、抖音上很多晒名包和豪车的照片和视频，并有网友分析该疫苗企业第一轮几百万的罚款，都不够其一辆豪车的价值。虽然这些关联都是网友们的猜测，但是这很容易造成一种暗示，就是其家族财富来自疫苗造假的巨额利润，这种舆情是极其负面的。如此迅速的蔓延速度、人们之前想不到的人物关系，自然会夹杂着众说纷纭的评论和猜测。这些评论其中有客观的，也自然会有偏激的、主观的，会有对党和国家不信任、对全面深化改革、对执政党的执政能力存在怀疑，甚至是一些主观上不怀好意的煽动性评论。这些热点事件的网络舆情，会对大学生主流意识形态认同产生影响。

第六，融媒体环境下助长了"全民娱乐化"倾向。在过去智能手机尚未普及、大家手中的普通手机只是具备接打电话、收发短信功能，人们还没有条件随时随移动互联在线的"前融媒体时期",大家除了主动用电脑上网外,一些零散的时间比如候机、地铁上、公交上或者吃饭时、睡前这样的时间,很多人是可以用来读书或者思考的。这样日积月累下来,我们形成一种对事物的独立、冷静思考的能力和阅读的能力,而阅读本身也是一个思考的过程。如今,只要我们手握一部手机,网络上鱼龙混杂的信息就无孔不入进入我们的大脑。我们观察一下全国各大机场候机的年轻人,虽然主要城市的机场都有很多书店,但是将候机时间用来看书的不足玩手机的人数的十分之一。融媒体环境中大量的充斥着娱乐色彩的内容,满足着网民尤其是青年学生网民的感官。有的人将这种融媒体环境中大众化、低成本、麻醉式的满足比作用在婴儿身上的"安抚奶嘴",只不过这个"奶嘴"现在通过融媒体安在了大学生们的嘴里。这种"奶嘴"的形式有两种,一种是不用动脑筋极易获得的娱乐,如口水战、网络游戏等;一种是低成本的满足,如吸引年轻人耗时去追的肥皂剧或者偶像剧,大量的明星私生活信息或者丑闻、娱乐八卦或者一些低俗并无教育意义的真人秀和综艺节目。这些娱乐消遣或者充满感官刺激的融媒体产品堆满本该以知识体系的构建和以积极健康的价值观的养成为主要任务的大学生,使他们沉溺于这种享乐和安逸中,不知不觉丧失独立思考和判断的能力。一些大学生在这种"娱乐至死"的现象影响下,对国家大事、前途发展、时政民生、科技教育漠不关心,而是将大量精力去关心明星隐私、追直播、看网红,导致人心涣散,也瓦解了他们进入大学前多年义务教育建立起来的主流意识形态的认同。

第七,网络舆情监管的困难。在融媒体时代的今天,各地公安部门、宣传部门都加大了融媒体网络舆情的监管。但是由于融媒体环境下"人人自媒"和传播速度呈几何状增长,舆情监管的难度也加大了。网络舆情的引导以及监管如果不及时,人们对融媒体环境下信息的选择权又无限扩大,各种价值观在一个青年大学生头脑的无限融合和排列组合,加之一些迷惑性和煽动性很强的网络谣言的作用,削弱了主流意识形态的凝聚力。

第八,融媒体环境下的教师本领危机。习近平总书记在"318讲话"中对思政课教师提出了"六个要"和"八个相统一"的要求。因此,在融媒体环境下,强化大学生坚定的理想信念,强化大学生对主流意识形态的认同感,是"全方位育人"的一个极为重要的环节,也是关乎"为谁培养人"的核心问题。高校教师必须承担起这一意识形态育人的重担,在帮助学生树立主流意识形态认同观上,高校思政课教师、专业课教师以及其他哲学社会科学教师、辅导员、团委、学工部门应当协同,形成合力。然而,现实中,一些教师应对不了融媒体环境下"不缺信息、缺乏引导"的大学生,采取老一套的办法,用一些高深晦涩的理论对学生进行说教,讲一些十年不变的大道理。学生不仅听不进去,而且情感上产生反感和抵触的情绪,更加强化了原本只是萌芽的对主流意识形态的不认同。

第九,大学生群体对主流价值观的认同存在个体差异。其一,大学生群体情感并不稳定。情感认同是指认知主体在情感上对认知客体产生的肯定、赞同的态度。大学生群体本身处于理想、信念、人生观、价值观的形成阶段,独立分析和判断以及逻辑思维能力虽然已经具备,但是并不成熟和稳定。思想和行为易受外界的影响,比如说朋辈、大众传媒中的意见领袖、网络上广为转发的未经证实的甚至是谣言的言论、外媒的一些言论等等,都会对他们产生一定的影响。因此,在前述因素的作用下,加上大学生本身主流价值观认同情感的不稳定性,就会产生融媒体时代大学生群体的主流意识形态认同危机。其二,大学生群体个体自身条件的差异。大学生群体的自身差异到了大学高年级尤为明显。大学生们由于专业、政治面目、是否担任学生干部等差别,其政治素养也有了一定的差别。显然,学生党员、学生干部,或者文科法政类专业的学生较之非党员学生、非学生干部,或者理工科专业的学生有更好的政治素养,对主流意识形态的认同度也更高。其三,大学生群体个体意识逐步觉醒,善于质疑,不再盲从。过去在高等学校中对大学生进行主流意识形态教育,大多数学生会认同这是严肃的政治教育,因此,即使有的学生内心并无共鸣,也会表现的严肃而敬畏。融媒体的发展给了每个人,尤其是年轻人崇尚个性的舞台,可以允许甚至鼓励每个人有不同的思想、不同的言论、不同的行为。大学生们"不再主张图式化、同质化、整体化的生活方式,差异性、多样性取代同一性跃升为主要标准,小众的生活方式与非主流的文化行为在现代社会层出不穷",这就削弱了主流意识形态在大学生中的权威作用。

第十,家庭的影响仍然发挥一定的作用。如今高等教育的普及以及教育的公平发展,使得在同一所高校同一间教室就读的大学生来自不同地区、不同家庭环境。有的学生的家庭比较注重对子女的意识形态教育,其父母本身对主流意识形态就很认同,这样的家庭氛围影响下的大学生一般不会出现意识形态认同危机。比如2018年7月中旬,天津科技大学校长收到了一封来自甘肃省清水县边远山区42所中小学校长联名发来的感谢信,主要是感谢该校周钰城同学18年来坚持扶贫助学奉献爱心的感人事迹。探寻周钰城18年的支教历程,我们发现,周钰城的爷爷周振明对他影响很大。周爷爷是正县级退休干部,曾经从事甘肃清水地区对口帮扶工作,周钰城从小就听爷爷讲述老一代人艰苦创业的经历。在爷爷的深厚家学影响下,周钰城坚持了十几年爱心支教的道路,新华网、北方网、今晚报都曾报道过他的爱心事迹。然而，也有一些大学生并不具备这样的家庭环境，其家庭成员本身就被一些负面的东西影响，家长由于其个体人生经历或者是一些主观偏见，缺乏对主流意识形态的认同，也会阻碍其子女的主流意识形态的形成。因此，家长的价值观念、生活方式、家庭教育的理念和内容、政治立场和关注重点等，都会影响当代大学生的主流意识形态认同。

五、经济新常态下高校思想政治教育课程优化策略

（一）强化经济新常态命题拓宽教育理念深度

经济新常态背景下，高校思想政治教育要紧跟时代步伐，强化新常态教育命题，更新教育理念，扩大思想政治教育的深度。经济新常态的提出，反映了新时代的焦点命题，因此需要以此为基础，将时代前沿理念与历史教育理念有机结合，根据不同时期和阶段的发展规律，重新认识高校思想教育课程实践，从经济新常态的维度对教育理念进行思考。高校思想政治教育课程改革不是对历史教育手段和方法的全部否定，也不是简单地按照新思路生搬硬套，而是历史传统与创新发展的统一，要在不断探索和求真中，扩大教育理念深度，促进思想政治教育的不断发展。从高校思想政治教育工作者自身方面考虑，要对教育观念和制度具有理论自信，对教育工作的科学性保持坚定不移的信念。只有树立理论自信，把握住教育理念改革与创新的实质，总结发展规律和经验，才能以开放的态度思考当前形势，并对未来发展做出理性的判断，做好教育理念的革新。高校思想政治教育具有独特的理论使命，需要在发展中不断加深对其理解，要从社会发展规律出发，突破思想政治教育和其他学科的不协调性，彻底贯彻理论的科学性，实现学生的全面发展。

（二）坚持时代性原则完善教育内容

经济新常态背景下，高校思想政治教育要充分考虑时代发展要求，对以往的教学经验和教训进行总结，完善与优化教育的内容结构。高校思想政治教育内容要坚持导向性作用，围绕政治教育的核心，建立科学的内容体系，经济新常态下，教育内容应做到与时俱进，拓宽教育内容的范围和深度，避免教育内容的陈旧和单调。高校在做好教育实践创新的基础上，可以从以下几方面创新教育内容体系。首先是心理健康教育内容。当今学生处于激烈的社会竞争当中，背负着学校、家庭、课业和人际关系等各方面的压力，心理素质和健康状况对个人发展具

有重要作用,同时思想政治教育与思想关系密切,在一定程度上影响到心理健康,因此在思想政治教育中,应贯穿对心理素质的培养,促进对心理健康的建设作用。其次是网络新媒体内容。经济新常态下,网络媒体的新闻内容充斥着生活的方方面面,为学习提供了便利,学生在拓宽视野的同时,也带来风险因素,容易对学生发展造成不利影响,高校思想政治教育应加强对网络媒体新闻的识别教育,规范学生的道德自律,养成良好的信息阅读习惯,规避有害信息对学生成长的不良后果。

(三)综合应用多种教学方法提升学科建设水平

经济新常态背景下,高校思想政治教育要综合应用多种教学方法,提升学科建设水平,以达到良好的教育效果。学科建设是推进高校思想政治教育改革的重要途径,应充分以教育理论为基础,结合教学实践,不断扩充思想政治教育的内涵。首先,需要将学生的需求放在中心位置,从学生的角度修正教学方式,提高学生对理论课程的积极性,以此掌握真正的教育观念,使学科建设融入教学过程中来。

其次,要优化教学方法的时效性,采用因时因地因势的原则保证学科建设的时代性,发挥时政教育的最大效用。由学生面临的实际问题入手,有针对性地将教学内容与解决方案相结合,使学科建设与实际应用相符合。在学科建设中密切关注时代的发展与变化,将教学方法、社会规律和科学技术相融合,将思想政治教育赋予新的时代特征。教育工作者需要利用创新思路和方法,有效分析和解决当下的热点问题,为学生提供优质高效的教学服务。最后,高校思想政治教育课程,应充分利用各种教育资源,提供多元化的授课内容,满足不同学生的需求。根据学生不同的特点和表现,用积极的方式向其传授思想政治教育,满足各个层面的需求,培养高素质人才。

(四)建立课程思政教育模式健全教育制度体系

经济新常态背景下,高校思想政治教育要建立课程思政教育模式,健全教育制度体系,提升教育的质量和效益。课程思政是将思想政治教育工作贯穿教学全过程,坚持课程思政教育模式,可以为制度体系改革提供有力支撑,促进课程目标和内容实施的规范性。在教育制度体系的建设过程中,需要加强对理论课程的组织和管理,对于课程安排,不应局限于教室课堂,还可以延伸到社会实践活动中,使理论和实践更好地结合。新常态下,高校要组织专业化的师资队伍,强化思政课程的教学效果,利用当下最前沿的教学理论,完善课程思政的育人环节。为适应新常态的人才需求,高校需要建立合理的教育育人管理机制,每个职能部门都应相互配合,共同完成教育制度体系的构建。以课程思政教育模式为基础,搭建学术论坛和刊物等科研阵地,通过设置课题、组织学术讨论、组建科研团队的方式,提升思想真实理论研究水平。高校要将思想政治课程的教学、科研立项和社会实践充分结合,建立保障体系,有效发挥团队的作用,促进思政工作的顺利进行。

(五)加强思政教育与就业指导的融合

1.高校思想政治教育与就业指导融合的必要性分析

(1)帮助学生形成科学的择业观

在高校思想政治教育与就业指导中,必须保证学生能够具备科学的择业观,这是保证学生能够持续成长、顺利就业的重要基础。由于思想政治教育与就业指导工作与学生择业观的形成有着较为紧密的联系,需要提高对高校思想政治教育与就业指导的重视性,主动适应经济新常态的时代背景,将两者有效融合,为培养学生合理科学的择业观提供良好的环境。为满足就业指导工作的需要,可以将思想政治教育内容融入其中,可以促进就业指导工作的科学发展,与就业指导工作的可持续发展要求相符。

(2)辅助学生了解宏微观局势

随着我国进入经济新常态,学生在就业与创业的时候,必须充分了解国家的政策方针,而在高校就业指导中,需要对国家的政策方针进行详细、精准地分析,这也是就业指导工作面临的一大难题。部分学校存在师资队伍建设不足的情况,使得就业指导工作受到影响,不能对国家的政策方针进行有效分析,也就很难保证高校就业指导的整体效果。而高校思想政治教育的工作内容之一就是分析国家宏观与微观方面的政策方针,将其与高校就业指导工作融合起来,可以帮助学生了解这些内容,使其能够选择正确的就业方向,以及适合自身情况的创业路径,使高校就业指导工作更加有效。

(3)提升学生的环境适应能力

随着我国社会快速发展,高等教育的发展速度也不断加快,使得高等教育的质量快速上升,但是"轻实践能力培养、重理论教学"的问题依旧存在,且各个学校的招生规模越来越大,其实践条件不足,使得学生能够掌握理论知识,无法将其应用到实践活动中,不利于学生未来的就业及创业。部分高校毕业生在参与社会工作的时候，其实践操作能力不符合企业岗位的需要，与经验丰富的人员相比缺乏竞争力。基于这一情况，必须将就业指导与思想政治教育融合起来，以便对学生的实践能力进行培养，强化学生的适应能力，使其能够更好地面对各种竞争，提高学生的就业水平及就业质量。

（4）有利于增强大学生的专业素养和职业能力

作为一名优秀的职场人，不仅需要具备完善的知识储备和专业的技术技能，同样也需要强调自身的思想道德水平提升，而这恰恰就是在职业规划课程当中融入思政教育的根本原因，通过对高校大学生宣传党性党章，使得他们更了解国家大事的决策机制，也了解新政策的出台与调整。保有这种政治敏感度，可以使得他们在未来的工作当中更好地去适应瞬息万变的市场变化态势和国家政策文件，并结合个人知识所学根据岗位需求，利用这些国家政策和宏观经济背景。因此，从这个角度来说，在高校阶段就重点融合思政教育和就业指导这两项课程是有显著意义的，可以帮助高校大学生拥有更强的职业竞争力，保证其在未来的就业市场中得到企业的青睐。

2. 高校思想政治教育与就业指导融合的具体策略

（1）推动思想政治教育与就业指导工作有机结合

在经济新常态的背景下，推动思想政治教育与就业指导工作有机结合是两者融合发展的一项基础性对策，需要提高对这一方面的重视性，将年级作为依据进行课程标准的划分，以便能够在日常的教学活动中渗透思想政治教育与就业指导课程，在日常教学活动中培养学生的价值观念，使学生能够具备良好的就业观及择业观。例如：大学一年级的学生刚刚进入校园，需要引导学生对自身的就业方向进行思考，树立正确的就业观念；对于大学二年级的学生和大学三年级的学生，应考虑到这些学生已经具备成型的就业，其专业发展也越来越成熟，应侧重于培养学生的职业素养，让学生直接参与实习，对各个岗位的差异进行了解，通过实践活动来提高自身的就业能力，且可以对自身产生一个全面了解，并不断优化自身的职业规划；对于大学四年级的学生，鼓励学生参与社会实践，主动深入人才市场，了解目标行业的人才需求及就业现状，以便能够制定出合理的学习计划，主动适应经济新常态，满足人才市场的需求，从而提高自身的就业竞争能力。

（2）优化传统的教学手段，激发学习兴趣

为适应经济新常态带来的变化，提升高校思想政治教育与就业指导工作的水平，需要对传统的教学方法进行改变，促使学生主动参与教学活动，帮助学生树立正确的价值观念。在传统的教学活动中，教师都是以说教的模式为主，可以帮助学生掌握相关的理论知识，但是学生的知识应用能力较弱，且思想教育关乎着学生的健康成长，必须对原有的教育机制和教育手段进行创新，促进高校思想政治教育与就业指导融合发展。例如：在高校思想政治教育与就业指导融合过程中，应制定明确的人才培养目标，重视培养学生的媒体素养，充分考虑到经济新常态环境下企业及社会在人才方面的需求，尤其是网络信息人才的需求显著提升，对学生进行专业的培训，提高学生的信息素养及网络技术水平。同时，在获得择业信息及就业信息的适合，应充分利用互联网及信息系统，让学生从人才数据库中了解行业内的人才需求，以及相关人才的综合素质水平，以便制定出一个合理的模范目标及学习方向。

（3）开展实践活动，推进校企联合

在经济新常态下高校思想政治教育与就业指导融合发展中，需要为学生提供更多实践锻炼的机会，在实践中锻炼学生的就业观及择业观，在实践中锻炼学生的思想道德水平，使学生能够不断调整自身的职业规划，促进学生的顺利就业。在经济新常态的背景下，社会更加需要实践型的人才，所以在思想政治教育与就业指导融合的时候，应侧重于培养学生的实践能力，与企业进行沟通合作，增加学生实践锻炼的机会，使其能够不断提高自身的水平，满足社会对人才的需求。

例如：可以与周边的大型企业进行合作，在实习期和寒暑假的时候，让学生进入企业进行实习，使学生能够在企业生产活动中锻炼自身的各方面能力，了解自身在政治素养、道德水平等各方面的不足，了解不同职业的岗位特点，进而找出适合自身的职业发展方向。通过轮岗调换的方法，可以让学生不断试错，结合自身的实践经验对自身的职业规划进行调整，从而保证学生职业规划的合理性。

（4）加大思想政治教育与就业指导融合的投入及考核

在经济新常态下高校思想政治教育与就业指导融合发展中，需要充分考虑到两者融合需要的资源投入，在增加资源投入的同时，做好相应的考核工作。第一，需要充分了解高校思想政治教育与就业指导融合发展的具体情况，对两者融合的资源投入进行提升，比如对思政教师进行培训，将就业指导方面的教学技巧传授给思政教师；对就业指导工作人员进行培训，使其能够把握好思政教学的内容。同时，在经济新常态下高校思想政治教育与就业指导融合发展的背景下，应考虑到新教学模式的资金投入，以便发挥新教学模式的优势，提高教学质量。第二，在经济新常态下高校思想政治教育与就业指导融合发展中，需要做好相应的考核工作，对就业指导工作中的思想教学内容进行考核，对思想政治教育中的就业指导内容进行考核，将就业指导与思想政治教育的工作绩效评价挂钩，推动就业指导与思想政治教育的有效融合。

（5）发挥教辅部门在思想政治教育与就业指导融合中的作用

在经济新常态下高校思想政治教育与就业指导融合发展中，需要将教辅部门在其中的作用发挥出来，这是两者融合发展中比较重要的补充对策。第一，在思想政治教育与就业指导工作的时候，应突出教辅部门在这一过程的积极作用，特别要重视辅导员在就业指导、价值引导、思想开导等各方面的积极作用。同时，需要做好教辅部门在支持思想政治教育与就业指导工作方面的考核工作。第二，应促进就业指导部门、思政教学部门、各个教辅部门的沟通协作，建立起培育学生综合能力以及创新能力的教学平台，使就业指导与思想政治教育的实效性得以提升。

（六）加强媒体与思政课的有效融合，营造网络育人空间

1. 构建新媒体时代师生互动新平台

新时代下思政课教师对各种新媒体技术的使用已是难以避免，媒体时代到来已是不可扭转的大局势。虽然"泛娱乐化"借助新媒体造势，给教学内容、教师授课和学生思想都带来了不同程度的负面影响，但其本身对教学带来的助益也不容置喙。它打破了传统教学单向灌输的教学模式，缓解了灌输式教学的枯燥和学生的不良情绪。思政课教师要继续用好用活新媒体，让新媒体持续为思政课教学服务，做到"取其精华、弃其糟粕"。

新媒体的最大特点就是打造了许多交互式的平台，增进了人与人之间的沟通和交流。依靠网络拉近人们的距离，对大学生具有同样的效果，甚至效果更为明显。大学生作为新时代数量最为庞大的网民群体，对网络资源的获取和网络技术的应用十分熟练，高校思政课教师队伍应当高度重视这一现象，利用新媒体技术，用"线上"作为切入点，打造师生的新型互动平台。充分发挥和利用好QQ、微信微博等社交平台，让其成为师生之间的良好沟通工具，为师生搭建心灵沟通的桥梁。通过各类社交平台上的互动，思政课教师能够更加了解学生的思想状况，明白学生的多样化需求。结合以学生为本的教学理念，根据学生的个性和学习习惯适当调整教学风格，高校思政课能够更好展开。学生对手机的高度依赖是当前高校的普遍现状，教师队伍要充分利用好这一特点了解学生的思想情况。在相应的社交平台建立自己的账号和群聊，增加师生之间的互动频率，使教师与学生的沟通和探讨不再被课堂时间局限。思政课教师可适当地发布与学生思想紧密相关的问题，用更生活化的语言将课堂上的教学内容进行隐形转化，吸引学生参与讨论，与学生进行沟通，能够摆脱教师在课堂上的"刻板印象"，增强教师在学生心目中的亲切感，使学生对教师有更为全面的认识，从而更加愿意与教师交流。教师也可利用课余时间在社交平台上与学生的互动来解答学生在课堂上未能及时解决的困惑，从而巩固思政课教学效果。

2. 充分运用大数据优化教学活动

高校应当构建独立、完备的思政课教学资源专用数据库，使教师在数据库中精准地找到对教材内容最有针对性、也更具备教育意义的图片、视频、音频等资料，避免了教师由于跟不上时代发展的速度而造成的对网络技术应用不熟悉，以及对部分网络资源在教学课堂中的运用不当的问题，准备更加符合思政课要求的课件。建立一个完备的数据库，避免教师在课堂使用娱乐化案例，严格把关了教学案例的选取，为思政课教师的教学资源选择提供了标准和参考，扫清了一部分不良的信息来源，为教学过程坚守政治品味和思想深度提供保障。同时，思政课教师可将自己的备课详情上传至数据库，借鉴他人的优点，完善自己的缺点。

在资源丰富的大数据时代，充分发挥大数据的优势有助于优化教学实践活动。通过大数据对学生进行相应的兴趣点分析，例如思政课哪一个部分对他们最具有吸引力，最渴望思政课实践活动形式以哪种方式实现，对教学实践活动中存在的困惑以及不足提出相应的问题和建议等，通过对这些问题进行调查分析，能够更好地掌握学生整体的学习情况，能够为今后完善和改进教学活动提供方向。把课外实践活动与大数据的调查结果相结合，把思政课的政治性、理论性和思想性与学生需求相结合，用学生喜爱的实践形式开展思政课的实践教学活动。这样做的好处在于能够提高实践教学的质量，把实践教学的形式发挥到最好状态，强化实践教学的成果，提升学生的思想性和思政课实践能力。真正做到以学生喜闻乐见的方式上好思政课，让思政课深入学生脑海，扎根学生心灵。

3. 营造教学经验线上共享新氛围

开放与交流是高等教育的内在特质，高校思想政治教育从来不是闭门造车。在互联网并未兴起的时代，各高校之间进行交流和学习具有一定难度。教师需要根据自己的课程时间，与教学管理部门进行协调，抽出足够的时间到其他学校进行考察与学习。对于西部落后地区而言，到教育发达地区进行学习要经过舟车劳顿，导致身体疲惫，精力欠佳。同样，由于西部地区相对落后的条件，导致发达地区的教师不愿意到西部地区进行学术交流，教学上的优良经验无法进行有效分享。即使交通方便，但是西部地区的贫困和艰苦条件早已给其他地区的老师留下了固有的印象，导致部分高校思政课教师有所顾虑，不愿远赴现场进行讲学。互联网时代，这些问题迎刃而解，不再成为高校之间互相学习的障碍。

高校思政课教师之间的相互学习可以依靠互联网和新媒体技术带来极大的便利，彼此之间的交流不再局限于相互之间的实地考察与学习。高校之间建立思政课教学分享平台，能够实现思政课教育资源的共享，教师之间分享教育信息，拓展视野，丰富思路，能够取长补短。充分发挥互联网优势能够能够解决高校之间的距离，以及思政课教师们的时间冲突问题。思政课教师队伍之间的互相学习除了通过到现场交流和学习，也能够通过互联网进行。避免了距离遥远，时间冲突，耗费精力等问题。思政课教师队伍通过互联网，能够跨越时间和空间的限制，用充沛的精力和饱满的精神状态彼此共享，把交流的效果最大化。高校思政课教师之间的学术交流会和思政课观摩活动也可以借助网络环境，利用直播、论坛等多种形式，能够使经验分享与交流更加愉快轻松地进行，有助于提升教学共享的实效性，提升思政课教师队伍的整体水平，使学生之间的教育差距有效减小。

（七）注重高校思想政治教育的创新

1. 研究方法和体系创新

在高校的思想政治教育研究活动当中，提升工作效率的有效方式，就是创设相应的理论研究方法体系，这对于丰富思想政治教育的学科内涵和提升教育效果而言意义突出。对此教育工作者应该继承革命建设时期创建的优秀思想政治教育方法，实事求是吸取德育精神，创新当前高校思想政治教育模式。虽然高校思想政治教育者对大学生思想发展规律把握难度较大且大学生的行为特点存在明显差异性，但如果能够从创新的角度继承和发展传统，为思政教育工作提供多角度的创新因素，就能为教育创新注入新的活力。例如显性教育需要和隐性教育进行结合补充，以更加丰富多彩的显性教育内容与教育形式，结合隐性的社会主义核心价值观，对学生起到意识层面的培养和教育，强化显性教育环节的意识渗透，帮助学生形成高尚的道德品质和积极人格特质。

2. 教育创新制度保障

新常态下的高校，思想政治教育创新必须要有良好的保障体系作为支撑，因为思想政治教育活动并不是随意开展的，具有明确的针对性和目的性。这需要领导部门确定思政教育的相关内容，并紧紧跟随党和国家的步伐开展教育引导工作，始终遵循政治方向的要求，在执行管理层面做好综合改进。具体来看，需要建立一套科学而严谨的考评制度，让这项制度更好地为高校思想政治教育工作提供服务保障。这不仅是人才培养的新要求，也是指导思想政治教育实践的主要方式。

总而言之，学校要更新管理机制，迎接新常态建立教书育人和以人为本的工作体系，真正服务学生，关心学生，利用网络技术等新平台及时了解学生的思想行为动态，针对性开展教育工作。作为教育师也要配合引导教育学生达到教书育人的目的，同时关注学生心理健康教育和人格教育，以创新为灵魂，让思想政治教育工作取得显著的成效。

3. 法治保障

新常态之下法治保障已经渗透到国家和社会的各个层面，而法治手段作为治国的基本方式，在管理校园方面也能起到关键作用。依法治校就是要保障学生的合法权益，并且加强学生的法律意识和观念，帮助大学生树立新时期的法律理念风险防范体系。任何一门学科专业知识的学习都应该设定与法律相关的信息与内容，在普及法律知识的过程当中依法定责，强化高校内部管理机制，增强德育教育和思政教育效果。高校作为培养社会主义人才的重要基地，在重视学生道德素养培育的同时，还应该加强对学生的法制教育。各项规定的实施环节应该采取全程公开的方式从各渠道收集信息，必要时可以与家长进行交流沟通，注重新常态下教育对象的法律要求。这样一来才能构建法制校园，增强人员法制观念，建设更加严格的人才培养制度。在发展过程当中，学校也应该总结经验和教训，并以此为基础，拓展思政教育的方式方法，发挥思政工作的实践性意义和方法论价值，改善并解放学生的思想。

4. 物质建设

物质建设能够拓宽基础设施建设水平，开拓思想政治教育工作的传播渠道，以便于更好地达成高校思政工作的主要目标。例如在基础硬件设施的培育方面，该将学校内部的各项细节管理通过监控的方式加大投入，最大限度丰富学生的精神世界及时更新配套专业硬件设施。在生活保障方面，面对新常态下日益严峻的社会发展形势，很多大学生在学习阶段会面临各种困难，学校应该邀请有经验的专家学者开设心理辅导课程或是帮助学生展开职业生涯的规划，帮助大学生准确认识自我，定位自我，从心理和知识方面做好储备，正确应对社会挑战。当然要完成这项工作，还需要提升教育者的业务素质，建设一批能力出众的高校，思想政治教育队伍，才能在各项工作当中有条不紊。

第二章　新常态下高校思想理论课教学改革的必要性

本章节内容为新常态下高校思想理论课教学改革的必要性，分别从高校思想政治教育政策演变、高校思想政治理论课教学改革面临的机遇、高校思想政治理论课教学改革面临的挑战、高校思想政治理论课教学改革的意义四个方面展开论述。

第一节　高校思想政治教育政策演变

一、起步探索阶段（1984年—1992年）

1966年—1976年期间，教育和科技两大领域遭遇空前浩劫，党的思想政治工作受到极"左"错误思潮的严重干扰，实际工作被搁浅以至荒废，成为政治风暴下的重灾区。1976年10月粉碎"四人帮"以后深刻反思十年内乱给党和国家造成的重大损失，彻底纠正1966年—1976年期间的错误理论和做法，抚平人们思想与心灵上的伤痛，成为党的各项工作的首要任务。1978年12月，党的十一届三中全会在北京召开，会议高度肯定关于真理标准问题的讨论，冲破了长期以来"左"的错误思想的严重束缚，否定了"两个凡是"的错误方针，开始进行思想领域的拨乱反正，为中国共产党加强思想政治工作做出了必要准备。

1978年3月，邓小平在全国科学大会上提出"又红又专"的人才培养标准，要求广大知识分子不仅要努力提高科学技术水平，更要树立坚定的无产阶级世界观，为社会主义建设多做贡献。他严厉批评"四人帮"对知识分子和科学文化的严重迫害，要求大力肃清"四人帮"谬论的流毒。"1966年—1976年这十年来我们最大的失误是在教育方面，对青年的思想政治教育抓得不够，教育发展不够"[①]。

[①] 邓小平.邓小平文选（第3卷）[M].北京：人民出版社，1993.

因此，通过教育提升人们的思想政治素质，开展四项基本原则与改革开放教育，增强人们对社会主义的认知水平尤为重要。

1984年4月，教育部决定在南开大学等十二所高校试办思想政治教育专业，为党和国家培养专门从事思想政治工作的人才，高校思想政治教育专业由此正式设立。这一举措成为改革开放之后，中国共产党加强思想政治工作的重要部署。10日之后，教育部出台《关于调整和发展高等学校文科教育的几点意见》认为高校设置思想政治教育专业正是填补这一空白学科的重要举措之一。

二、有序推进阶段（1993年—2004年）

（一）高校思想政治教育专业有序推进的背景

党的十四大报告要求把教育摆在优先发展的战略地位，努力提高全民的思想道德和科学文化水平，从根本上冲破了传统观念的束缚，引发了思想领域的极大变革，也对教育领域提出主动适应经济体制建设实际的要求。因此，高校思想政治教育专业在发展过程中，必须主动把握市场经济体制创建时期的时代脉搏，抵制不良思潮对思想领域造成的消极影响。

（二）高校思想政治教育专业有序推进的主要政策

这一阶段的主要专业政策文本有：中共中央、国务院《中国教育改革和发展纲要》（1993年2月）、国务院批转《教育部〈面向二十一世纪教育振兴行动计划〉的通知》（1999年1月）、中共中央国务院《关于深化教育改革，全面推进素质教育的决定》（1999年6月）、教育部、国务院学位委员会《关于开展高等学校"两课"教师在职攻读硕士学位工作的通知》（1999年12月）、中共中央《关于进一步繁荣发展哲学社会科学的意见》（2004年1月）、中共中央、国务院《关于进一步加强和改进大学生思想政治教育的意见》（2004年8月）等。

三、深化改革阶段（2005年至今）

（一）高校思想政治教育专业深化改革的背景

2002年11月，党的十六大报告在规划全面建设小康社会宏伟蓝图之际，从战略高度强调文化建设的重要地位，吹响了文化强国的集结号。时隔五年，党的十七大报告再次强调要推动社会主义文化大发展大繁荣，提升中华文化软实力，增强社会主义意识形态的吸引力和凝聚力。2011年10月，党的十七届六中全会胜利召开，第一次在党的纲领性文献中系统阐述社会主义文化建设问题，要求积极建设社会主义核心价值体系，全面贯彻"二为"方向和"双百"方针，大力发展文化事业与文化产业，建设文化人才队伍，推动中华文化走向世界，掀起社会主义文化建设新高潮。

（二）高校思想政治教育专业深化改革的主要政策

这一阶段的主要专业政策文本有：教育部《关于印发〈学习贯彻落实中发〔2004〕16号文件和全国加强和改进大学生思想政治教育工作会议精神的宣讲提纲〉的通知》（2005年4月）、中共中央宣传部、教育部《关于加强和改进高等学校哲学社会科学体系与教材体系的意见》（2005年5月）、教育部办公厅《关于印发〈2006—2010年普通高等学校辅导员培训计划〉的通知》（2006年7月）、中共中央宣传部、教育部《关于组织高校思想政治理论课骨干教师研修的意见》（2007年4月）、中共教育部党组《关于教育战线认真学习贯彻党的十七大精神的通知》（2007年10月）、教育部办公厅《关于做好2008年"高校思想政治理论课教师在职攻读马克思主义理论博士学位"专项计划招生工作的通知》（2008年3月）、中共教育部党组、共青团中央《关于在各级各类学校推动培育和践行社会主义核心价值观长效机制建设的意见》（2014年10月）。

第二节 高校思想政治理论课教学改革面临的机遇

一、大数据使得思想政治教育更具时代特色

大数据以自身鲜明的特色对教育内容产生了重大影响，使得思想政治教育内容的呈现方式和表述形式具有了鲜明的时代特征，具体来说，包括以下几个方面。

第一，通过大数据，可以使得思想政治教育内容把"化大为小"。大数据应用于思想政治教育内容，从根本上说，就是对大数据进行相关性挖掘，找到更多的联系，丰富内容的"总画面"。通过对思想政治教育大数据相关关系的挖掘，各种观点和信息都可以通过某个"小切口"的数据表达出来。善于找到更多有意思的"小切口"，就能够更好做到因材施教，引发学生兴趣，从而使得思想政治教育更加具体、实际。

第二，通过大数据，可以使思想政治教育内容"化繁为简"。大数据的一个"本事"就是不怕数据规模大，数据规模越大，其效果就越好。随着思想政治教育不断发展，思想政治教育信息也在迅速膨胀，如何快速而准确地把握这些信息就成了一个比较尖锐的问题。让数据说话，可以使复杂的内容以简洁、简约的方式表达出来。但是简约不简单，简约的背后是频次、聚类分析等大数据分析方法，这样的方法更具说服力、更见智慧。例如"热词"这种大数据表现形式就是通过词频算法，抓住人们所关注的内容。如 2020 年中央纪委国家监委发布的反腐热门词汇，反映了 2020 年反腐的新特点、新形势、新任务。除此之外，还有国家语言资源监测与研究中选评选发布的 2020 年度十大网络用语、年度流行语、年度新词语等年度热词，记录了 2020 年不平凡的历程，也是十分有效的思想政治教育资源。

其中，"云监工"一词来源于央视直播武汉开建的防治传染病医院火神山医院和雷神山医院的建设工地，网友们通过网络直播观看建设进度，提出意见，并给自己赋能了云监工身份。"云监工"是社会主义核心价值观的生动体现。

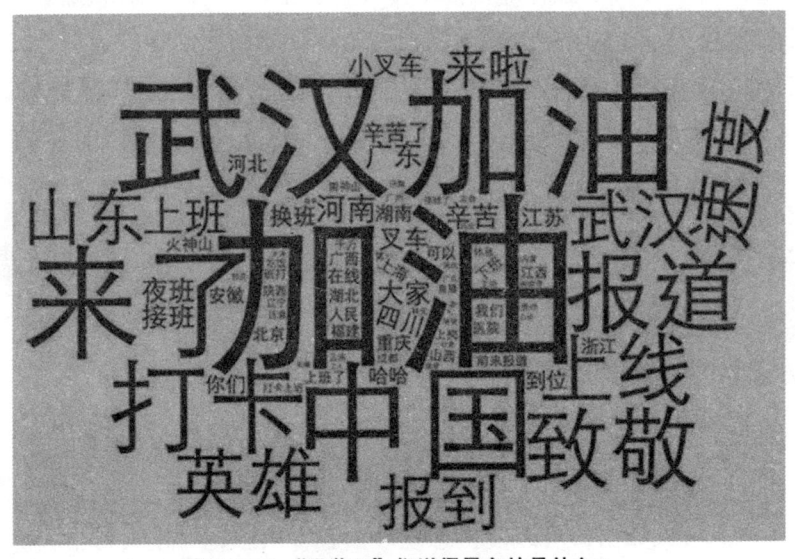

图 2-2-1 "云监工"们说得最多的是什么？

第三，通过大数据，可以使思想政治教育内容"化静为动"，因为大数据具有即时性特征，能够及时获取和反馈信息，这也就促进了教育内容更新的及时性和有效性，也使得教育反馈更加有效，更加有互动性。

二、高校人才培养模式的多样化

社会经济的发展为我国教育事业的发展提供了良好的物质基础。近年来，我国平均受教育水平和总受教育人口快速提高与增加，大学生人数也在快速增加，并且能够清晰预见，未来很长时间内大学生规模还会持续扩大。为了提供相匹配的大学生培养能力，各大高校逐渐调整、形成了新的大学生培养模式。大学生培养模式逐渐多样化，同时专业性和科学性更强，为了保障大学生培养质量，各个高校逐渐拓宽培养经费的获取渠道，为大学生的学习与科研活动提供更好的条件。除此之外，为了使人才培养更加适应社会经济发展对应用型人才、实用型人才需求增加的现状，大学生培养规模的扩大、培养质量的提升，使研究生群体对社会职业与岗位的适应能力更强，使研究生培养结构与经济社会发展需求更加契合。

第三节　高校思想政治理论课教学改革面临的挑战

一、人工智能下高校思想政治教学改革面临的挑战

AI赋能高校思政课，在很大程度上破解了制约思政课高质量发展的顽瘴痼疾。但是，AI毕竟是新事物，其自身还存在发展不成熟的技术问题。此外，思政课教师因年龄和教育背景的差异对于AI态度迥异，而且高校对于AI管理所设立的标准同样可谓千差万别，这些都不可避免地对人机协同的和谐共生发展带来感性偏差、数据风险、信息孤岛等方面问题。

（一）弱人工智能加剧了大学生思政课学习的浅层化

从AI在思政课教学实践中所呈现出的"助理"或"代理"身份来看，由于其技术发展尚不完善，实质上属于一种弱人工智能，即AI只能完成某些固定任务，缺乏人类教师所具备的自主学习、思辨、推理等高级智能，未能真正成为"AI教师"（强人工智能）。因此，若思政课教师不当处理与AI的关系，则可能引发一系列严重的问题。首先，思政课教学内容的整体性和系统性可能遭遇碎片化的风险。思政课的教学内容本身犹如一张知识的网，内含辩证思维、关涉多种学科，呈现出整体性和系统性的知识体系。每一条理论就是知识网上的一个结点，理论间的逻辑就是把结点连接起来的线，只有当点、线结合时才能呈现出一张完整的理论知识网。然而在AI现有技术水平作用下，其"助理"和"代理"效应容易

消融思政课教学内容的整体性和系统性。其次，思政课学习空间中的交互进一步弱化。目前，在 AI 的赋能下，思政课的学习空间从传统的物理环境转而依托于虚实结合的场所，在相当程度上延伸了教学的时间与空间。需要注意的是，这种赋能依赖的是数学逻辑与程序设计，只能呈现单向的"思维"方式，导致 AI 与教学主体之间的交互必然表现为程式化的互动，尚未形成人工智能时代思政课高质量发展所必需的"软环境"，即人文环境的创设。最后，AI 助长了大学生的思维惰性，致使其易迷失于碎片化信息之中。AI 丰富了思政课教学内容，例如为大学生提供了海量的、个性化的信息，尽管能够帮助大学生降低时间和精力等认知成本，但是当大学生在浏览信息时，其思维与目光看似跳跃转换速度极快、知识体系被不断扩充，实际上他们只是受到了简单粗暴的视觉冲击，并未经过自身的深层次思考，严重缺乏对授课内容的理解和领悟。

（二）思政课教师"教书"和"育人"角色的割裂

马克思指出："感性必须是一切科学的基础。科学只有从感性意识和感性需要这两种形式的感性出发。因而，科学只有从自然界出发，才是现实的科学。"[①] 对于思政课教学这样一种感性活动，教学当然也有其规律性（科学性）。显然，思政课的高质量发展需要思政课教师在与他物（AI）的对象性关系中遵循教学的规律性，即需要从感性意识和感性需要出发。其一，思政课教师对 AI 的排斥致使自身难以承当"教书育人"的角色。当前高校中思政课教师普遍对 AI 充满种种曲解与误解。部分思政课教师仍坚持"以教师为中心"，实际上就是与新生代大学生的主动隔离，必然会引发思政课教师原有的"教书育人"角色在人工智能时代的失效，即无法满足"网络原住民"大学生群体对美好生活的需要，更难以建构和引导他们的政治认同感、道德观和价值观。

其二，思政课教师简单使用 AI 将致使自身"教书"角色异化。从已有经验可以看出，思政课教师借助 AI 的技术红利已经打通了线上线下、课内课外的思政课教学实践，逐步从"以教师为中心"转向"以学生为中心"，为大学生提供了大量有针对性的教学资源。但从实践效果来看，一些思政课教师对 AI 的感性意识和感性需要并不强烈，只是借助了 AI 的噱头进行知识传授，致使人工智能时代的"以学生为中心"的思政课与传统的"以教师为中心"的思政课教学效果无甚差别。可以说，这一"新瓶装旧酒"的行为暴露出思政课教师并没有充分发

---

① 中共中央马克思恩格斯列宁斯大林著作编译局编译. 马克思恩格斯文集 第 1 卷 [M]. 北京：人民出版社 .2007.

挥 AI 的现有功能，实现"教与学的高度契合"。

其三，思政课教师过度依赖 AI 易致自身"育人"主导权的丧失。在 AI 浪潮的裹挟之下，一些思政课教师为了提高教学效率而过度沉迷于技术红利之中，使自身隐蔽于技术之中，彻底打破了教学实践中工具理性和价值理性之间的平衡。AI 技术的逼促逐渐剥夺了思政课教师对教学的认知、判断和创造能力，使其放弃了对真、善、美的追求，剩下的只是对技术的服从，成为没有判断力与否定能力的"单向度的人"。

（三）AI 管理尚存在质量不高与数据风险

目前来看，人工智能时代的高校思想政治教育工作者逐渐开始重视 AI 管理的技术价值，已经意识到数据作为 AI 发展基石的重要性，但整体对数据质量标准以及开放使用问题的认识相对模糊，进而诱发了数据在采集、存储、共享和使用中的风险，导致思想政治教育工作形式上聚力、实质上松散的情况依然存在。一方面，AI 管理的数据数量大但质量不高。在数据采集阶段，由于采集标准的粗糙，极易导致大量可疑数据的存在；在数据查验阶段，相关技术人员未能及时维护和处理数据，为之后的数据共享埋下了"定时炸弹"；在数据分析阶段，由于缺乏统一的数据标准，导致各部门处理数据的方式不一致，而无法完整获取数据背后隐藏的大学生思想和行为之间的隐性关系和本质规律。另一方面，AI 管理的数据储存渠道过多引发了"信息孤岛"现象。目前，大多高校都建设了教务管理系统、科研管理系统、学生管理系统、财务管理系统等 AI 管理系统，但这些系统之间由于开发语言、技术标准、数据存储方式等差异性的存在，往往以垂直管理建设的方式形成了多个"信息孤岛"。因此，各职能部门得以合理地筑高"数据壁垒"以占有相关数据，并截断了数据向部门外部开放的出口，使数据成为自身内部持有的"财产"，形成了数据部门化、碎片化、分散式的存储形式。

二、经济新常态下高校思想政治教学改革面临的挑战

所谓"谋时而动，顺势而为"，要回答这一根本问题，必然要准确地研判当前高校思想政治工作面临的新形势、新动态和新变化。从宏观局势来看，世界正处于"百年未有之大变局"之中。国际体系正在发生着深刻的变革调整，大国竞争与多极化发展并行，经济全球化发展进入新阶段；国内全面改革进入"深水区"，社会建设遭遇利益调整加快、各类矛盾交织、长短期矛盾叠加等多个问题。客观物质环境的变化冲击着传统主流思想的权威性。

（一）外部意识形态的冲击

随着互联网技术的高速发展和全球化的不断深入，世界文化交流空前繁荣。在大国竞争的背景下，少数西方国家利用各种传播方式，借资本扩张之机，凭借政治霸权和文化霸权优势向世界输出西方价值观，进行意识形态的渗透。

另外，在新常态环境下思想朝着多元化方向发展。思想的多元化从内部消解我国的传统主流价值观。社会转型期各类矛盾与冲突凸显，环境污染、劳资纠纷、医疗保障、教育公平等问题频发，拜金主义、功利主义、极端自由主义等消极思潮出现，这对价值体系尚未成型的青年学生极易产生不良影响，部分青年陷入重视物质实利、轻视道德理想的误区。此外，由互联网传播的暴力、色情、谣言等垃圾信息，传播速度更快，覆盖范围更广，效果也更加恶劣，淡化了部分青年对国家体制的认同，模糊了其对是非善恶的判断，容易使其走上虚无主义或极端主义的歧途。

（二）教育复杂化成为新常态

当前，我国高校需要回应学生越来越多元化的需求。20 世纪 90 年代以前，国内高等教育是精英教育，政府是高等教育完全的提供者与投资者，因此，教学内容具有强烈的社会本位价值导向。高校氛围也仍保留了中国传统的师道尊严观念，学校管理者具有较高的权威，学生作为被教育者和被管理者，主体地位相对被忽略，参与学校事务和表达教学需求的机会较少。近年来，高等教育向大众化发展，高校学生的年龄结构、家庭背景和个人发展目标也越来越呈现多元化的趋势。同时，在当今信息时代，学生拥有了日益完备的认知工具和不断丰富的信息渠道。学生们在课堂外了解得越多，就越希望课堂教学内容能反馈回应多元化、复杂化的真实世界。这都加剧了教学供给的复杂性。

（三）理论与实践的疏离

理论与实践的疏离也成为高校思想教育的痛点。马克思主义认识论要求坚持理论与实践相统一。然而，在当前高校思政教育中，理论和实践的协同尚不充分。一是表现为重理论、轻实践。部分高校思想政治课堂空谈理论、回避现实矛盾，止步于书本的抽象理论，对现代学生缺乏针对性、吸引力和带入感，由此也就难以发挥对学生的指导意义。二是体现在重实践、轻理论。部分教育工作者的理论知识储备有待提升，以个人的主观感受和实践经验作为指导，导致思政教育陷入肤浅、片面和主观的困境。

（四）来华留学生和访问学者的思政教育有待完善

来华留学生和访问学者的思政教育也有待完善。据教育部统计显示，我国已成为亚洲最大留学目的地国家。其中，2018年，有来自200个国家和地区的近50万外国学生来华留学[①]。随着这些留学生的涌入，部分国内高校却没有准备与之匹配的思政教育课程和实践。就个人发展而言，部分留学生缺失了从高校获得帮助以正确认知中国法规制度、缓解文化冲击、了解本土社会的机会；就国家发展而言，是否对来华留学生进行高校思想政治教育，不只影响着学生个人的发展与成才机会，更决定着留学生们能否理解中国国情、适应中国文化，并自觉参与跨国家的协作。这说明关心爱护留学生群体，培养知华、友华、亲华的国际人才，是高校思想政治教育服务国家重大战略与高校现代化建设的又一要求。

三、大学生思想政治教育"获得感"下降

（一）思政课"获得感"的含义

"获得感"一词是一个复合词。"获得"是描述一种客观事实，有所得到。"感"则是一种主观感觉。大学生思政课的"获得感"是学生在接受思政课之后的主客观统一的一种状态，既有客观上实实在在有所得，又有主观上基于获得的积极、愉快而又满足的心理状态，即快乐地获得了思政课传播的理论、价值观等。

高校大学生思政课"获得感"一般被认为是指学生通过学习思政课，产生了积极的价值认同和情感体验，感觉精神满足且能受到教育、有所收获。在国内学者关于思政课"获得感"的多种表述中，作者认为"大学生对思政课的获得感，是大学生从思政课教学供给与其心理和精神诉求之间的有效契合中，所体悟到的满足感和积极心理体验，表现为教育客体受教育主体的影响而产生的思想上的共鸣、情感上的融合、价值观上的认同和行为方式上的同化效应"的表述较为恰当。这种表述强调了学生对思政课的期待即需求的满足，注重学生的个体体验，强调情感和价值观层面思政课教育的主客体达到统一共情的境界。

（二）"获得感"是"人本"思想在高校中的体现

"以人民为中心"的"人本"思想是新时代中国特色社会主义思想的重要内容，这种思想体现在高等学校中就是"生本"思想。新时代大学生不仅需要从思

[①] 新华社.196个国家和地区的49.22万名留学生去年来华留学[EB/OL].[2021-2-22]. http://www.xinhuanet.com/politics/2019-06/03/c_1124578973.htm.

政课中获得理论宣讲、知识传导、成熟的定论、准确的观点,还需要获得理性思考、价值判断、批判性思维、个性观照、主体认同、才智启发。因此我们不仅需要课堂理直气壮讲好思政课,而且要润物细无声地将思政课贯穿于学生的学习生活始终。高等学校在面向社会提供高等教育的过程中,必须要关注受教育对象的学生的实际获得,关注他们的思想,关注他们的疑惑,关注他们是否有所获得、获得了什么、获得了多少。

当前,全国高校都在进行思政课教学质量改革,2019年又召开了学校思政教师座谈会。结合新教材迫切需要新的教法。思政教育关系着高校培养什么人、为谁培养人、如何培养人的根本问题。我们的思政课应当让大学生不仅感到了自己有所获得,而且获得的是积极的、正向的、正能量的东西。让学生们感到获得了新的理论、获得了确定的前行目标、获得了崇高的理想和坚定的信念、获得了积极正向的价值追求等,是目前高校思政课该做的事。在高校思政课教师供给侧和学生需求侧获得之间,如何对接好、达到供需匹配,是高校思政课需要解决的问题。在解决这个问题的过程中,我们要站在学生的角度,切实关心他们的感受,关注教育对象的个体体验。只有真正关心学生的感受,了解学生的需求,并切合其需求调整思政课的供给侧,才能使思政课真正对当代大学生"胃口",才能让他们有所获得。

(三)大学生"获得感"成为评判思政课改革的新风向标

改革是指对旧有的生产关系、上层建筑作局部或根本性的调整。本书将思政课领域教学内容、教学方法、教育者素质等方面的改革称"思政课供给侧改革",就是意指供给更适合当代大学生需要的思政课。以往我们进行了思政课改革很多轮,可以说对思政课改革的探讨在21世纪以来,就从没停止过。从最初的"讲授法"与"互动法"的讨论,到教育部普通高校思政课教材的多次修订,从"多媒体"到"融媒体"的介入思政课教学,到思政课"配方""工艺""包装"的探讨,思政课教学改革始终在路上。

改革的标准是什么?是成绩?是出勤率?是老师获得的讲课比赛的奖项?还是学生对思政课的评价打分?如果只看成绩,可以通过死记硬背、临阵磨枪而得高分,如果只看出勤率,可以靠频繁的点名来实现,如果只看教师获奖,可以通过教师长期独自练习而成就,而学生的评教成绩很大程度上来自学生对老师的印象,然而这些单一作为评价思政课改革成效的标准其实都是偏颇的。真正评判思政课的供给侧改革成不成功,要从接受思政课教育的学生的真实体验出发去考量。

如果学生觉得上了思政课以后自己切实有所收获，比如对党中央重大的理论创新成果有了更深入的认知和更深刻的认同，或者是改善或者丰富了自身的主观世界、有了明确的人生目标和价值追求，或者坚定了中国特色社会主义共同理想与共产主义远大理想，或者培养了法治观念和法治思维，无论哪方面"获得感"的提升，都可以认为思政课改革是有成效的。"获得感"可以成为评判思政课改革成果的标准。

（四）新媒体时代大学生思想政治教育获得感提升存在的问题

高校大学生作为互联网原住民，传统的教学内容，照本宣科"满堂灌"的教育方式以及传统的教育载体和方法，已经难以达到理想的教学效果和适应学生的新需求，影响着大学生思想政治教育获得感。教育者供给内容与受教育者需求之间存在矛盾。在高校思想政治教育中教育者供给内容老化、重复、不足以及脱离学生实际等问题依然存在，不能满足受教育者发展的需求。首先，一些教育者沿袭和重复传统老化的教学内容，枯燥乏味的内容使大学生失去听课的兴趣，从而导致思想政治理论课的感染力大打折扣。其次，一些教育者由于自身理论素养和教学能力的不足不能及时解释学生的疑惑，存在教学内容供给不足的问题，这种忽视学生学情供给不足的现象自然不能唤起学生学习的热情。最后，新媒体时代的大学生更喜欢在最短的时间内获取最有效的信息，即注重自身的短期满足感，但是思想政治教育者供给的教学内容多是从宏观方面传播马克思主义和中国化的理论成果，而忽视了对学生自身成长过程中短期目标的引导，使得思想政治教育缺乏现实基础，大学生思想政治教育获得感也就无从谈起。

传统的教学方式与新媒体时代的新形式缺乏融合。在新媒体时代，教育者单一的课堂讲授法的教学方式与新媒体时代所要求的课堂教学信息化的发展趋势是不相匹配的，也深刻影响着大学生在课堂教学方式中获得感的提升。首先，在互联网的语境中，师生的等级身份被弱化，它以相互尊重、平等交流和双向互动的方式使得学生积极参与到思想政治教育课堂中来。但是传统的教学方式具有教学时空的固定以及课堂开放性不足的缺点，这使得学生只能"被获得"。其次，随着新媒体的广泛普及督促着教学媒体的不断改革，传统的单一教学方式已不符合新媒体教学的新潮流，不利于学生获得感的提升。最后，思想政治教育是针对全部学生开展的理论教育，对于不同学科的学生应该采取符合其学科特点的教学方式。新媒体在高校思想政治教育中的运用有利于教师对各学科的交叉探索，但是在当前思想政治教育中缺乏对其他专业的学科优势和特色的挖掘，使得当前的思想政治教育缺乏针对性，从而影响着大学生思想政治教育获得感提升。

理论知识的学习与生活实践的应用相脱节。首先，长期以来，高校思想政治教育存在着与学生生活相脱节的倾向，导致大学生对思想政治教育产生了一定的疏离感甚至是叛逆厌恶情绪。其次，当代部分大学生产生思想政治教育内容过于空洞与形式化的误解，由于缺乏相对应的实践教学，传统的填鸭式、说教式的教学方式很难使学生达到思想和情感上的共鸣。最后，一些高校思想政治理论课上教师对于一些热点的社会话题缺乏与学生的"对话式"互动，使得思想政治教育内容与当下社会生活发生了一定的疏离，大学生思想政治教育获得感也无从获得。

第四节 高校思想政治理论课教学改革的意义

一、顺应时代潮流，应对国际复杂局势

思政课承担着"教育的历史责任"，思政课发展与时代同步伐，对于在风云激荡的世界局势中抢占意识形态阵地，抵挡西方不良思潮入侵，破除西方神话，维护国家安全有着重要作用。

当今世界正处于百年未有之大变局。从国际局势上看，和平与发展仍是时代主题，但在此之下暗流涌动，种族冲突、宗教纷争升级，局部冲突加剧，战火频仍。"一超多强"的格局与新兴市场国家和发展中国家的快速发展相互冲击。以美国为代表的西方国家掀起逆全球化潮流，国际贸易保护主义抬头，贸易政治化倾向加剧，对华政策步步收紧。新冠肺炎疫情横扫各国，对疫情的治理成为考验各国制度和综合实力的一面镜子，彻底暴露出西方资本主义国家的短板，凸显中国集中力量办大事的优势。"中国模式"的成功为世界现代化开辟出新的道路，全球目光不独聚焦于西方。从国内形势来看，中国特色社会主义进入新时代，机遇与挑战并存。一方面，我国生产力取得了巨大进步，现代化强国建设稳步推进，中华民族伟大复兴迎来光明前景；另一方面，改革开放进入深水区，更深层次的问题逐渐显露，在保持稳定的同时推动改革的深入发展成为当前必须解决的问题之一。准确把握国内外局势，引导学生用马克思主义立场、观点、原则分析理解国内外重大事件，教导学生在社会转型期内正确认识国内矛盾，增强"四个自信"，坚定马克思主义信仰和共产主义信念，是思政课必须完成的历史使命。

二、聚焦根本任务，实现铸魂育人

进入新时代，在实现中华民族伟大复兴的中国梦的背景下，思政课改革有助于实现立德树人这个根本任务。一方面，思政课立足德育这个基准铸魂育人，是促进人的全面发展的重要环节。思政课从人的需要出发，重视人的精神世界，不断引导学生思想、道德、法律观念有机融合，增强道德修养和法治意识，丰富人的精神境界，同时用马克思主义理论武装头脑，给予学生认识世界、改变世界的思想武器。另一方面，思政课聚焦时代需要，为实现中华民族伟大复兴提供人才支撑。面对新时代的历史使命，必须培养一代又一代拥护中国共产党领导和我国社会主义制度、立志为中国特色社会主义事业奋斗终生的有用人才。习近平总书记简明扼要地指出了新时代思政课培养人的核心目标。这一目标主要有以下要求："第一是拥护中国共产党的领导。党政军民学，东西南北中，党是领导一切的。思政课通过意识形态教育将学生紧紧凝聚在党的周围，巩固党的执政基础，并为党的建设提供后备力量。第二是拥护中国特色社会主义制度。思政课承担着从理论上分析社会主义优越性，从价值上论述社会主义优越性的任务，分析我国社会主义初级阶段的基本国情与共产主义目标之间的关系，为拥护中国特色社会主义制度、坚定中国特色社会主义道路打下了基础。第三是为社会主义事业奋斗。共产主义对我们来说不是应当确立的状况，不是现实应当与之相适应的理想。我们所称为共产主义的是那种消灭现存状况的现实的运动。"共产主义光明前景潜藏于中国特色社会主义事业中，思政课能积极引导青年学生发挥能动性，在为中国特色社会主义事业奋斗中实现自身价值。

三、面对社会转型，培养核心价值观

高校思政课面对的是处于拔节孕穗期的青少年群体，青年的价值取向决定了未来整个社会的价值取向。思政课结合当今青年特点进行改革，有助于实现课程设置、授课方法、教育理念等方面的与时俱进，培育社会主义核心价值观。当今青年学生受生活水平、互联网技术以及全球化的影响，世界观、人生观、价值观以及对思想政治教育接受的特点也在时代大潮中发生剧烈变化。他们充满朝气、思维活跃，对新鲜事物有着天然的好奇心和接受能力，但本质上还未对世界形成稳定的认识。随着西方自由主义、拜金主义、利己主义的输入，青年在价值取向上渐趋功利化，集体意识下降，个体本位意识增强。新媒体的发展使得每个人都成为信息的接收者和传播者，青年学生对信息的分辨和思考能力欠缺，受舆论影响大，易被各种思潮裹挟。思政课面向高校所有学子，授课面最广，不同学科背景的学生对现实问题有不同的认识角度，敢想敢说，课堂上思维火花多。过去单纯的灌输方式对处于信息爆炸时代的青少年缺少吸引力，无法适应学生思想的变化。基于此，思政课改革迫在眉睫。

四、加快教育改革，完善高校思政教学格局

很多高等院校重点做好高等院校学生思想政治教育的顶层设计和一体化建设，目前已经基本形成"大思想政治"育人格局。在相关部门的领导下，各高等院校结合本校办学历程和办学实际，瞄准新时代思想政治教育发展不平衡不充分的客观问题，着力破解新时代"大思想政治"格局难题。在校内，很多高等院校以主渠道和主阵地建设为核心，在党委领导下，基本形成主渠道：校长办公会—教务处—二级学院和思想政治教学部—专职教研人员的教学管理体系；主阵地：校党委—学生工部门—院系党政班子—辅导员日常管理体系。在校外，很多高等院校在各级政府部门的支持下，建立了范围较广、内容较丰富、形式较多的高等院校学生社会实践系统，通过高等院校学生顶岗实习、暑期社会实践、专业实习、支教支农等方式建立一体化整体运行的高等院校学生校外育人实践载体。通过全社会共同努力，以高等院校为主体，社会育人为辅，充分运用校内外育人资源，重点提升高等院校学生思想政治教育的实效性，促成向现实作用的转化。

（一）主渠道建设

主渠道建设即思想政治理论课建设，是以高等院校学生为对象开展政治理论灌输、价值规范引领的主要方式。理论课课堂教学需要宝贵的真实的育人资源。育人资源是十分丰富的，比如红色文化资源、影视资源、时政资源等等。就高等院校而言，很多高等院校在融合发展方面取得了一定成果，在一定程度上将一些资源融入进了课程建设，以融合开发的与研究和实践为抓手，实现了部分资源进教材、进课堂、进头脑并产生了育人效果。高等院校在开展思想政治理论课教学内容和方法多层次多样化建设中，较好地将优质育人资源融入进课堂教学实践，在主渠道的建设中采用了多种教学手段，试点建设了多元化可操作的育人平台，同时依靠高等院校所在区域现存育人资源进行融合开发，将大量的素材，资源引入主渠道建设全过程。

理论课教学内容多样化需求，要求高等院校引进各类资源，并协同开发，将其与主渠道建设融合，实现教育内容的多样化，实现教学环节多层次。当下，高

等院校的理论课课堂教学，通过网络和新媒体技术的介入，将大量的素材引入课堂，取得了一定成效。各高等院校在进行思想政治理论课时大都采用教育部统一编排的教材开展教学，有条件的学校根据自身特色采用校本教材，其主要成果突出表现在教材选取素材时既侧重全国性的资源，又选取了区域内特有或者独有的育人资源。同时，不同层次的高等院校在教材建设时水平参差不齐，虽然受占有资源差异化的影响，不同学校在思想政治理论课课程建设时，将一些资源融入主渠道建设的效果都较好。

（二）主阵地建设

主阵地建设即高等院校日常思想政治教育工作，主阵地的主体在广义上包括：专门从事高等院校学生日常思想政治教育工作的劳动者即思想政治辅导员；院系党组织副书记、团总支负责人、学工队伍等，以上均属于教师和管理者双肩挑。狭义上的主体专指高等院校思想政治辅导员，其工作内容包括：政治理论灌输、核心价值观引导、班团建设、入党考察、学风建设、日常事务处理、应对日常危机事件、心理健康教育、职业生涯规划指导、就业与创新创业指导等，具有内容繁杂、范围广泛、理论素养要求高、管理能力突出等特点。

目前，主阵地建设要求辅导员将理论灌输和价值引导贯穿于高等院校学生日常学习、生活、工作当中，做到与主渠道协同互补，协调推进，针对性较强、及时性较强、普遍性和群众性。思想政治教育在新时代要继续发挥育人的核心作用，必须契合新时代教育工作的时代主题，适应社会环境和育人环境的新变化，面临深层次的挑战和更加繁杂困难的局面。当前，主阵地工作的主要方式是：谈心谈话、主题班会、第二课堂、日常行为管理等，辅助以新媒体运用、信息技术平台和志愿实践活动等。很多高等院校辅导员在进行主阵地建设时取得了以下成果。

一是主阵地建设引导学生把握中华民族伟大复兴的历史使命。通过辅导员日常思想政治教育帮助学生主动承担起新时代赋予的历史使命，引导学生投身于中华民族伟大复兴和中国梦的实践中去，成长为合格的社会主义建设者和接班人。

二是立德树人是中心任务。在高等教育变革的新时期，定位中国特色社会主义发展的历史性时刻，坚持立德树人，辅导员以培养德才兼具的高素质人才为己任，主渠道与主阵地协同育人效果良好。

五、提升思政价值引领作用

价值引领是高等院校开展青年高等院校学生思想政治教育的主要方向。高等院校非常重视高等院校学生的价值引领,以社会主义核心价值观为主导,关注学生思想状况和心理变化,把握青年高等院校学生塑造正确价值观、世界观、人生观的"拔节孕穗"期关键节点,发挥思想政治工作者桥梁作用,已经基本形成稳定的思想政治教育价值引领作用。

六、良好的融合机制得到推进

具体来说,很多高等院校以体系化的思想政治理论课和系统性的日常育人为主体,紧密结合各层次各方面思想政治育人资源,通过高等院校学生专业实践育人、创新育人、文化和环境育人,着力打通融合机制的各个节点,依靠特有或独有的社会资源和管理机制,在规定动作不走样,自选动作有特色的前提下,充分发挥各类优势和资源,逐步推进多层次多方位融合机制建设。

第三章　新常态下高校思想理论课教学改革理论借鉴

本章节内容为新常态下高校思想理论课教学改革理论借鉴，分别从人的全面发展理论、主体教育理论、生命教育理论三个方面展开论述。

第一节　人的全面发展理论

高校思政理论课教学改革的理念是基于丰富的理论基础的，其中马克思关于人全面发展的观点是最为关键的部分之一。马克思明确指出未来的理想社会是"以每一个个人的全面而自由的发展为基本原则的社会形式"。[①] 人的全面发展是一种实践性的行为，不仅体现了人作为个体的能力，还包括了其社会关系和个性等，更是一个长期变化的过程，它无法与社会生产力的发展相脱离，也无法与教育和学习相脱离。具有深刻内涵的人的全面发展思想是马克思主义中的重要核心之一。全面达成个人需要的发展，主要包括其社会关系、能力和素质及个性的发展。人正是在正确的教育体系的培育下，个人的素质与能力才能全面的发展。

思想政治教育的意义正是在于帮助大学生正确地实现全面发展的要求，如何培养大学生的正确价值观正是思政教育的基本取向和目的。同时，思想政治教育也能有效促进大学生全面的发展进程。其中，最为基本的观念根据是马克思关于人的全面发展思想，作为发挥统领作用的指导思想，是建立在从大学生的方方面面的进步促成中来改良并完善已有的思想教育的。在具体的工作进程里，既要关注学生的能力与素质，又不能忽略学生的社会关系，并从学生的个性出发，踏上全面发展的道路。

人的本质不是单个人所固有的抽象物，在其现实性上，它是一切社会关系的总和。一般来讲，人的成长大多是建立在现实社会关系前提下产生的，思想政治

---

① 马克思恩格斯文集.第 5 卷 [M].北京：人民出版社，2009.

教育实践开展期间，教育者主要能够协调引导受教育群体的行为及观念，同时创设一种积极的育人环境，确保人的本质调整能够与社会生产方式变革相符，能够符合社会进步发展趋势。相应地，思想政治教育工作开展期间，高校需要将其与社会实际联系起来，避免出现与社会发展相脱节的现象，从现实层面加强对受教育者的教育工作，需要我们从社会关系层面对人的价值及需求进行深入理解。早在《德意志意识形态》书中，便已经出现了"个人全面发展"的表述。结合个人全面发展理论，其中强调，人的发展并非表现为智力发展层面，还综合涉及体力、品德、社会关系等各个方面的综合发展。

某种层面上，高校思想政治教育工作开展中，人的全面发展为其提供了很强的指导效果；其形成的人的发展观，为我们了解掌握事物发展规律提供了理论参考，并且其展示的人的全面发展的必要性也为促进思想政治教育复杂性提供了理论参考。所以，对大学生群体开展思想政治教育期间，我们需要坚持有关科学理论，分析掌握不同社会关系与人的关系，从物质层面分析影响人们思想产生的影响因素。在教育活动期间，当信息量较大时，便能够更好地对受教育群体提升思想政治品德水平起到帮助与引导作用，最大限度激发人的身心潜能，充分彰显个性，并且在思想政治教育工作开展期间将协同育人理念引入其中，确保育人目标能够顺利正常推进。

马克思主义强调从现实世界前提下来认识并分析事物，做好对事物的系统全面分析。其中，马克思主义强调，人的发展与社会发展具有同步性，在旧时代物质匮乏的制约性影响下，不利于提升人的全面发展水平。相应地，在工业技术发展进程中，在促进人的全面发展层面也有了更高的要求，也给带动人的全面发展带来物质前提。在《德意志意识形态》《资本论》等作品中，马克思特别对自由全面发展理论进行系统全面的介绍。人类社会发展进程中，马克思分别从人的依赖社会、物质的依赖社会、人的全面发展社会三个不同角度对社会进行划分。其中，人的全面发展社会，也就是畅想的共产主义社会。回归到教育领域，也存在相似之处，教育和人的全面发展存在类似的地方。我国教育未来发展中，教育全面发展将是一种主流趋势。人的全面发展观将会给教育发展提供引导作用。具体来讲，主要表现为下列几个层面。

（1）全面发展观能够带动教育协调发展。教育发展中引入人的全面发展观后，能够协调处理好教育内容及教育资源。现在，受到就业等诸多因素的限制，高校教育内容普遍集中在技能学术层面，而普遍对学生德育教育的关注度不足。在功利思想作用下，针对多元化教育内容的接受认知情况，学生对应的主观表现也存在较大差异。所以，高校教育中引入全面发展观，则能够将这一问题控制到最低。

（2）全面发展观能够对教育观念做好更新。在高校教育中引入人的全面发展观，能够更新教育观念。在之前社会发展期间，人们的教育观念落后保守。人的全面发展观发展中，尊重学生的主体地位，这样能够统筹考虑学生思维变化的同时，也能够与时代发展实际相符合。

（3）全面发展观能够优化教育模式。目前，部分地区高校在授课模式上，依然以传统的满堂灌模式为主，不利于提升课堂教学效果。全面发展观能够最大程度增加学生学习热情，并且能够充分发挥学生的主体作用。所以，随着全面发展观的实施，能够创新优化教育模式，提升学生课堂学习效率。

思想政治教育实践工作开展期间，不管是从教育内容上，还是从教育方式上，教育者均不能够与社会脱节。相应地，教育者也会随着社会发展出现改变。某种层面上，高校推进思想政治教育旨在能够培养更多专业人才。所以，如何开展人才培养成为教育工作主要关注的问题。学校在推进思想政治教育开展中，应该把促进学生全面发展放在首位，结合社会发展实际来做好人才培养，提升学生的全面发展水平。

第二节 主体教育理论

一、主体教育的含义

1981年，顾明远先生明确提出"学生既是教育的客体，又是教育的主体"的论点，引发了教育界关于"学生主体地位"的大讨论；1992年，王道俊、郭文安先生正式提出了"主体教育"的概念。随后，北京师范大学的教育专家王策三、裴娣娜、周玉仁、刘秀英等开展了以发展学生主体性为主要内容的教育实验。主体教育研究从20世纪80年代萌芽，到90年代初正式开始实验，至今共经历了30多年的发展历程，取得了世人瞩目的成就，并对中国教育理论与实践产生了深刻的影响。

所谓主体教育，简单地说就是依靠主体来培养主体的教育，具体来说主要有三层含义：第一，把学生培养成未来社会生活的主体，弘扬人的主体性，这是主体教育的基本价值立场；第二，在教育活动中，学生是正在成长着的主体，他有一定的主体性，又需要进一步培养和提高，这是主体教育人性论的体现；第三，只有发挥人（教育者和受教育者）的主体性，才能培养主体性强的人，这是主体教育所采取的基本策略。主体教育的终极目标是使每个人全面、自由、充分地发展。因而，主体教育是为了人和依靠人的教育。

二、主体教育的特点

主体教育是针对传统教育中严重忽视人的发展问题而提出来的，它在价值论上所关注的提高人的主体性的问题，仍是当今社会的根本问题。在中国社会转型过程中，使人不再单纯作为社会工具而存在，不再只充当被动服从的角色，是社会发展和人的发展的需要。

教育的主体性是主体教育的根本特点。所谓主体性，有三个基本特征，即自主性、主动性、创造性。自主性是人作为主体的前提和基础，是指在一定条件下，对自己的活动有支配和控制的意识和能力，体现为对自我的认识和实现自我的不断完善。主动性是人之所以成为主体的重要表现，指有目的、有意识地认识和改造世界，其实质是对现实的选择和对外界适应的能动性。主动性需要通过实践活动来实现，在实践活动基础上通过交往促进主体性的发展。创造性是主体发展的最高表现形态，是在主动选择的基础上对现实的超越。学生的主体性必须通过学生这个特定的主体来发展，这是主体教育的内涵之一，这就必然意味着主体教育必须具有能动创造性，作为主体教育主体的学生也必须具有能动作用。

第三节 生命教育理论

一、生命的内涵

生命是教育的归属点，准确把握生命的内涵是开展生命教育实践的基本要求。各个学科对"生命是什么"这一问题做出了不同的解释，我们基于对已有观点的梳理和概括，在习近平健康观的指导下对生命内涵进行阐释。

从医学上说，生命是一个具有相对稳定性的物质系统，具有内因性死亡功能及生物性繁殖再生等特征；化学学科所指的生命不是一个过程，而是由碳氢氧磷等元素组成的分子结构；心理学认为自我意识的觉醒是生命的开始；从社会学角度上来说，生命是有生存的要求并在社会文化支配下发展的个体；从哲学意义上看，生命是具体事物和抽象事物、特殊性规定和普遍性规定、时间和空间、正价值和负价值组成的矛盾体。当然，全部的人类历史都是以个人生命的存在为前提的，在互联网兴起后，智能感应器进入人体引起了生命人工化的广泛争议，而学界普遍认为"人工生命"并不属于生命范畴。从生命的功能上讲，生命是能够进行新陈代谢、繁殖遗传、自我调节的活体；从系统论的观点出发，将生命结构定义为蛋白体的存在方式，生命的本质就在于蛋白体的化学组成部分不断地往复更替。广义上的生命包括动物、植物、微生物等一切具备生命特质的有机体；狭义的生命则特指人的生命，本书的生命教育研究就是围绕"人的生命"展开的。

人作为区别于其他生物的生命主体，其内涵应包括以下方面：人的生命首先表现在生物性上，生命是一个阶段性的过程，有其起点和终点；其次，人与自然环境紧密相关，但人有主观能动性，人的生命活动一方面要受到自然界的制约，另一方面又能适应并且改造自然界；最后，作为一种独特的生命存在，人的生命要不断地进行社会化，要在社会实践中不断实现自然生命向社会生命的转变，实现生命的完整性。本书进一步对生命的内涵进行横向剖析，将从自然生命、社会生命、精神生命三个方面阐释生命的内涵。

一是人的自然生命，这是人类得以生存繁衍的最基本生存形态，是人之存在最根本的生命标识。人的生命这种自然属性首先体现在它作为一个由多种器官组织等构成的有机整体，遵循着其内部固有的运行规律，在一定方向上存续着不可逆、阶段性的历程。人时刻处在自然环境的影响中，我们承认人的自然生命，但这并不意味着人只能单纯地依赖自然，人可以根据自己的意志做出生命选择，动物和人的显著区别就在于，人能支配生命活动，做自己的主宰。

二是人的社会生命。人类起始于大自然，但并不止于自然生命，人每时每刻都要面对与之产生关系的同类物，有着与其交往的本能。从总体上说，人始终被各种社会关系包围，既承担着一定的社会角色和责任义务，又享有社会提供的发展条件，而这种特点从人出生一直延续到生命的终止。从古至今，如何处理社会生命和自然生命的冲突一直是困扰百家的难题，儒家的"杀身成仁说"将社会生命摆在自然生命前面，杨朱"一毛不拔"推崇完全的自我满足感，厘清自然生命与社会生命之间的关系是才解决此类问题的关键。中国传统文化中蕴含着"仁"的价值观，"从人，从二"人只有在与他人的关系中才能摆正自己的位置，自我不是完全封闭的，爱自己进而推及爱他人是中国传统一贯的处世原则，时间证明了自然生命与社会生命的统一交融。

三是人的精神生命。如果生命只具备自然性和社会性，而缺乏思想存在与意义彰显,我们也不能称之为完整的生命。基于自然生命的存在,人往往会在生活中会形成固定的价值观,从而制定人生规划、追寻人生意义、到达自我超越的境界。同时,精神生命的完善离不开自我认知和自我反省,人在创造性活动中能够反复思考自己的生存现状,重构自己对生活和人生的理解,不断满足自己的价值期待。总之,对于人生意义的追求,就是人拥有精神生命形态的重要依据,这不仅扩展了生命存在的空间,也为解释社会生命活动提供了前提。

当然,人的自然生命、社会生命、精神生命不是互相排斥的,生命价值由这三种生命形态共同维系,三者统一于人的生存进化过程中。自然生命承载了生命本体的物质基础,社会生命实现了个人向人类群体的转化,精神生命彰显了人对自身生物性的超越,我们只有在三维层面上阐释生命的内涵、认清生命的意义,才能正确地理解生命教育的价值。

二、生命教育的内涵与特征

近年来,大学生自伤和校园霸凌事件时有发生,对大学生进行生命教育就显得尤为重要。将感恩心理、敬畏生命,转化成核心价值观教育具体而生动的教学载内容,能增强大学生的道德使命感和责任感,培养公德心与素养,将公民道德教育贯穿于心理健康教育中。加强社会法律宣传,规范法制观念,教学生懂法、守法,坚持法律底线,学会利用法律武器保护自己和他人,保护自己的合法权益。

以往学者们对生命教育的内涵做出了多种解读,提出了价值观教育、生死等相关概念,我们在综合概括之后,统一称其为"生命教育"。同时,想要全面地把握生命教育的科学内涵,还需要考察其主要特征,只有厘清生命教育的内涵与内容,才能立体化地开展生命教育活动。

(一)生命教育的内涵

生命教育源于国外,国外普遍将"通过生命体验活动,引发人们对生命的热爱,消除危害生命行为为目的而开展的社会性教育"作为生命教育的定义。而在国内,学者们对生命教育内涵的讨论时间已久,他们从生命教育学科的视角、从生命教育包容性角度、从教育目的的角度对生命教育加以阐释,提出过相应的概念表述,但目前学界尚未达成统一的生命教育定义。基于对生命和大学生理心理特征的理解,本书所阐述的高校生命教育内涵包括以下方面。

第一,明确高校生命教育的理念。在坚持马克思主义全面发展理论前提下,教育者在教育过程中形成了关于生命教育应然性的认识和要求,教育主客体的矛盾运动促使教育者对大学生实施生命教育，使其树立客观正确的生命价值观。生命体现在教育过程中，教育的本质要求以生命为中心，一方面，生命需要教育，教育实现了个体社会化和社会个体化的统一，在此过程中人的性格被不断塑造、看待世界的眼光不断客观化。另一方面，生命是教育的逻辑起点，自然生命的存在是人接受教育的最基本条件，生命教育离不开尊重遵循个人的发展规律，离不开人的培养、人的生成、人的完善。

第二，把握高校生命教育的目的。生命教育不仅关心人的生命安全，而且关注人的心理健康和心理成长，它不是一个简单的教学策略和方法，更重要的是它以心灵自觉为桥梁，以实现人生意义的顿悟为目的。高校生命教育首先要帮助学生尊重生命、呵护生命，让他们在多彩的社会生活中找到属于自己的位置，培养学生的自我效能感和自我驾驭能力，从而使其真正地认识自己，热爱自己；生命教育还能教育学生处理好人与他人、人与自然的关系，养成和谐相处的生命观；高校生命教育也能促使大学生确立信仰、在自我实现与自我超越中发展，从而获得真、善、美的情感体验。

第三，关注高校生命教育的过程。生命的发展和超越不是依靠生命知识的积累，也不是源于理性思索，而是产生于人类现实的生命实践过程。在高校生命教育过程中，以大学生为关注人群，掌握个体的生命特性，通过"共情""体验"等形式，让每一位学生在日常学习生活中都能理解他人、彼此成就、携手进步。生命教育课程要根据学生的特点，将课外实践与课堂教学结合，家长也应参与家庭生活指导，各个环节的参与者都要注重生命教育过程中出现的问题，及时反馈进度和总结经验，以便于调整生命教育形式。

总体而言，生命教育具有广义和狭义两种理解方式。广义上的生命教育主要指教育固有的生命性，狭义的生命教育只包含关于生命的教育，而并非将全部教育包揽在内。因此，本书将生命教育的内涵概括为：生命教育应当是一种发展性的教育，要关注自然生命，也要关注社会生命；要关注个人，也要关注他人；要关注生命认知，也要关注独立生活技能及生命道德观念。当代大学生生命教育，则是根据生命教育的基本要求，针对当代大学生这一限定人群，根据大学生的生理特征和时代发展需要，按照一定计划和目的进行，旨在引导当代大学生树立珍爱生命、关怀生命、超越生命的态度，培育理性健康、积极向上的生命价值观的社会实践活动。把握生命教育的基本内涵是走进生命教育的第一步，不难发现，学界对生命教育的认识和应用还存在着风险防控的一面，这种风险至少包括容易混淆生命教育与死亡教育等概念，将生命教育的作用弱化等等，我们也应对此加以辨析。

生命教育的本质是全方位的教育，以本体教育为基础线索，涉及个体发展的各个方面，既关乎个人的基本物质生产方面，也关乎个人经历发展方面，更关乎个人生命价值方面。也就是说生命教育在关注群体发展的同时更关注个体生命价值的实现。生命教育的核心目的是通过个体生命的自我管理，成长并体现出生命独特性，最终成长为"我之为我"的体现生命价值的共同体。对于受教育者来说，教育者所持有的观念就是受教育者所要形成的意识形态。

综上所述，不难发现生命教育是一种教育理念，教人向善的同时，着重培养人的体验生命之美，尊重生命之存在、寻生命之意义、实现生命之价值。生命教育是指从人的出生到死亡的过程中，教导人们更加尊重生命热爱生命，使得受教育者理解生命的本质，理解生命的意义和实现生命的价值，帮助大学生树立正确的生命价值取向，坚定生命价值的最高追求。

（二）生命教育的特征

在生命教育基础理论的指导下，结合生命系统的整体性和生命教育的开展效果，主要从生命教育的六方面要素着手剖析生命教育的特征。

第一，教育者的系统性与整体性。人的成长是身体和心理、自然与社会、现在与未来交互作用的复杂过程，这就决定了我们要将教育者作为整体性的思考单元，重视与生命教育者相关的各种联系，从教育者内部与外部诸要素之间、教育者整体与部分之间、教育者系统与环境之间进行辩证考察，全面地把握生命教育者的系统性。而教育者囊括了教师、家长、社区服务人员等多种角色，生命教育活动需要学校、家庭、政府、社区等多主体的配合联动，以便在不同场域中产生有效能量，形成教育合力，在教育活动中发挥引导作用。

第二，教育对象的主体性与创造性。生命教育对象的主体性是指教育对象具有创造性思维，能够产生热情、积极等正面情绪，在教育过程中可以把良性效益反作用于教育者与教育过程。教育对象作为具有思维意志的人，在生命教育的过程中，经过主动接受—内在筛选—行动外化—反馈导向的转化过程，能自觉地在实践过程中提高生命价值理论水平和社会道德品质，使教育达到最佳效果。正如学生对生命充满了天然的好奇心，当面对教育者在传播带有个人色彩的生活经验时，也将会从独立社会主体的立场出发，根据生活场景改编自己获取的生命知识，从而满足自身的成长需要。

第三，教育内容的阶段性与层次性。不同时代有不同矛盾和任务，新时代生命教育内容因其受时代的支配和影响,必然有不同于过去的特点。生命教育内容有阶段性的特点,还取决于教育对象的层次性,从幼儿到青年到老年,从家庭生活到学校学习到社会生活,个体所要面对和解决的具体问题有所不同,生命教育的侧重点也随之改变。同时,生命教育内容不是单一的,是按照一定结构相互联系、相互作用而形成的,即生命教育有层次性,必须掌握教育对象的实际情况,准确解析各类群体的生命状况和阶段特征,才能使生命教育的效果更具针对性。

第四,教育方式的渗透性与体验性。生命教育与生命、生活、生存紧密相关,显性课程教学配合其他学科教学中的生命因子渗透,以多种形态塑造教育对象,生命教育的实现方式呈现出循序渐进、间接、隐性的特点。而体验性的生命教育在保证教育效果的前提下充分利用学生活动、社会实践等手段,来减少教育者和外界因素的干预,注重为学生提供模拟或真实的情境和活动,使学生迸发高度的参与感与获得感,让学生获取感官经验和个人感受并进行交流探讨,重整学生的学习方式与行为模式,使学生真正实现正确生命观的内化与外化。

第五,教育环境的社会性与文化性。生命本质上拥有"自然"和"社会"双重属性,人虽受到自然条件的限制,但在心理和精神上更多地受到社会环境的影响。由于社会制度和文化底蕴不同,国内外的生命教育环境也有差异性,现阶段中国将社会主义核心价值观作为精神目标向导,全社会层级铺开,逐渐形成了思想道德建设和价值观引领的教育氛围,在社会环境的组合作用下,生命教育既具备上层建筑的理性特征,又充满了中国特色社会主义的文化色彩。

第六,教育过程的长期性与长效性。从懵懂孩童成长为一名爱惜生命、乐观自信、充满社会责任感的大人,离不开教育不间断地熏陶和培养,生命教育伴随着个体的一生,其教育过程的长效性就体现在所授学生的长远发展中,代际传承的生命教育不仅可以影响一个人、一代人的发展,更能实现社会自由度的整体提升,为人类自由联合体的最终理想铺路。就学校教育而言,在生命课程的设置与开发上面,只有从教育过程的长期性与长效性入手,才能使学生能在自己喜爱的世界见贤思齐、健康成长。

三、生命教育的地位与意义

生命教育涉及的范围较为广泛,涵盖人出生至死亡的始终,而高校生命教育作为本书的研究对象,其参与主体——大学生"生命体"在生理和心理各方面都有独特之处,这也使得高校生命教育在整个教育进程和社会发展中有着特殊价值。

（1）推进大学生身心健康的发展。在人的一生中，大学时期是一个特殊时期，在这期间，学生有快乐、有难过、有悲伤也有期待。在这一时期，更是人生发展的关键时期，这个时期的青少年，生理和心理都发生着巨大的变化，更是容易出现这样或者那样的心理问题。如：考试的恐惧心理、人际交往的障碍、情感问题带来的巨大压力。面对这些问题如果不及时疏通，很可能造成严重的心理疾病，所以，大学生的心理健康问题是我们应该关注的重点问题，也是大学生全面发展需要解决的问题。生命教育对大学生生命观的形成以及心理健康人格的培养具有重要的意义，帮助大学生树立正确的人生态度、培养优秀的气质品质以及发扬乐于奉献的精神。

首先，对于大学生来说，身心健康发展是大学生成长的基础和保证，关键是要努力培养大学生自尊、自信、自立、自强不息的生活态度和人生观念。当前的大学生绝大多数是独生子女，受到家庭的过于宠爱，缺乏单独处理事务的能力，生活中遇到的问题很难自己解决。比如：一场简单的考试失利，可能会因承受不了压力而采用消极的方式处理问题。但是相比于霍金、海伦凯勒等人来说，大学生所遇到的困难可能并不足以成为压垮他们的因素。所以，对于大学生来说，他们关于人生的第一课就应该学会如何培养自尊、自信、自强不息的人生态度，这样在面对种种困难和问题时，才能说服自己跨越挫折。

其次，要有积极热情、乐观，具有胜不骄、败不馁的气质品质，是身心健康发展的支柱。根据世界卫生组织的统计报告显示，目前中国患有抑郁症的人数已经超过了9500万，在全球范围内，抑郁症人数也将近3.5亿人，并且据统计结果来看，近十年来抑郁症患者的人数呈现出明显的上涨趋势，增速约为18%左右。为了减少疾病的发生所带来的危害，学校会设有专门的心理咨询室，鼓励教师采用积极的态度正确引导学生。思政课教师在教学中也承担着相应的责任，为学生营造积极、健康的学习氛围，在学习过程中通过介绍有代表性人物的事例，引导学生为选择正确的人生方向做准备。

最后，要有热爱祖国，为祖国奉献的决心，是身心健康发展的灵魂所在。无论是任何人，都要对自己的祖国保持一颗甘于奉献的心，面对危害祖国安全的行为，敢于奉献自己的力量。周恩来称要为了中华崛起而读书，所以大学生不仅仅要读书，并且要读有用之书。学习雷锋全心全意为人民服务的精神，将自己人生的信仰赋予神圣的光芒，为中华民族贡献自己的才智。将自己的生命和民族振兴相联系，具有崇高的理想和信念，是弘扬社会主义核心价值观必行之路，也是我们当前思政课和生命教育相联系的重要内容。

综上所述，实施生命教育是促进学生身心健康发展以及培育正确价值观的正确方式，是将生命教育与教材相融合的体现，是思想政治课课程和教材改革的必然要求，也是落实大学思想政治课立德树人的必然之路。

（2）高校生命教育是大学生实现全面发展的有效途径。高校生命教育倡导通过多方力量整合，塑造生命理念，对大学生产生全方位、长时效的熏陶。大学生的生活圈相对单一，主要由日常学习和学校活动构成，社会的多元价值却从外部冲击着大学生尚未成熟、摇摆不定的价值观。虽然大学生思想认识的内在矛盾仍是主观与客观的矛盾，但大学生的主观思想认识主要不是通过社会实践，而是通过学习理论得来的。反观现实，辱华的"季子越事件"频繁发生，意味着部分大学生缺乏国家意识和爱国情怀，高学历与低修养严重不符，折射出青年学生对生命价值、道德理想的认识不足，价值观的背离给高校教育敲响了警钟。对处在拔节抽穗期的青年大学生来讲，生成自我存在感、理解个人使命和责任极其重要，而高校生命教育有着导向功能、塑造功能、激励功能，既能推动大学生树立正确的理想信念，又能帮助他们体会生命自由，从而敬畏生死、爱惜生命。

（3）高校生命教育是高校教育发展的必然趋势。近年来，学界高度关注生命教育，将其视为现实的教育现象，但从中国教育体系看，生命教育的位置仍然较为尴尬。从实用性看，生命教育具有发展、预防干预、监督的作用，生命教育应聚焦个体生命的当前需要，关注学生的生命律动，促进生命的高质量发展。相对于中小学的生命教育，高校生命教育处在人生教育的核心环节，面向对象更为特别，实施难度更大，但作为学校生命教育的最终场所，高校生命教育的充分实施让高校教育更完整，有利于巩固前期生命教育成效，促进生命理论及生命行动的社会化。

（4）高校生命教育是社会和谐稳定的重要支撑。一方面，开展高校生命教育，引导大学生认识生命价值，珍惜自然命脉，树立生命共同体理念，对保护自然、促进人与自然和谐发展至关重要。另一方面，高校生命教育使得理论教育与社会实践结合，将专业过硬、品德素质良好的人才源源不断地输送到社会发展的各个岗位。随着网络和科技对生活的多重渗透，人处在社会风险的穹顶之下，但接受过生命教育的人不仅仅可以保护自然生命，还能主动维护社会的和谐稳定，将社会生命和社会价值作为自己的追求和意义。通过高校生命教育，大学生将正确处理国别文化差异，作为社会主义主旋律的坚定信仰者，秉承爱国、励志、求真、力行的理念投身于中华民族伟大复兴的梦想实践。

大学阶段是价值观形成的关键时期，这一时期的学生无论是身体上还是心理会发生较大的变化。在大学对学生进行生命教育，对于学生的身心发展、价值观的培育以及促进社会和谐都具有十分重要的意义。

（5）有利于促进学生健康成长。面对越来越多的青少年学生自杀、他杀、校园暴力等问题的发生，生命教育显得更加重要。对于大学阶段的学生来说，他们的自我意识在不断地增强，他们开始认识自我，但是受到认知水平的限制，他们还不能正确地认识生命的意义。尤其是在青春期这段时间，他们的心理承受能力不够，在面对各种学习、生活的压力和挫折的时候，非常容易产生错误的生命认知，做出错误的行为选择，甚至会伤害自己或他人的生命健康。2020年新冠肺炎疫情肆虐，习近平总书记在讲话中多次提出要始终坚持"生命重于泰山"的思想。在抗击新冠疫情的战疫中我们更加深刻地感受到了生命和健康的可贵，加深了我们对生命的重视程度。大学是对学生进行生命教育的重要时期，它能充分发挥生命教育的功能，有利于增强学生的生命意识，让学生领悟生命健康的珍贵，能够珍惜自己和他人的生命，有利于学生形成完整的生命观。

（6）有利于学生树立正确的人生价值观。青少年时期是学生发展的一个黄金时期，这个阶段学生的身体和心灵处于快速变化当中，学生的价值观也能在这段时间快速形成。大学生命教育是培养学生人生价值观的德育性学科，生命教育不是简单的使学生掌握生命知识，而是要培养学生理清生命的意义，进而明确生命的价值，做到内在认同和外在行为的统一，为实现生命的价值而不断努力。因此，加强生命教育能够使学生正确的理解生命的价值，提升学生的生命境界，实现生命的完整性发展，从而形成正确的人生价值观。同时，将个人生命价值的实现与国家发展相结合，努力承担更多的社会责任，发挥自己的力量实现更高的人生价值。

（7）有利于促进和谐社会的发展。社会主义和谐社会是追求生命和谐的社会。我们要构建的和谐社会是以生命为基础，实现人与自身的和谐、人与社会的和谐、人与自然的和谐。有生命才有人，有人才有社会，和谐社会的发展必须关注生命，关注生命教育，按照生命的发展规律，关注人的生命质量和生命的发展，实现生命的完整性发展。大学生是社会的一员，是社会主义的接班人，他们的行为会对和谐社会的发展带来一定的影响。大学的生命教育是培养学生形成完整的的生命观念，爱护、尊重自己和他人的生命，与他人友好相处，与自然协调共生，实现人与自身、人与社会、人与自然的和谐发展，从而提升生命境界，成为合格的社会成员，为推动和谐社会的发展贡献力量。

四、生命教育的内容

生命教育是全人教育，涵盖了人性与社会性、生存性与价值性等内容。与国外生命教育突出个体生命与死亡等领域不同，国内生命教育内容更侧重于社会价值的实现，将其分为生命认知、生命意志、生命价值三个层面。

生命认知教育。青年学生中自杀与他杀现象时有发生，透露出社会主体承受着与日俱增的多方压力，学生中也普遍存在生命认知不足、生命意识不清的问题。而加强生命认知教育的关键在于生命意识的培养，包括生死教育、生态教育、审美教育。生死教育能帮助学生认识何为生命，培养学生的尊重爱惜生命、敬畏死亡的意识，归根到底就是要敬畏生命，敬畏我们自身，这也是人实现自我和解的思想基础；生态教育则要告诫学生，人类与自然处在相互关联、协调发展的生命共同体之中，不能过度地开发自然资源，要爱护自然，与自然和谐共生；审美教育即引导学生欣赏生命，发现自己生命存在的必要性，接纳自己的优缺点。

生命意志教育。通过加强教育对象之生命意志力的教育，以有效提升其应对挫折的水平，是生命教育的重要内容。挫折教育要培养学生的承受能力和坚定决心，使他们在面对生存危机和超越生存困境时充满勇气。社会关系教育涉及伦理观念，目的在于帮助学生认识人与他人之间的关系，尊重、宽容、关心他人，从而顺畅地进行人际交往。幸福与感恩教育，教育者应关心学生的身心状态，促使其在逆境中保持乐观的人生态度，形成积极向上的精神风貌，让学生认识到现有生活的来之不易，学会知恩图报。劳动教育，着力培养学生的动手和独立生活能力，结合体育教育课程，使学生拥有自主自立的生活态度。

生命价值教育。理想信念教育，使学生成长不同阶段的短期目标与人生的长期目标相结合，做出正确地价值判断与价值选择。奉献教育即鼓励大学生积极参加志愿服务活动，教育学生养成奉献的观念，但这并不是意味着无限度的"牺牲"，而是使其从小事入手，关爱帮助他人。职业生涯教育，根据社会发展需要，结合学生的专业素质、技能，为其开设职业规划和榜样人物等课程，强化个人职业意识。责任使命教育的首要问题就是明确努力方向，这就指向奋斗为了谁、奉献为了谁，让大学生认识到自己的历史使命，勇担当、敢作为，尤其要在突发事件中认识到自身对他人、对社会、对国家的责任，提升自己的专业素质，接受时代的考验。

生命教育针对重大的生命问题而展开，从关注身体健康和生命安全的基本层次到重视精神发展与价值实现的升华，生命教育内容显示出综合性与丰富性的特点。在疫情大考之下,如何进一步深化生命认知,如何平衡好自然生命和社会生命的关系,也应成为生命教育应当关注的时代内容,生命教育的内容应朝着时效性与实效性的方向发展。

第四章 新常态下高校思想理论课教学方法改革

本章节内容为新常态下高校思想理论课教学方法改革,分别从高校思想政治理论课教学方法科学化解读、高校思想政治理论课教学方法的科学选择、高校思想政治理论课教学方法的科学运用、高校思想政治理论课教学方法的科学创新四个方面出发分析。

第一节 高校思想政治理论课教学方法科学化解读

一、教学方法科学化的必要性

(一)高校思想政治教学方法不完善

1. 过于注重生硬灌输

灌输是必要的思想政治教育方法,对各学段学生有效提升思政素养均具有重要作用,为学生树立正确的世界观、人生观、价值观提供了坚实的理论知识支柱,但是理论灌输更大程度上侧重于知识层面的教育目标,不能兼顾价值判断层面的教育目标,思政知识储备丰富的学生可能价值观念是偏移的,理论灌输的成功不等于情感目的的达到,不能单纯用知识的尺度去衡量思政教学成果,更要注重对学生的价值导向与情感统摄力度。

在各教育学段,均存在着过于注重理论灌输的通病,思政课堂一味强调学生去认可和遵从思政知识要点,不接受学生提出的质疑和否定态度。然而,思政教学最终关切的是学生意识形态工作,对学生情感世界起到定向作用,凝聚起学生普遍而深刻的社会价值认同,这是单纯的理论灌输法无法企及的目标。当前,受教育管理体制、教育条件等因素的制约,在学生思政课堂过于注重理论灌输的情形广泛存在着。过于注重理论灌输的现象在大学课堂上也并不鲜见,教师自始至终地满堂灌,不考虑学生的接受度,导致学生虽然已修完既定课程,但是对课程内容知之甚少,使思政课的教育价值大大降低。

2. 教育方法过于单一

在实际教育实践中,存在教育者局限于一种或者几种方法组织教学的现象,方法传统没有新颖性,缺乏对已有方法的开发和创新。教育者从自己的主观偏好出发,关注更多的是如何运用有限的精力高效地传授知识,让学生在有限的时间内取得更优秀的考试成绩,忽略了多种多样的教育方法对学生完整人格的塑造。只局限于善于运用的方法,思想政治教育方法局限于已有的框架中,没有超越性,没有对多样方法的开发和运用,自始至终让学生在同一种模式中完成学习任务,使得学生也失去了自我主张,在教师的支配下机械性地学习,受控于固定的学习模式。教育方法单一,一方面体现出教师的教育惯性和惰性的问题,致使学生丧失对思政课的热情;另一方面体现出教师单一性的思维方式,不懂得在新方法上多思考、多尝试,缺乏灵感,难以有所建树。现实教育方法的单一性和有限性,无法开拓新的教授途径,忽视了思政课堂发展的多种可能性,禁锢了学生对思政课学习的主观能动性,造成不可忽视的负面影响。

3. 没有贴合学生实际

只有符合学生生活实际的方法才能真正奏效,只有满足学生现实发展需要的方法才具有合理性和有效性,不贴合现实要求的教育方法只能产生更多的消极教育代价和教育后果。在实际中,许多方法和手段并没有现实可操作性和科学合理性,从根本上而言就是因为没有从学生生活实际出发,对教育问题定位不准,忽视学生的现实需要,对学生认知规律置之不顾。各学段学生都有自身学段性实际,各年级学生都有各自年级实际,班内学生个体都有各自的个性实际,总之,每一个学生都是一个复杂的个体,学生的学习实际各有差异,这是方法选择和施用的基本依据。许多教师只顾尽可能多的向学生传授知识内容,不顾学生的实际学情,不顾学生能否有效接受教育内容,由于不恰当的教育方法和手段,造成无效或者低效的教育投入,使教育实效不尽人意。教师就需要多措并举丰富学生的多样体验,如果反其道而行之,甚至更高跨度地越位学情,必然会带来消极的教育效果。

4. 实效性难以得到保证

方法是实现思想政治教育目标的中介和手段,只有实效性强的方法,才能更好地连接师生、开展教育过程,充当好教育中介的角色,实效性强是方法选用的前提条件。当前,教育方法的选用具有多样性,学校公开课教学方法五花八门,但是课堂实效性难以保证,课堂形态畸形,往往看似热闹的课堂实际华而不实,没有解决好学生学习期望高与学习实效性差之间的矛盾,某种程度上造成思政课教学事故,这与思想政治教育的初衷是相悖的。不注重实效性可以说是方法施用中的较大问题,但是教育者往往又不能敏锐地察觉出问题所在,甚至在错误的教育方向上越走越远,只对学生的即时反应洋洋自得,不能静心反思学生的实际收获与切实的教育收益。许多教师为了使用特定教育方法而使用特定方法,不在教育目标和教育影响上多加考虑,不自觉地失掉了教育的有效性,使得思想政治教育成为一场空谈。可以说,小至45分钟的一课时,大至几年的教育学段,广泛存在着现实教育活动偏移目标的现象,都存在着方法施用的实效性不强的问题。

(二)促进思想政治理论课与时俱进

随着网络信息技术的不断发展,人们已然进入一个全新的网络时代。高校也应在此过程中顺应时代的发展需求,积极把握时机,抓住网络的时空优势,积极革新思政课教学方法,提升高校思政课的教学实效性。尤其如今的青年一代更是极具个性的一代,是在网络下成长的一代。高校的思政课更应在此基础上注重思政课与时代的结合,紧跟时代发展的脚步,与时俱进的推进思政课教学方法的创新。

随着时代的变化与发展,无论是教学方式、教学手段还是教育对象都在发生着巨大变化,传统的思政课教学方法也不再适应于学生的学习需求,无法真正地达到帮助学生培育正确世界观、人生观、价值观的最终目的。因此,高校思政课教学方法必须与时俱进的进行创新,择优选择更加适合青年学生们的思政课教学方法进行教学。与此同时,高校思政课教师也应当积极革新自身教学观念,不断提升自身综合素质;教学方式必须随之发生转变,积极迎合新一代大学生的学习需求和个性特点;教学方法不能再只是单纯面对面的理论式讲授,要将线上与线下有效结合形成联动;教学设备也必须进行完善,才能更好地保障思政课教学的有效进行。高校思政课教学方法的变革与创新是时代发展的必然需求,无论是教师还是学生都必须根据时代的发展因时而变、因势而变,积极调整教与学的状态,以更好的状态去适应新时代发展的需求。随着社会环境的不断变化与发展,单一传统的思政课教学方法已经难以很好地达成思政课教学目标,这就导致必须创新思政课教学方法,用更符合青年学生的思政课教学方法来传授思政课知识,以使其更加符合时代的发展和新时代背景下大学生的学习需求,更好地提升思政课的教学实效性。

（三）推动思想政治理论课信息化发展

网络深入人们生活、学习与工作的方方面面，悄无声息的带领人们步入了网络时代，高校思政课的发展也顺应时代的变化慢慢进入了网络化时代。

网络化时代对高校思政课教学方法进行创新，就要求教育者必须具备网络信息化思维，在授课的过程中，合理运用信息技术手段。利用信息技术手段进行思政课教学，是对传统课堂教学方法的一种补充和深化。传统的思政课教学多以教师为主导，教学方法也多以注入式和灌输式为主，在授课的内容时间方面都相对比较固定刻板，会在很大程度上大大地降低学生的学习兴趣和学习热情。而且学生对学习资源和知识的获取也比较有限，这样的授课模式很难满足网络时代下大学生的学习需求。思政课教学改革的过程中必须积极运用网络信息技术到教学过程中，这样的做法不仅解决了传统教学方法存在的一些弊端，也为思政课教学方法与网络信息化结合提供了充分补充。其一，在思政课教学过程中，积极与信息技术手段相结合，如在课堂中积极采用微课、慕课等信息技术手段。这样的做法可以让思政课教学不受时间和空间的限制，更加便于教学信息和教学资源的获取。与此同时，学生可以根据自己的实际情况来安排学习任务的具体推进形式，更有利于调动学生的学习积极性和获得感，学生也将更加具有学习的自主性和积极性。其二，网络化时代信息更迭十分的及时迅速，教育者应当积极即时的更新自己的知识体系，主动跟进学生的学习进展情况，更有效地促进思政课的教学成效；而将网络信息技术与高校思想政治理论课结合，创新思政课教学方法，将更加便于教育者达成上述目标，更有效的提升学生的思政课教学获得感，增进思政课教学实效性。

（四）增强思想政治理论课课堂活力

高校思政课的课堂氛围是好是坏，是积极还是消极，会在很大程度上确定这堂课是否能够顺利进行，学生是否能够通过课程学习到有用的知识，也决定了思政课教学目标能否顺利完成。

一节轻松又充满活力的思政课，会充分调动学生的学习积极性，将会更加有利于完成思政课教学目标。反观高校思政课的现实课堂，部分思政课教师在教学过程中，依旧会采用传统的注入式和理论灌输式教学方法，这种固定刻板僵化的思政课教学方法，将学生们的思维能力和个性发展都牢牢禁锢起来，某种程度上压抑了学生们的思维与个性发展。网络信息技术在高校思政课教学过程中的运用，恰恰可以很好地改变这样窘迫的现状，我们应当抓住这样的好时机，让高校思政课的课堂充满应有的活力氛围。在高校思政课课堂中积极运用雨课堂、慕课等信息技术手段，不仅可以更好地调动学生的学习积极性和参与感，使学生成为学习的主体，把课堂交到学生的手中，更能够培养学们的学习主动性。运用网络信息技术手段提升高校思政课教学效果是大势所趋，无论如何，我们如今都身处在一个无时无刻不与网络挂钩的时代，网络会让我们的思政课堂重新焕发生机，让思政课堂更有活力。因此，在创新高校思想政治理论课的过程中，必须积极利用网络信息技术，帮助高校思政课焕发全新的活力与能量。

二、教学方法科学化的原则

（一）坚持主导性和主体性相结合的原则

习近平总书记强调发挥教师的积极性、主动性和创造性是办好思想政治理论课的关键。在思想政治课教学共同体中，教师作为教学活动的组织者和引导者，是确保实现教学目标的关键，在整个教学活动中起主导作用；学生作为学习的主体，只有充分发挥其主体性，才能真正做到把教学内容内化于心。在思想政治教学过程中，师生处于不同的空间场所，教师难以像传统线下课堂那样能够及时观察、监督学生的学习，无形中对学生的自觉性和自律性要求更高，更加强调学生的自我能动性，因此在思想政治课教学过程中必须坚持教师主导与学生主体相结合的原则。

坚持主导性是指教师要根据国家和社会对人才的培养要求，依据课程标准和学生的实际情况制定教学计划，并做好教学活动的组织和引导工作。一方面，教师既要做好理论知识的讲解，引导学生将理论知识与生活实践相结合起来进行思想政治教育，又要及时纠正学生的思想偏差，用马克思主义理论武装学生头脑；另一方面，教师还要善于启发、引导学生，提高其分析、解决问题的能力，使其形成正确的价值观，做好学生的引路人。

坚持主体性是指学生作为发展过程中的人，其成长环境、个人经历等各有不同，在很多方面都存在差异，这就要求教师要针对学生的特点采用恰当的方法进行因材施教，充分发挥学生的主体性，不能仅从教师主观意志出发。一方面，教师要围绕学生的内在需求和生活实践开展教学，激发学生的求知欲，使其养成勤于思考、乐于探究的习惯；另一方面，由于学生是具有主观能动性的个体，在教学过程中，教师要注重调动学生的积极性，使其主动参加课堂学习，化被动接受者为主动学习者。总之，在思想政治课教学过程中既要坚持教师主导，又要坚持学生主体，在坚持学生主体地位的基础上发挥教师的主导作用，在教师主导下凸显学生的主体地位。那种只坚持教师主导、忽视学生主体或者只坚持学生主体、忽略教师主导的做法都是错误的。

（二）坚持整体性和针对性相结合的原则

开展思想政治课教学，既要对整个教学过程进行统筹规划，注重课堂教学设计的整体性，又要对学生可能产生的困惑进行针对性教育，及时解答个别学生的问题。也就是说，在思想政治课教师在教学过程中必须对包括教学环境在内的所有因素进行整体规划，并针对学生的特点选取恰当的教学方法。

坚持整体性是指在教师在撰写教学设计时，除了要在整体上考虑教学环境、学生主体等诸多因素的影响，又要把握"动静结合"的规律，做到收放自如。也就是说，既要学生积极发言，参与小组讨论，又要学生学会独立思考。因为在教学中师生主要通过屏幕等媒介进行传授与学习，如果长时间都是教师讲、学生听，那么学生难免会感到枯燥乏味，容易走神。因此，在具体的教学过程中，思想政治课教师进行讲解的时间不宜过长，根据大学生的注意力集中时间进行合理设计，才能更好地实现教学目标。坚持针对性是指要针对学生当前的学情以及所处的生活环境，选取学生感兴趣的、适合的题材作为教学素材，并运用恰当的教学方法进行针对性讲授，使之能够满足当前学生的内在需求，提高教学的针对性。总之，在思想政治课教学过程中，从静态的教学环境到动态的教学氛围、从课堂导入到课堂小结的每一环节，既要有整体性又要有针对性，不能将整体性和针对性相割裂开来，要真正做到不仅注重教学设计的整体性，而且注重方法选取的针对性，坚持整体性和针对性相结合的原则。

（三）坚持系统性和协同性相结合的原则

进入互联网时代，尤其是当前5G技术、大数据、人工智能等技术的进步，世界各国越来越成为一个整体，既共同享受着互联网所带来的信息便利，又要面对随之而来的挑战。虽然师生能够利用互联网实现足不出户便完成教学内容的授受，但在教学过程中，教师无法及时了解学生在屏幕那头的学习情况，由此导致的问题也层出不穷。为了更好地开展思想政治教学，对学生进行思想政治教育，需要不断完善思想政治课教学方法的运用。而思想政治课教学方法的完善不是教师的"独角戏"，需要教育主管部门、教研室、学校、家庭等多主体齐心协力，系统谋划，发挥协同作用，因此在思想政治课教学过程中必须坚持系统性和协同性相结合的原则。

坚持系统性是指思想政治课教学的有序开展需要教育主管部门、教研室、学习、家庭统筹推进思想政治课教学的各个环节和全过程，从前期、中期到后期都有一整套系统的管理、运行和评价机制，教育主管部门、教研室、学校、家庭等既要各使其权、各负其责，又要相互配合、共同推进。坚持协同性是指教育主管部门、教研室、学校、教师、家长等多主体之间在教学和评价上有机整合各种教育资源，并通过全过程、全方位的相互配合、相互协作形成教育合力，切实提升思想政治课教学的实效性，而不再受制于机械性的分工思维，不再局限于单一主体的力量。总之，在思想政治课教学过程中既要坚持系统性，又要坚持协同性，协同性是系统性的客观要求，系统性是协同性的目标追求，二者相互促进、相互支持、相得益彰，不可将二者机械割裂开来。

（四）坚持线上与线下教学相融合的原则

现代信息技术的快速发展使线上教学的规模化开展成为可能。虽然新冠肺炎疫情的到来倒逼了线上教学的发展，但从长远来看，这只是应急之举，新冠肺炎疫情结束后势必回归到正常的线下教学当中。可以说，在未来相当长的一段时间内仍以线下教学为主。但是这次大规模的线上教学为思想政治课线上教学的开展积累了不少经验，使得教师深刻意识到线上教学具有跨越时空的灵活性和数据追踪的针对性，而线下教学具有师生面对面、心贴心交流的优势。因而思想政治课线上教学方法的运用必须坚持线上与线下教学相融合的原则。

所谓坚持线上与线下教学相融合的原则是指思想政治课教师在对教学活动进行设计时，既要在线安排并实施一定的教学任务让学生在线完成，又要留有其他任务让学生在线下完成，充分发挥线上教学和线下教学各自的优势，将二者融合起来，切忌把线上教学与线下教学机械割裂开来。对于那些理论性较强的知识，教师可以通过线上录播、直播等方式进行讲解，使学生基本掌握理论部分的学习；对于那些实践性较强的知识，则需通过设计一定的线下教学活动让学生真正参与其中，使其获得良好的情感体验，从而实现既定的教学目标。总之，思想政治课线上教学方法的运用必须坚持线上与线下相融合的原则，教师要在根据教学内容内在逻辑的基础上，针对学生的特点以及特定的教学环境，各自优势的发挥，更好地服务于学生的成长发展。

第二节　高校思想政治理论课教学方法的科学选择

一、以交互化教育方式增强学生亲近感

在网络技术高度发达的今天，思想政治教育所面对的教育对象的自我意识、主体性和思维超越性等不断增强，他们愿意积极主动表达自己的情感、态度、价值观而非被动接受。因此，单向灌输的思想政治教育方式显然已经不合时宜了，其效果会大打折扣甚至引起反向对抗。这要求高校思想政治教育需通过各类网络平台建立教育者与教育对象之间的互动交流。高校网络思想政治教育要借助互联网传播技术形成动态的、交互性的思想政治教育新方法，在具体的高校网络思想政治教育实践过程中实现教育者与教育对象之间思想政治教育等的持续不断地相互作用与相互反馈，强化教育者与教育对象之间信息、知识、态度价值观的共在、共生与共享，达到思想的深层次交流、信息的广泛性互换，使"真理越辩越明，思想越辩越清"。为此，高校思想政治教育者需通过多种方式搭建起师生交流互动的平台，设置互动窗口，通过线上讨论、留言回复、直播聊天室解答、网上论坛等方式拓展师生交流渠道，营建民主、和谐、相互尊重的交流互动氛围，激发教育对象参与互动交流的自主性和直觉性，进而搭建起教育双方实现思想碰撞、心灵激荡的桥梁，构建具有亲和力的主客体关系。

二、以精准化教育方式增强学生获得感

高校思想政治教育在网络中开展，教育实践更应该注重教育对象在精神层面的立体化、丰富化需求，以网络为基础，通过大数据技术收集与学生相关的一切数据，并使其联结成"数据库"，在此基础上通过大数据分析和云计算等技术深层次剖析教育对象的价值取向、精神追求、思想状况和行为习惯等，进而全面精准地把握教育对象的学习需求和倾向，精准地为教育对象推送其爱看、想看的思想政治教育信息，以此促进高校思想政治教育"信息供求"的生态变革，逐步推动高校思想政治教育信息供给与需求之间的动态平衡，满足学生不断增长的精神生活需求，以期达到不断增强教育对象的获得感、接纳感和亲近感的目标。此外，大数据＋云计算技术还有利于建立高校思想政治教育精准管理体系，这一管理体系有助于推动高校思想政治教育各类资源的有效运用和最优配置，减少重复无用的信息供给，避免有效教育信息的长期缺失，提高高校思想政治教育内容推送

的有效性、准确性；实施精准网络思想政治教育也有助于建立高校思想政治教育的效果评估机制，有助于即时、精准地判断教育对象的学习成效和思想政治教育的成效，并适当地予以修正和补充，不断增强教育对象的获得感、教育过程的接纳感。

三、以激励式教育方式增强学生体验感

简·麦戈尼格尔曾在其《游戏改变世界》书中说道：人们之所以喜欢游戏，原因之一是游戏能够及时地反馈玩家。一款好的游戏通过精致的设置，既有明确目标，也有可操作性步骤，并且能够及时做出反馈，让玩家体悟成就感、获得感、归属感。其中，游戏之所以能让人"上瘾"，就在于其精致设置、明确目标、操作可行和及时反馈，可将其称之为"游戏化机制"，借用到学习上来，可通过参考"游戏化机制"设置学习中的"激励化机制"，激发学生学习动力和体验感。例如："学习强国"APP中也设置了"激励式机制"，网友在"学习强国"APP上"刷分"时，可以通过看视频、读文章等诸多操作积累分数，这些分数可用于兑换商品，达到激励网民学习的目的，使学习成为一种"自成目的活动"（指自我激励、自我奖励的活动），从而在学习过程中体验到愉悦、满足的情感。同时，在"学习强国"上考试积分时，每道题目下面都设有学习"提示"，网友不会回答问题时可先浏览"提示"，学习"提示"后再答题，既掌握了知识，又获得了积分，是"学习强国"学习平台"大激励机制"下的"小激励机制"，能够有效促进"玩家"努力学习积攒积分的积极性、主动性、趣味性。因此，高校思想政治教育者可以借鉴"学习强国"的学习激励机制与积分量化反馈，更新网络思想政治教育方式，设置积分兑换式的激励机制，为学生提供适当的激励、及时的反馈，并不断提供"有趣的障碍、更好的反馈和适应性更强的挑战"，唤起学生更多的学习动力和自豪体验，实现学生人人想学、人人爱学、人人可学、人人皆学、人人比学、人人赶学的新环境、新局面、新氛围，从而在这一过程中不断增强学生在教育过程中的体验感、获得感。

四、以"显隐综合"方式增强学生悦纳感

思想政治教育既要有惊涛拍岸的声势，也要有润物无声的效果。这是说，思想政治教育既要以显性的方式打出"水花"，又要以隐形的方式育人以无形。网络的自由性、开放性使得网民在网络这一虚拟社会中具有极高的自主选择性，即

69

他们有自由地选择看什么和不看什么的权力，在这种境遇下，高校思想政治教育内容在诸多纷繁复杂信息中面临着"不被选择"的尴尬境地。因此，高校思想政治教育者除了要运用"惊涛拍岸"的显性教育方式外，还需要辅之以隐性化教育方式，寓思想政治教育内容于无形当中。

显性教育是思想政治教育者通常愿意选取的方式，如政治理论教育法、榜样示范法等，其所传授的信息大多理论色彩普遍浓重。思想政治教育显性方法在传统思政教学有着重要意义。

首先，通常来讲，思想政治教育显性方法对教育对象有直接作用。通常来说，人们只关注与自己切身利益密切相关的或内容生动富有吸引力的信息，对于思想政治教育内容的大多抱有与自身无关不感兴趣的态度。显性教育可以公开彰显思政教育的相关信息，并将信息直接呈现在教育对象的面前，敦促他们去理解信息，这样有助于引导其参与到活动中，最终使他们接纳。这如同厂家精心安排的宣传广告，虽然大多数人不喜欢这些商业广告，但商业广告在媒体中不断地重复播放，消费者在无意识的状态下让这些信息进入了自己的认知结构。其次，思政教育显性方法具有导向性。鲜明的导向功能是指在当今多元思想文化的激荡中，公开弘扬倡导社会主义主流思想文化，抵制不良思想的侵蚀，引导思想文化的健康有序发展。再次，思政教育显性方法有快速反应功能。思政教育的一个重要功能就是传达党中央的最新精神，显性方法正好满足这一要求。这一方法有利于快速整合上级领导机关信息，通过正规的组织将信息传递给群众，帮助群众克服认识上的偏差，使人民群众的行为与党中央基本一致，维护社会稳定。

显性教育方法在当代思想政治教育中作用显而易见。尤其是在相对封闭的环境下，受教育者对教育主体的依赖性较强，且面临信息单一、更新速度较慢的困境，这时显性教育效果尤为明显。但在网络时代这个复杂的环境中，教育对象主体意识增强，个性张扬，有时会对思想政治教育的部分内容表现出逆反心理，此时我们则不能继续采取单纯的显性教育模式，而应选择相对温和的隐性方式，规避逆反心理，潜移默化的影响教育对象。隐性教育方式的作用得以彰显。教育者需熟知显、隐教育的具体试用范围及其差异，以便在不同情景下自由"切换"。在思想政治理论教育，政治动员的造势，国家政策主张的贯彻、执行等方面，显性教育具有明显的优势。隐性教育因其更容易让教育对象接受的浸润和弥散特点，在道德意识培育和价值观塑造等方面更具优势。网络时代我们在进行思政教育时，应将显、隐教育统一起来，适时进行调节。在交融中达到思政教育最佳状态，使相关客体在信任中自觉采纳所教授的相关信息。

第三节 高校思想政治理论课教学方法的科学运用

一、辩论式教学法的运用

（一）辩论式教学法运用于高校思政课的意义

1. 有助于大学生以自我探索的方式知史明史、守正创新

历史是最好的老师，它忠实记录下每个国家走过的足迹，也给每一个国家未来的发展提供启示。开展"四史"教育的目的就在于从历史中汲取智慧、借鉴经验教训，将其运用于治国理政中。青少年阶段是人生的"拔节孕穗期"，是树立理想信念和形成价值观的关键期，在高校思政课中进行"四史"教育对于学生树立正确的世界观、历史观、国家观，明确初心、践行使命具有重要意义。大学生学习历史不能浅尝辄止，若教师是以课堂讲授的形式将"四史"娓娓道来，学生仅仅是"听故事""看热闹"，"四史"教育很难入脑入心。将辩论式教学法运用于"四史"教育中，大学生以辩题为切入点，在围绕辩题组织辩词的过程中深入历史过程，对搜集出的"四史"资料进行分析和探究。一方面，使学生加深对辩题背后历史事件的全面了解，使学生真正读懂历史、牢记历史，厘清历史发展脉络以及发展的必然结果，从中把握历史经验和社会发展规律，坚持创新发展；另一方面，"史"与"论"有效结合，让学生把历史逻辑与历史方法有机统一起来，全面掌握马克思主义的世界观和方法论，从而提升高校思政课的实效性。

2. 有助于提升大学生的历史思维能力和思辨能力

"四史"内涵深刻，学习中国共产党党史，能使大学生深刻理解中国共产党为什么"能"，体悟到红色政权的来之不易以及伟大的革命精神。学习新中国史，能使大学生树立爱国主义理想信念，感悟家国情怀。学习改革开放史，能使大学生深刻领会中国特色社会主义为什么"好"，体会到改革开放以来创造丰功伟绩与辉煌成就的艰辛；学习社会主义发展史，能使大学生深刻领会马克思主义为什么"行"，也进一步坚定了在急流中劈波斩浪发展社会主义事业的信心和决心。大学生通过学习"四史"，有助于透过纷繁复杂的历史事实来把握历史本质，提升历史思维能力，真正感悟到马克思主义的真理性，切实体会到"人民群众是历史的主体和创造者"，人民群众是发展中国特色社会主义事业的根基和命脉，进而厚植人民情怀，涵养爱国主义教育。将辩论式教学法运用于"四史"教育中，是历史思维和思辨思维的有效结合，学生们在辩论过程中充分进行思想上的碰撞、

观点的阐释、历史事件的辨析，学生在紧张的氛围下随机应变，提出质疑与反驳的观点，大学生在知史、学史过程中最大程度提升了思辨能力和水平。

3. 有功于丰富高校思政教学

目前针对"四史"教育并未明确指定教材或开设专门课程，但"四史"与高校思政课高度相似，"四史"中所包含的马克思主义的基本立场、观点和方法是"马克思主义基本原理概论"课程的重要教学内容；"中国近现代史纲要""毛泽东思想和中国特色社会主义理论体系概论"这两门课程涵盖了"四史"的核心内容；"思想道德与法治"中并没有明确的"四史"内容，却有效地引导大学生认识自身所处历史时期、认识自我，从而树立坚定的理想信念、肩负起时代所赋予的历史使命，这与"四史"教育的目的相一致。在高校思政课"四史"教育中运用辩论式教学法，可使"四史"教育以快速、有效的方式融入高校思政课教学中，学生在思政课课堂上接触了多样性、鲜活性的历史辩题，不再是被动接受"四史"内容，而是主动求知和探索，进而丰富了"四史"教育的教学形式。

4. 有助于提升高校思政课教师素质和水平

辩论式教学法运用于"四史"教育中对高校思政课教师提出了较高的要求，其一，教师要有渊博的学识，不仅要掌握马克思主义理论、"四史"理论，还要掌握文学、经济学、社会学、管理学、逻辑学等方面的知识。同时，教师要不断与时俱进，全面把握当下的时事政治与社会热点问题，充分了解学生思想动态，不断更新辩题和辩论形式。其二，教师要在辩论过程中发挥主导作用，将以往"灌输式教育"转变为"启发式教育"，从课前准备到辩论结束，教师都应随时掌握学生动态，让学生成为辩论中真正的主导者，从而提升高校思政课的吸引力和实效性。

（二）辩论式教学法的具体运用

辩论式教学法是学生主体、教师主导的课堂。辩论活动是学生展示、学习、发展的舞台，教师的引导也不可或缺。教师的引导包括辩论前的引导及辩论中的引导。教师辩论前的引导主要是及时与学生交流辩论的准备情况，解答学生困惑，提供解决方法，为成功进行辩论活动打下基础。辩论中的引导是当课堂中出现问题，教师要及时进行调控。

1. 帮助学生理解辩题

教师要指导学生正确理解辩题。首先，当辩题直接明了的显示出了辩论的内容，比如说"市场秩序主要靠道德维护 vs 市场秩序主要靠法律维护"这种辩题，教师就无须解释辩题的具体含义。当辩题没有明确给出辩论的主题，比如说"没有买卖就没有杀害 vs 没有杀害就没有买卖"，就需要说明杀害对应的是生产，买卖对应的消费。其次，在准确把握辩题的关键词之后，就需要对关键词进行深入的理解。准确界定概念，辩论才能不偏离主题。教师应该引导学生正确地理解概念，这就需要学生对每一个关键词进行内涵和外延的准确界定，更重要的是自己建立起严密的辩论框架，将这个概念的界定贯穿辩论的始终。

2. 进行立论及反驳指导

辩论首先需要双方立论，立论是学生对辩题的基本理解，辩论活动以"论"为主，总结陈词也是对立论的进一步扩充和总结，所以教师需要对学生的立论进行指导。论证可以从三个方面来进行，所持的观点是什么，支持这一观点的原因，具体实例。在辩论中所选取的论证材料要有层次性，论证原因应该是层层递进的，逻辑清楚，组织严密，论证完整。以收入分配中公平更重要的立论为例，收入分配中的公平是什么，收入分配中公平的表现，收入分配中注重公平的意义。教师要指导学生进行反驳，教师可以书写板书，在学习掌握了一定方法后可以引导学生做笔记，指导学生将对方的论点论据及己方论点论据列出来，或者预先将己方的观点列出来。观点列出来之后，辨别对方辩论中的论据和论证，据此进行反驳。

3. 指导学生收集、整理资料

要想在辩论时呈现出完整的论据及观点，就需要学生收集大量的资料，并对资料进行筛选，调整。查找资料的途径主要是互联网及书籍，大学生已经具备了一定的信息检索能力，可以让学生自己先去查找资料。然后教师根据学生查找资料的情况，调整学生查找资料的思路，补充缺少的资料。比如说在金钱是天使的论证中，就可以按照金钱、物质等对人们的作用，给人们带来的好处的思路去查找资料。互联网提供了大量的信息，学生可能会出现不整理、加工资料的问题，教师需要指导学生对资料进行整理、加工。

首先要让学生树立加工资料的意识，让学生知道并不是所有的资料都能使用。其次，要对材料进行筛选、加工。在材料的选择上，要与辩题紧密相关，尽量选择比较经典或者比较新颖的材料。最后对筛选的资料，按照逻辑顺序整理，形成完善的论据。论证的时间有限，在语言表达，上要精炼、准确。在这个过程，教师不断需要地与各个辩手及他们的智囊团进行沟通，掌握学生的准备情况，在这个过程中，老师与学生共同学习，有利于建立良好的师生关系。

4. 引导、调控课堂

在辩论的过程中，教师并不是旁观者，而是要对这个课堂进行监控，在出现问题时及时进行引导，调控。根据行动研究，总结几种典型的需要教师引导的情况。第一种是学生对辩论规则不熟悉，出现卡壳的现象，这种情况下，需要主持人发挥作用，如果主持人因为生疏等原因，没有做出反应，就需要教师进行引导，避免浪费时间。第二种是双方实力悬殊，一方明显占了上风。在第一轮实施的行动研究中就出现了这种情况，在每个环节中，正方都明显占了上风。这种情况下，教师可以鼓励智囊团发表自己的观点。

并且，教师应该考虑出现这种情况的深层次原因。一是考虑是否存在双方实力差距较大的情况。教师应该基于对学生的了解，合理安排两队的辩手，双方实力要相匹配。二是考虑是否存在学生的积极性没有调动起来的问题，是否存在一方没有准备好的问题，教师在辩论前要了解两队的情况，调动学生的积极性，督促学生准备好，以更好地应对辩论。第三种情况是学生跑题，跑题一般出现在自由辩论阶段，学生在互相辩驳的过程中，脱离了主题，讨论与辩题无关的话题，教师要及时意识到学生跑题，并且叫停辩论，让学生思考一会，调整主题，重新开始进行辩论。第四种情况是辩论秩序混乱。学生在辩驳过程中，容易情绪激动，可能会出现语言与人身攻击，课堂秩序陷入混乱。这种情况下，教师需要及时叫停辩论，提醒学生遵守辩论规则，将辩论引导回到主题。

二、生活化教学法的运用

（一）高校思想政治理论课生活化教学的理论依据

高校思政课开展生活化教学具有较为深厚的理论支撑，思政课的政治性本质、马克思主义人本理论等都为思政课生活化教学提供坚实的理论依据。

1. 思政课的政治性本质依据

高校思政课的教学内容和教学目标奠定在其强大的政治性本质基础之上，高校思政课既不同于其他专业性质的教育，也不同于中小学时期的思想政治教育，重在帮助大学生正确认识思想政治相关理论，理解具有政治性特征的教育内容。思政课是通过向学生传递理论知识从而培育学生正确思想价值观的重要课程。高校思政课的政治性本质不仅有助于落实立德树人的根本使命，还能在实践的基础上帮助思政课更好地推进生活化教学的开展。高校思政课政治性和理论性的教学内容多来源于生活实践，借助生活化的教学内容和教学方式，高校思政课更能体现其政治性的课程本质。一方面，高校思政课教学内容和方式多来源于生活实践，思想政治相关理论都是经过实践检验、具有真理性的理论，讲授法、情景教学法、探究式教学法等也是基于多年思想政治教育实践得出的有效教学方法，能为思政课在保持政治性本质的基础上展开生活化教学提供助力。另一方面，高校思政课政治性本质还体现在思政课教学上层建筑的属性，作为上层建筑，既是由经济基础决定的，又可对大学生的生活实际产生重要的引领作用，从而思政课生活化教学提供了坚实的理论依据。

2. 马克思主义人本主义思想及实践理论

在思政课中开展生活化教学，推动思政课教学内容、形式与大学生生活实际的密切联系，教会大学生运用思想政治理论解决生活实际问题，亦是以马克思主义人本主义思想理论和马克思主义实践理论为依据和支撑的。

首先，马克思主义强调人在社会实践中的重要作用，也重视人民群众在历史前进和发展过程中的重要性，同时马克思主义还强调人在社会实践中的价值追求。马克思主义人本主义思想要求高校思政课应重视大学生在教学活动中的主体地位，重视大学生的生活实际，并以此为基础开展生活化教学，密切思政课教学与大学生生活实际的联系。以生活化教学提升大学生参与思政课教学的积极性，可以充分发挥大学生主体在思政课中的主观能动性，推动思政课不断满足大学生的实际需求，引导大学生在日常生活中运用思想政治理论知识，从而完成思政课的教学任务。

其次，马克思主义实践理论同样也是思政课开展生活化教学的重要理论依据。马克思主义认为理论来源于实践，实践是检验真理的唯一标准，实践是在人的活动中产生的，能对社会发展产生重要影响。坚持以马克思主义为基本思想指导和主要内容的高校思政课应注重实践，将大学生的生活实践融入思政课教学中。在思政课教学中重视大学生的实践能力培养，帮助大学生学会在实践中运用思想政治相关理论，使大学生正确感悟思政课的育人价值，使大学生将思政课教学与实际生活实践合为一体，进而贯彻落实思政课的育人目标。

3. 陶行知"生活即教育"理论

陶行知是我国近代著名的教育家，他提出的"生活即教育"理论对当代教育仍具有较强的实践指导意义。陶行知提出"生活即教育"，认为生活和教育密不可分，教育必须从生活中汲取内容，教育效果也必须落实到生活实践中。表现在高校思政课中，便是要求思政课要开展生活化教学，将生活实践中的相关内容融入思政课教学，用思政课所学内容指导学生开展实践，在思想政治理论知识的指导下解决实际问题，如此思政课教学才能保持应有的实践性和时代性。在高校思政课中落实"生活即教育"思想即是要重视大学生的生活实际，帮助思政课在实践的基础上实现课程改革创新，在思政课实施生活化教学的同时促进大学生的全面发展。陶行知的教育思想在重视生活和实践的基础上，还包含一定的能力培养要求，学生只有在理解知识、学会使用知识的基础上，其才能得到知识和技能的双重锻炼，才能达到能力素养提高的目的。在高校思政课生活化教学中，重视发挥学生的主观能动性，在教会学生理论知识的同时，注重向学生提供实践指导，同步提升其实践技能和知识素养，从而推动思政课完成立德树人根本任务。

4. 国外高校思政教育经验

思想政治理论教育作为巩固国家统治、维护社会安定的有效手段，受到世界各国的普遍重视。西方国家在其国家性质、制度环境、经济基础的共同作用下，形成了独具特色的思政教育形态与方式，对我国思政教育发展具有一定借鉴意义。美国学者路易斯·拉思斯以人本主义心理学为学理基础，探讨了"价值澄清"的教育方法，强调从学生主体的实际情况出发，帮助学生评判自身、理智选择。这种方法不仅是在道德教育中注入人本思想的有益探索，而且是对以往硬性灌输、道德说教教育方式的积极改变，强调学生价值观养成通过对多元价值观的评价及澄清来实现。①

与此同时，国外高校的思政教育以间接性的渗透课程为主导，即国外高校很少独立设立思政课程，但普遍强调通过多元化方式与途径达成教育目的。如英国高校倾向于利用学生社交空间或组织活动融入教育内容，引导学生在集体协作或社团活动中及时总结反思、提升自我。美国高校同样强调思政教育的渗透性与多样性，专业课教师通常会以专业学习为切入点，引导学生积极思考讨论与之相关的伦理与道德问题，同时美国高校也较为重视公益劳动、社团活动、社会服务等与学生密切相关的教育载体开发。总体来看，国外高校的思政教育习惯以间接形式展开，擅长运用与学生紧密关联的社交空间、社团活动、专业学习展开隐性教育，从而使思政教育生活化、情境化，进而构建稳定高效的隐性思政教育生态。

（二）高校思想政治理论课生活化教学的实践路径

为有效推进高校思政课生活化教学的开展，思政课教师、大学生及高校、家庭等要通力合作，帮助思政课从教学目标到教学评价等多环节都与大学生生活实际建立密切联系。既帮助大学生在轻松愉快的环境氛围中获得思想政治理论知识，又提升大学生对理论知识的运用技能，帮助大学生学会使用理论知识解决实际问题，真正实现思政课生活化教学立德树人的教育目的。

---

① 秦淑敏．"互联网+"时代高校思想政治教育管理创新国外研究综述［J］．现代交际，2017(9)．

1. 联系实际生活，开展实践教育

大学生的思想政治教育生活化的主要目标是要将理论知识与生活实际相联系，并且综合的去考虑目前社会的发展，以及网络信息对于大学生们思想的影响，这些方面都可能会使得大学生的思想态度发生极大的转变，为了能够鼓励大学生积极地参加实践活动，通过对于实践的需求和认识，提升自我解决问题的能力，并且改变当前的现状。为了使得大学生思想政治教育生活化，应该鼓励大学生们去参加社区服务，义务支教以及勤工俭学等相关活动，再深入活动的学习当中，大学生们会更加地了解自己所处于的这个社会，并且对于自己也有了更加全面的认识，自身的责任感和使命感也会有所提升。一旦主动且积极地投入到学习的氛围中，就会对未来的生活充满希望。教师也应该根据这一特点，让学生们多多关注时政热点新闻，为学生们创设出一些具有生活情境的实践活动，让学生们以探究式的方式去学习，了解现在社会与生活之间的联系，充分调动学生们学习的积极性。在生活以及实践当中慢慢地渗入思想政治教育，帮助大学生们系统全面的学习有关知识，完善自我的思想以及品质，最终实现自我教育以及德育发展的最终目标。

2. 以人为本，树立生活化教育观念

在进行大学生思想政治教育的过程中，应该根据以人为本的理念帮助大学生们了解思想政治教育的终极意义，很多教师都应该有所学习，掌握以学生为本的思想，并且在进行教育的过程中，将这一理念贯穿始终。教师一定要与学生们有深入地沟通与交流，掌握每一位学生的心理特点以及学习状态，全方位的了解学生，关心学生，将教育的内容逐步渗透到每一个人的日常生活当中，学生这样才会感受到教师对自己的关怀，从而更加的愿意参与到教师的教学课堂，喜欢和教师们一同去探讨人生的种种问题。当大学生们遇到生活以及学习上的困难时，也会愿意与教师保持长期的沟通与交流，在交流的过程中找到解决问题的方法，这样能够使得思想政治教育紧紧地与学生们的市场生活相联系，最终达到教育的主要目的。就是还应该不断地改善自我的教学办法，注重理论与实际相联系的教学策略，从理论与实际相结合的教育点出发，帮助学生们从学习生活思想等多方面开展思想政治教育。目前大学生们接触的信息以及内容十分的繁多，因此教师的教育方式也不能够太过呆板，应该摒弃传统枯燥的教学模式，设计一些能够活跃课堂气氛的有效策略，充分利用多媒体技术，完善思想政治教育的观念。

3. 创设生活化的思政课育人环境

思政课育人环境对教学效果产生重要影响，思政课开展生活化教学，需重视生活化育人环境的创设,并以生活化育人环境吸引大学生参与思政课教学,激发大学生积极学习的主动自觉性。

首先,高校应转变思政课课堂环境,将相关的生活化元素和形式融入思政课课堂教学,提升思政课堂的亲和力。为此,教师应在设计生活化教学目标和生活化教学内容的基础上,采用具有生活化元素的教学话语和教学形式开展课程教学,带动思政课全面系统地向生活化教学方向前进。在课堂环境布置中,教师也可充分发挥大学生的主观能动性,为大学生创设轻松愉悦的课堂环境,提升大学生参与思政课的兴趣,从而推进思政课生活化教学的顺利开展。

其次,高校应注重校园环境的建设,实现思政课生活化教学在校园环境中的有效实施。教育部思想政治工作司在2021年工作要点中提出,要充分发挥校园文化育人功能,以进一步提升高校师生思想政治教育质量[①]。校园是高校思政课教学的主要场所,也是大学生在校生活的重要场域,要推动思政课生活化教学的有效落实,必须在校园环境中投入更多的思想政治教育相关的基础设施建设,让大学生在校园中处处能感受到思政课带来的影响。以良好的校园环境帮助大学生养成优秀的日常行为规范,积极参与思政课生活化教学。

此外,良好的家庭和社会育人环境能拉近思政课与大学生之间的关系,也能更好地促进思政课生活化教学的开展。家庭和社会大环境对大学生的生活有重要影响,能帮助大学生养成高尚的思想道德品质,还能促进思政课教学效果的有效落实。同时家庭和社会环境还能对大学生使用思政课理论知识内容进行有效监督,既提升大学生对知识内容的理解,又锻炼其对理论知识的使用,真正实现思政课教学的生活化发展。

4. 贴近大学生生活实际

教学目标是课程实施的引导和基础,只有设计出全面完善的教学目标,课程教学才能朝着正确的方向前进,教学才能取得应有的效果。在高校思政课落实生活化教学、提升教学效果的过程中,首要的前提便是实现教学目标的生活化转向,发挥生活化教学目标对教学的引导作用,带领思政课教学不断贴近大学生的生活实际。

首先,高校思政课教师应重视生活化教学目标的设计,为思政课生活化教学提供思想指引。思政课教师应深刻了解生活化教学的要求和特征,发现思政课开展生活化教学的必要性和可行性,确立并制定生活化教学目标体系。

---

① 教育部思想政治工作司.教育部思想政治工作司2021年工作要点[EB/OL](2021-03-17).[2021-09-27].http://www.moe.gov.cn/s78/A12/gongzuo/yaodian/202103/t20210317_520288.html.

其次，思政课教师应结合大学生生活实际、现当代社会发展实际及思政课教学理论知识内容，设计具有生活化导向和内涵的教学目标。在设计教学目标时，教师应有针对性地对课程理论知识和大学生的生活实际进行深入分析，设置系统的教学目标，使教学目标既与大学生密切联系，又能展现思政课理论知识的深刻内涵，帮助大学生在学习了解理论知识的过程中锻炼使用技能，真正对思政课实现生活化教学提供引导。

最后，思政课教师还应在教学过程中认真落实教学目标，及时检验课程教学是否按教学目标的设计开展，并以教学目标为指向对课程内容、形式及大学生学习进行调整，确保思政课生活化教学目标对课程指导的有效性，并吸引大学生积极参与思政课教学。由此，在思政课教学目标的指引下，高校思政课才能有效开展生活化教学，密切课程与学生生活实际的联系。

5. 拓展思想政治教育生活化的空间

很多大学生不容易进入到教学课堂的氛围当中，所以想要进行思想政治教育，就必须营造出生活化的氛围，呼吁思想政治教育回归生活，这对于学校来说是至关重要的，良好的校园学习环境会在不知不觉中使得大学生们的思想情操有进一步的提升，并引导学生们朝着正确且阳光的方向去发展。基于此，学校就应该加强文化的建设，开展丰富多彩的校园活动，根据活动开展的类型与模式丰富学生的业余生活，这样能够提升他们各方面的能力，并且拓展知识面，增强人际交往的能力，在一定程度上会使自我的思想以及品质有全方位的提升。社会也是立德树人的课堂，想要进行思想政治教育，就要优化学生们所处的社会环境，良好的社会环境是以有一种潜在的感召能力，会影响大学生们对于事物的理解，提升他们的思想道德素质，从而增加学校的教育影响力，在进行思想政治教育的同时，还可以丰富学生们的知识，让学生的情感得到充分的迸发并陶冶情操。

6. 丰富思政课生活化教学内容

塑造价值观须以满足学生知识需求为基础，缺乏科学知识支撑的思政教育极易沦为空洞的价值观说教，教育的效率与效果也会因此大打折扣。高校思政课开展生活化教学必须从教学内容层面密切与大学生生活实际的联系，从实际生活中汲取相关教学内容，既丰富思政课教学内容，又从实处吸引大学生的学习兴趣，从而帮助思政课更好地发挥生活化教学的作用，提升教学实效。

首先，高校思政课教师应着眼于大学生的生活实际，注重教育与生活的联系，将开发教学新内容的目光投向实际生活，丰富思政课生活化教学内容。教育来源于生活，与大学生相关的实际生活中有丰富多彩的思政课教学内容，教师应重视从现实与大学生相关的实际生活中发现教学内容，将之与思想政治理论知识进行有机结合。如在讲授马克思主义基本原理中量变和质变发展规律时，可与学生生活中坚持奋斗、不断积累的实际进行联系，并向学生讲述愚公移山、精卫填海等生活化的故事，加深学生对相关规律的理解，并发挥马克思主义理论对生活实际的指导作用，达到思政课生活化教学的最终目标。

其次，思政课教师在讲授课程内容时，要以生活化的教学目标为基础和指引，重视从与大学生密切相关的网络信息中寻找相关教学资源，并将教育内容渗透到实际生活中，尽力强化思政课生活化教学对大学生实际生活的影响，使学生在生活中锻炼思想政治理论知识的使用技能。当代大学生热衷于从互联网中学习知识、了解信息，互联网在其生活中产生重要影响。思政课教师应注重互联网信息内容的筛选，从中发现与教学相关的知识和信息，以丰富教学内容，如网络中的时事政治、热点新闻等都可作为思想政治理论的相关实例运用于思政课教学，从而拉近思政课教学与大学生生活之间的联系。如此，大学生才能积极参与思政课生活化教学，思政课的教学内容才能得到丰富，其教学目标的完成也更为顺利。

7. 重视对生活化教学内容的评价

系统化的教学评价能为教学提供有效的反馈和指引，帮助教学及时解决存在的问题，更有针对性地提升教学效果。在高校思政课生活化教学中，由于教学内容、教学形式及教学环境都需与大学生的生活实际密切联系，教学效果也需在学生生活实践中得到体现。所以更加需要优化教学评价的主体、形式及内容，帮助高校、思政课教师和大学生更好地了解思政课生活化教学中存在的问题，以带动思政课生活化教学朝着更好的方向前进。

首先，高校应将大学生、教师、专家学者及学生家庭成员等都纳入评价主体，发挥多元化评价主体对生活化教学客观有效评价的重要作用。大学生是思政课生活化教学的主体，教师是开展教学的主导者和具体实施者，专家学者对思政课生活化教学有更深入的了解和认识，家庭成员是大学生实际生活的密切接触者。将各类成员都纳入评价体系，才能从多角度对思政课生活化教学做出客观评价，帮助教师更好地了解学生在实际生活中对知识的运用状况。

其次，思政课教师应采用多种评价形式，全方位地了解生活化教学效果。在保持结果性评价的基础上，教师还应与高校、家庭等组织合作，对大学生接受思政课生活化教育的成效进行过程性和形成性评价，重视大学生在日常生活和思想状态层面的变化，更精准地评估生活化教学的效果。

最后，思政课教师还应对评价内容进行有效调整，重视大学生在教学过程及实际生活中的表现，多元化地反映思政课生活化教学效果。教师应在考察评价大学生对思想政治理论知识的掌握情况的基础上，将大学生生活实践情况、对理论知识的理解和运用情况等纳入思政课生活化教学评价体系。这样既可了解学生对相关理论知识的理解运用情况，又可促使学生学会使用理论知识解决实际问题，从而积极地推进思政课生活化教学实效的提升。

三、问题导向教学法

（一）问题导向教学法的必然要求

以问题为导向，高校思想政治理论课的前沿问题一般泛指高校思想政治理论课教学实践中所遭遇的热点、焦点及难点问题。对这些问题的规律性探究一方面围绕高校思想政治理论课教学的知识传授目标展开，以实现高校思想政治理论课教学实践的基本要求；另一方面，高校思想政治理论课教学实践中所遭遇的热点、焦点及难点问题往往又呈现出强烈的意识形态认知或价值导向关照，即这些热点、焦点及难点问题在很大程度上反映了大学生群体对中国共产党党史、新中国史、改革开放史、社会主义发展史的理解和认识，反映了大学生对自身与社会关系的理解和认识，对大学生的思想观念或价值观形成有着重要影响。所以，高校思想政治理论课所要面临的任务既有关于基础理论的研究与探讨，也有关于前沿问题的回应与解答。批判的武器当然不能代替武器的批判，物质力量只能用物质力量来摧毁；但是理论一经掌握群众，也会变成物质力量。高校思想政治理论课作为社会主义社会核心价值原则传输的重要环节，其所涵盖的一系列课程都呈现出较强的应用性特征。对高校思想政治理论课课堂的展开而言，不仅是简单的理论知识讲解与传输，更是思政课教师引导大学生求真求善的一个过程。在这个过程中，从思想政治教育的政治维护及思想建构本性出发，以问题为导向，无疑是高校思想政治理论课的必然要求，且这一必然要求具体地呈现为高校思想政治理论课紧跟时代变化，在时代变化中不断创新高校思想政治理论课的教育环境，以持续实现高校思想政治理论课的社会价值。

既然问题导向是高校思想政治理论课的必然要求，那么与当前高校思想政治理论课的实践教学改革相关联，坚持问题导向亦是高校思想政治理论课实践教学改革的着力点。随着中国社会主要矛盾的转化，新时代下高校思想政治教育的内外环境都变得更为复杂。社会范围内多种价值观、多种文化的激烈碰撞，施教者与受教者所遭遇的时代新境况都对高校思想政治理论课提出了新的要求。基于此，对新时代高校思想政治理论课而言，问题导向首先直接地指向其所面临的时代环境变革。而问题导向聚焦于高校思想政治理论课实践教学改革层面，则直指高校思想政治理论课课堂教学与现实社会的距离问题。对高校思想政治理论课来讲，课堂教学一旦与现实社会相脱离，实践教学改革成效将大打折扣，教学实效性亦将难以实现。因此，坚持以问题导向，首要地表现为对当前社会发展的时代关注，这是高校思想政治理论课进行长足发展的一个重要举措，也是实现高校思想政治理论课实践教学改革的重要环节，更是实现高校思想政治理论课教学实效性的重要支撑。

如果说对时代的关注是高校思想政治理论课问题导向的首要表现，那么将教学目标细化到运用理论对时代问题予以合理、清晰的回应及解答，则是高校思想政治理论课将问题导向深层推进的重要表征。将问题导向融入高校思想政治理论课的教学实践中，在于从现实出发，与高校思想政治理论课教学实践主客体的时代特点和教育环境相联系，以理论破解大学生在现实生活中所涉及的具体问题；更在于将高校思想政治理论课从现实延伸至历史与未来。以此，高校思想政治理论课要始终明确为谁培养人、培养什么样的人这个根本问题，并把这一根本问题具体化到怎样培养人的过程中去，即以对大学生进行马克思主义理论的基本知识体系建构为依托，在知识传授中进一步将大学生对马克思主义理论的体系建构转化为信仰培育，从而为中国特色社会主义事业的长远发展培育合格的建设者和接班人。这就要求高校思想政治理论课在关注时代问题的大前提下，聚焦当代大学生所关注的与高校思想政治理论课相关联的焦点问题，拉近理论与现实的距离，引导大学生在对现实问题的关注中，运用理论去科学解答现实困惑，做到高校思想政治理论课进行知识传授与运用理论知识解答现实问题的方法论建构统一。

总体来讲，以问题为导向是高校思想政治理论课的必然要求，是增强高校思想政治理论课教学实效性的重要途径。从理论层面来讲，高校思想政治理论课对马克思主义理论的系统讲解，离不开对理论产生的历史探究。如何在高校思想政治理论课中寻求历史与现实相契合的时代结合点，是高校思想政治理论课的一个重要问题。由此，高校思想政治理论课要充分把握理论当中所蕴含的历史与现实的张力，在剖析理论与探究历史中，将现实与历史相结合。同时，又要时刻关注时代问题，在思想政治理论课中关照中国社会发展的现实问题，在一定的历史和时代背景下探究现实前沿问题，将高校思想政治理论课的未来指向性呈现出来。从实践层面来讲，高校思想政治理论课作为应用性较强的课程体系，在教学实践中要将课堂教学与科学研究有机结合，既要做学生思想问题的答疑者，也要做时代问题的积极参与者。不仅要让学生积极参与到社会实践的探究中,更要以高校思想政治课堂为载体,引导学生一步提升建设中国特色社会主义社会的使命感和责任感,从而将高校思想政治理论课的教学实效性在中国特色社会主义的实践中得以更好地呈现。

(二) 问题导向教学实效性的路径探究

问题导向是高校思想政治理论课的必然要求,也是高校思想政治理论课实效性发展的方法论指引,必须坚持以问题为导向贯穿高校思想政治理论课教学实践全过程。针对问题导向视角下高校思想政治理论课存在的问题,增强高校思想政治理论课教学实效性,要牢牢把握培育什么人这个根本问题,并以此展开对高校思想政治理论课的教学方式创新与供给结构调整。

第一,创造问题情境,巧设问题陷阱。"问题导向教学法"不可能脱离活动情境而抽象存在。教师巧妙地将问题蕴含在情境中,运用多种有效的方式方法创设高质量的问题情境,是有效实施"问题导向教学法"的重要前提。思政课教材是经过"千锤百炼"凝结出来的精华,教材内容相对理论晦涩,在创设问题情境时,教师要紧密结合不同阶段、不同专业学生的特点,创设贴近学生学习和生活实际的问题情景,将教材内容与学生已有的知识经验相联系,将理论深度与学生认知水平相结合,将时政热点与学生兴趣点相组合,设置让学生"跳一跳够得着"的问题台阶提高问题的整体效益,使"问题"成为引导学生认真探索的驱动力。学生在已有知识经验基础上通过一定思维强度揭示事物矛盾的问题,找寻问题本真的话题,探究欲望被最大限度地激发出来,从而真正"卷入"到学习活动中。这无疑是一种较高的教学艺术水平,也引导着整个问题链的思路进展航向。

第二,合作探究问题,互动共解答案。合作探究,碰撞智慧,形成磁力,凸显活力,体现了"问题导向教学法"的主要特色和教学张力。它以合作为方式,强调学生是学习活动的主体,鼓励学生互相合作,搭配组成契合程度较高的互学互求小组;以探究为途径,通过学生主体间的沟通和信息的共享与叠加,在寻问的道路上体验有差异性的解决思路,拓展走向结果的探索道路;以释疑为结果,用教师的经验激发学生的智慧,推动问题的深入探索,找到真正的答案。学生在探索问题解决之道上,会产生思维偏航,导致已有知识体系和逻辑架构对新旧知识间的联系、知识运用的正确度、方法选择的有效性和问题答案的准确度等方面出现偏差,这就需要教师进行启发引导,"扶"着学生走,"牵"着学生走,急学生所求,授学生所需,赠学生所能。学生的参与性、主动性,教师的主导性、辅助性，体现出预设和生成的统一，内容和方法的统一，主导和主体的统一，决定了"问题导向教学法"的教学成效。

第三，归纳反思结论，拓展再生新问题。"问题导向教学法"以反思问题，总结生成新问题为旨归。反思问题不是简单地推导出问题的结果，而是从"是什么"到"为什么"找到问题实质，从"果然如此"到"原来如此"理解问题核心。在反思问题的过程中，教师启发、引导学生对问题进行概括梳理、总结归纳，升华已有知识，形成新的认知结构，并做深入思考，在反思感悟中发现新问题，产生新困惑，提出新思考，寻找新答案。"问题导向教学法"必须根据学生的认知规律和特点展开，以学生感到困惑的问题、教材观点和结论背后隐藏的问题为起点，沿着解疑释惑的认知路径展开教学，形成一个内容相关、层次分明、逻辑递进的问题链。问题无止境，对问题的追问、挖掘和释疑会产生新问题，教师需要对学生提出的新问题进行梳理，结合对知识内涵与外延的深掘，使问题具有指向性和针对性，为下一个教学任务的展开做好铺垫。课堂结束，思绪不断，学生始终富有怀疑精神，保持思维活力，并对教学充满期待，这是教学的较高境界，也是问题意识导向下高校思想政治理论课教学的新起点。

第四，提升政治意识，始终紧扣培养什么人这个根本问题。高校思想政治理论课作为思想政治教育的主渠道，是以马克思主义理论和马克思主义中国化的最新成果来塑造学生的思想意识、思维方式、价值观念的特殊课程。在此意义上，高校思想政治理论课和学校教育不同阶段的思想政治理论课一样，具有鲜明的政治性，政治属性是其本质属性。科学把握高校思想政治理论课的政治性对于深刻认识高校思想政治理论课的性质、功能和目标具有重要的现实意义。借此而言，在高校思想政治理论课的具体展开过程中，既要回应时代变化，发展创新教育环境，又要坚守价值底线，牢记政治任务。换言之，高校思想政治理论课固本守魂就在于提升政治意识，始终紧扣培养什么人这个根本问题。即以问题为导向，高校思想政治理论课要时刻牢记其根本任务，准确把握高校思想政治理论课对大学生的社会主义理想信念教育，进一步加强高校大学生对中国特色社会主义的认同。正如习近平总书记所强调："开设思想政治理论课非常必要，是培养一代又一代社会主义建设者和接班人的重要保障。"[1]

第五，创新教学方式，提升大学生的问题意识。思想政治教育关注更多的是人的思想巩固或转换，即帮助引导人们进行思想建构，使思想在人的意识中获得

---

[1] 用新时代中国特色社会主义思想铸魂育人，贯彻党的教育方针落实立德树人根本任务 [N]. 人民日报，2019-3-19.

生命力。随着时代的发展，高校思想政治理论课已经逐渐摒弃以单一式灌输为呈现方式的传统教学模式，教学方法不断创新。对高校思想政治理论课来讲，不仅担负着对大学生的知识传授功能，还表现为对大学生的思想建构。但以问题为导向，如何在创新教学方式中，不断提升大学生对社会问题的层次性剖析，是一个亟待解决的关键问题。从根本上讲，问题意识的确立及层次性在很大程度上表征着理论自觉的现实意蕴、多元选择和直接诉求。因此，对高校思想政治理论课来讲，以问题为导向，增强其实效性，在很大程度上表现为创新教学方式，提升大学生的问题意识。只有大学生的问题意识得以长足发展，高校思想政治理论课对于大学生的知识传授以及思想建构，才有可能转化为一种关于马克思主义理论及马克思主义中国化最新成果的理论自觉和社会实践。

第六，构建和完善与学生发展需要相平衡的思想政治教育供给结构。"思想"一旦离开"利益"，就一定会使自己出丑。高校思想政治理论课的具体展开一旦与大学生的需求实际相脱离，不仅会在感性层面直接影响到大学生对理论知识的理解和接受，而且在深层次上会影响到高校思想政治工作的质量。对高校思想政治理论课来讲，既要全面正确了解把握当代大学生的心理诉求，又要以学生心理诉求供需结构的变化为切入点探究高校思想政治理论课的改革创新方向，以增强高校思想政治理论课的内生动力，让高校思想政治理论课成为大学生发展的内在需要。以问题为导向，将马克思主义理论体系与当代人类社会实践的发展相结合，高校思想政治理论课必须找准问题针对性，在基础理论的不断反思与完善中，构建和完善与学生发展需要相平衡的思想政治教育供给结构，进一步增强高校思想政治理论课的实效性。

第四节　高校思想政治理论课教学方法的科学创新

一、教学方法科学创新的原则

（一）实效性原则

教学方法科学创新的目的是为了提高教学实效性。思想政治理论课教师要通过教学方法的科学创新，向大学生有效传递和阐释社会主义政治思想道德意识，并被大学生有效地内化为自身的意识和品质，外化为道德行为，使大学生的思想和行为合乎社会道德规范，符合社会发展的要求，从而培养出社会主义事业合格的接班人和建设者。这就意味着无论怎样进行教学方法的创新，都要追求实效性。在进行思想政治理论课教学时，教师要从学生的切身利益出发，找准党、国家、社会对大学生的思想、政治、道德、法律方面的规范和要求与大学生自身成长成才诉求之间的结合点，关注社会焦点热点问题，及时解答大学生的疑惑，提高大学生对思想政治理论课教学内容的关注度，增强思想政治理论课教学的针对性和有效性。

（二）时代性原则

时代在发展，思想政治理论课教学的环境在不断变化，网络与信息技术的发展，广播电视、互联网的普及，使人们获取信息的渠道多种多样。我们也要看到时代性的重要价值，具有鲜明时代感的教学方法能够较好地吸引学生的注意。不得不承认形式的新颖和奇巧使内容的传播更加有效。与此同时，经济全球化时代要求高校要培养出具有世界眼光、家国情怀，能够适应经济全球化趋势的既有过硬的思想政治素质又有过硬的技术技能的人才，如此，才能使我国在综合国力的竞争中有坚实的人才基础。这就决定了思想政治理论课教学要培养的是具有开拓创新精神和能力，既能脚踏实地，又勇于冒险的劳动者。因此，高校思想政治理论课教学方法的创新，要多结合时代的特点和要求，引导大学生成为合乎时代发展需要人才。

（三）整合性原则

所谓整合，具有融合、集成之意。首先，思想政治理论课教学目标的多层次性决定了教学方法的多样性。教学方法的创新要将实现知识目标、情感目标、行为目标的一系列方法整合在一个系统中，有机地将各种方法结合起来，形成共同完成教学任务的一种教学模式，也就是教学方法的整合。其次，思想政治课教学的内容和任务中有着思想性和政治性的特点。同时，这一课程的教学是以理论教学的形式开展的，课程具有较强的理论性。这要求教学方法的创新要结合课程的特点，将教学方法和课程特点有效地整合在一起，在遵循教育教学规律的同时，也突出课程特点。

二、教学方法科学创新的方式

（一）思政教育工作者要更新自身的教学理念和教学方式

对于新时代下的思政教学活动而言，要促进其顺利且长久的发展，转变思政教学观念，推行先进且科学的思政教学方式，是势在必行的。所以，我国高校的思政教育工作者要结合时代发展的先进理念，树立平等学习的教学观念，要注重学生在学习活动中学习主体地位的体现，要弱化自身的教学存在，凸显学生的学习主人翁意识；同时我国高校思政教育工作者也必须要结合信息网络时代的先进技术——互联网技术以及信息经济手段，来对我国思政教学理论课程的教学方式进行转变。要对这些先进的教学技术和教学手段进行合理化利用，在此基础上开展探究式的思政教学活动，增强学生思政能力和思政素养的同时，也能够促进思政教学活动效率提升。

（二）要有效结合时代的发展进行思政教学课题的把握

其次，要想促进高校思想政治理论课教学方式的有效创新和转变，我国高校思想教育工作者必须要对当前时代下的思政教学主题进行有效的把握，这是高校思政理论课教学方法采取的先决条件。

我国思政教育工作者必须要意识到当前时代发展的需求，使得思政教学活动的价值出现了多元化。其不仅要引导学生掌握相关的思政理论知识、提升学生的思想道德修养和思政实践能力，还必须要通过市政教学活动对学生的情感价值需求进行满足；我国高校思政教育工作者也必须要意识到，网络时代的到来为思政教学活动的发展提出了新要求。所以在教学活动中教育工作者要注重网络平台的构建、注重网络话语权的掌握。

第五章　新常态下高校思想理论课考试改革与创新

本章节内容为新常态下高校思想理论课考试改革与创新，分别从高校思想政治理论课考试改革的必要性、高校思想政治理论课考试改革现状分析、开放多元过程式考试模式研究与实践三方面出发论述。

第一节　高校思想政治理论课考试改革的必要性

一、现行高校思想政治理论课考试存在的主要问题

（一）命题内容单一，没有创新

高校在实施考试的过程中，对思想政治理论命题的过程中，大部分都是遵循课本的内容，缺少相应的实践性，大部分试题都考察学生的记忆能力，进而导致学生在学习思想政治课程时过于遵循死记硬背的方式，严重的限制了学生的创新能力。

（二）考试形式过于传统

高校在开展思想政治理论课程以来，一直遵循传统的考试形式，没有添加新时代创新的元素。传统的考试仍然遵循课本与教材而制定试题，并且考试的内容大多都是教师课堂上所讲的内容。与此同时，考试的题型缺乏一定的创新性，据观察，近些年相关高校在开展思想政治理论课考试的过程中试题形式几乎没有改变，而且只有开卷考试与闭卷考试两种形式，试卷的结构主要分为主观题与客观题两种，题型模式几乎没有任何改动，进而导致传统的考试并不能培养学生思维灵活性，无法达到思想政治理论教学的目标，并限制了学生的创新。

（三）成绩评价过于单一化

有些学校虽然在考试形式与题型上做出相应的改善，但是在进行成绩评价的过程中仍然会显现出众多的问题。由于众多学校在进行考评的过程中比较重视期末考试，进而导致部分学生忽视了平时考核的重要性，大部分时间使用到期末复习。然而，这种方式不仅限制了学生的学习创新，同时导致思想政治理论教育的方式存在严重的问题。

（四）缺少基本的考试分析

在现代教育实际考试过的过程中，不仅能够检测与评价学生的学习效果，同时能够发挥向导的作用。然而，高校思想政治理论课在设置的过程中，过于重视考试的分数，仅仅通过考试的成绩就评判学生的思想政治水平。与此同时，由于思想政治课的开展受到众多因素的影响，通常会将思想政治课程的考试安排在学期末或课程的结束前实施，这只是发挥总结的作用，而并没有展现出诊断性考试的效果。除此之外，大部分高校对思想政治理论课的设置过于狭隘，仅凭考试就评价学生的学习效果，并没有将考试看成教育的一个环节，而是当作总结。

（五）高校实施思想政治考试改革的困扰

首先，传统应试教育的根基相对不够稳定，相关高校依旧应用这种方式实施思想政治课程改革；其次，在实施改革创新的过程中没有充足的勇气，不敢去尝试，过于担心出现意外，生怕出现混乱或效果不好的情况。再次，高校的相关领导忽视了思想政治理论课改革的重要性，总感觉考试的改革可有可无，还会有嫌麻烦的想法出现；最后，由于改革的过程中需要使用大量的费用，部分高校的经费不足，各种政策无法有效的实施，进而会出现半途而废的情况。

二、高校思想政治理论课考试改革的客观必然性

（一）改革考试过程中出现的弊端与缺陷

由于高校在实施思想政治理论课考试中，命题内容与考试形式存在众多的缺陷。进而严重地影响了思想政治理论课考试的意义，并且限制了思想政治理论课育人功能的发挥。因此，只有合理的对考试进行改革，才能发挥思想政治理论课考试的意义，同时也是当前高校要解决的重要课题之一。

（二）推进考试改革是完善现行考试功能的必然要求

高校在教学的过程中应该根据学生的学习情况，并明确考试改革的重点。由于目前高校理论课程过于重视考试的总结与查阅，然而，这种方式并不能有效地引导学生发挥自身的能力，同时教师也不能根据考试成绩而判定试卷是否需要调整。高校开设思想政治理论课程，不只是为了测试学生的学习情况以及接受知识的能力，同时也是为了引导学生未来的发展方向。

（三）实施考试改革是高校发展需要

相关高校要想使思想政治理论课发挥有效的作用，进而正确引导学生的发展方向，提高学生的政治素养。这就需要合理的开展考试，并且在现有的基础上进行改革，同时也是高校目前重要的工作之一。因此，在教学的过程中应该重视素质教育方面，并且跟随时代发展的需要，合理改进考试内容与考试理念，积极的进行探索观察，完善其中的不足，将考试改革有效的落实。然而，思想政治理论教育课堂作为我国高校教育重要的部分，必须顺应当前时代发展的需要，促使考试的改革能够更加高效。

第二节　高校思想政治理论课考试改革现状分析

一、思想政治理论课考试改革取得一定成效

思想政治理论课的考试改革逐步走向多样化、系统化、科学化随着国家对思想政治理论课建设的重视，思想政治理论课的各项改革工作取得一定的成绩。20世纪80年代中后期，思想政治教育逐渐发展成为一门独立的学科。与此同时，国外一些先进的教育方式与评价理论传入我国，对思想政治理论课考试改革走向科学奠定良好的基础。一些高校对当前思想政治理论课考试存在的问题、考试改革的理念、考试内容及方式的创新进行了大量研究，对思想政治理论课的考试模式改革进行了大量探索实践，试图使考试更加科学有效。例如，清华大学采用的是"小组论文＋小组答辩"的新的考核方式：通过教师制定参考选题，学生以小组为单位确定论文选题，通过查找文献资料，撰写小组论文，并进行答辩准备工作。这种考核方式，极大地调动了学生学习马克思主义理论的积极性和主动性，学生由"要我学"转向"我要学"，增强了学生对建设中国特色社会主义道路的

认同感、责任感和使命感，增进了学生和教师之间的交流和了解，激发了教师积极探索教学改革的热情和对教学工作的兴趣。

二、高校思想政治理论课考试改革存在的问题

（一）考试理念陈旧，考试改革动力不足

近年来，我国高校思想政治理论课考试改革呈现综合性、多样性、科学性等发展趋势，但大部分高校的思想政治理论课考试改革滞后，远远不适应思想政治理论课程建设发展的要求。目前，在考试内容上，重视学生对马克思主义理论概念、特征、条件、意义和基本原理等知识的记忆考核，忽视学生对这些知识的理解和运用能力考核。在方法上重视书面考试，重视期末这种结果性考试，忽视学生平时学习过程和思想行为实际表现的考查。这种只重视知识记忆、方法单一的考试，显然没有充分体现思想政治理论课教学目标，不能真实检测出学生学习和教师教学效果，不能促进教学改革和学生的学习。

（二）现有考试模式不能有效发挥考试的系统功能

根据思想政治理论课课程性质和教学规律，思想政治理论课考试应坚持考核目标与课程目标设置的一致性，坚持思想政治理论课考试的导向、激励、检测和反馈功能。但目前思想政治理论课的考试没有发挥出其应该具备的功能。思想政治理论课的导向功能，既指挥着教师的教，也引导着学生的学，教师学生会针对不同的考核任务采用不同的教学行为。当前的思想政治理论课考试普遍采用把考试结果量化为具体的分数的办法，进而以分数对学生进行评优、选拔、分级和排序。这种考试导向使不少学生只注重考试分数，对思想政治理论课的学习仅注重对理论知识的记忆和再现，忽视对理论知识的转化和运用，考试的引导作用单一。

（三）现行的部分考试改革措施实效性较差

当前，各个高校多多少少实行了思想政治理论课考试改革的一些措施。但梳理这些改革措施，普遍存在着考试改革的形式化。在思想政治理论课考试改革呼声越来越高的前提下，很多学校为了应付，也实施了一些改革措施，但总体上考试改革往往流于形式，搞花架子，走过场，短期行为倾向十分明显。高校思想政治理论课长期的目标在于要全面提升学生的思想政治素质，对大学生的世界观、人生观和价值观产生深远影响，为社会主义建设培养合格人才。短期目标在于通

过教学，使学生掌握系统的马克思主义的相关理论，提高分析和解决问题的能力。因此，在考试改革中应注重区分层次，围绕各种目标进行考试改革，从而提高考试改革的实效。

第三节　开放多元过程式考试模式研究与实践

一、开放多元过程式考试应遵循的原则

思政课改革的一大难点就是把握改革的尺度，过度保守就会落入俗套，无法适应时代的变化；盲目追求新奇时髦的上课方式，则会过犹不及，抹杀思政课具有政治性的特殊性质。始终坚持马克思主义指导地位，大力推进中国特色社会主义学科体系建设，为思政课建设提供了根本保证。习近平新时代中国特色社会主义思想是高校解决当今社会突出问题的阴影，能够回应学生在课堂上遇到的疑问，具有引导学生树立远大理想的理论感染力。因此，思政课改革要坚持以习近平新时代中国特色社会主义思想为指导，在守正的基础上创新，避免走上歪路邪路。

（一）坚持理论考核与实际表现考核相结合原则

众所周知，思想政治理论课是遵循马克思理论而实施的，并且具有可靠的实践性以及较高的理论性。之所以理论考核是比较重要的，是因为其能够检测学生的学习情况，并且能够正确引导学生的三观。然而，从试卷中并不能明确学生的三观是否正确，还需要根据学生的平时表现。因此，在进行思想政治考核的过程中应该将试卷与实际表现结合评判，进而能够全面的反映出大学生的思想政治素养。

（二）坚持马克思主义中国化的最新成果

高校思想政治理论课考试改革要以习近平新时代中国特色社会主义思想为思想遵循，以习近平总书记关于思政课的重要论述为理论指导。马克思主义在我国意识形态领域占指导地位，是被实践证明的能够指导中国革命、建设和改革的科学理论，其生命力在于实践基础上的理论创新。从新民主主义革命开始，我党就将马克思主义与中国具体实践相结合，进行中国特色社会主义建设和意识形态教育。新时代呼唤新理论，新理论指导新实践。党的十八大以来，以习近平同志为核心的党中央根据一系列治国理政新实践、新举措，形成习近平新时代中国特色

社会主义思想。在思想政治工作方面，习近平总书记从定国安邦、维护国家意识形态安全的高度发表了一系列关于思想政治教育工作的重要论述，为思想政治理论课考试改革提供了理论指引。其思想内容包括：从思政课在新时代的战略定位、培养人的根本目标角度阐述了"什么是思政课"以及"为什么要建设好思政课"问题，将思政课建设提上党和国家工作的重要议程，明确思政课在当今背景下培养人的根本任务；从思政课的根本保证、理论底气、文化支撑、成就经验等方面分析了"建设好思政课的信心来源"问题，为思想政治理论课考试改革提供了自信基础；提出要以"八个相统一"原则、明确思政课改革方向及以"六要"标准提升教师素养，分析了"怎么建设好思政课"的问题。习近平新时代中国特色社会主义思想是马克思主义中国化的最新成果，也是思想政治理论课考试改革的行动指南。

（三）坚持重大时代课题的理论指向

重大时代课题是一个时代社会主要矛盾的集中反映，是思政课着重回应的问题。习近平新时代中国特色社会主义思想源于对重大时代课题的系统化、理论化回答，是思政课回应时代课题的理论根基，也为思政课增添了新内容。习近平新时代中国特色社会主义思想具有一以贯之的主题，思想内容丰富、体系完善，凝练于党的十九大报告中的"八个明确"和"十四个坚持"之中。"八个明确"具有高度的思想性和前瞻性，从理论层面丰富了思政课内容，并为其提供了教材支撑。其中，《毛泽东思想和中国特色社会主义理论体系概论》改动最大，用七章内容全面、系统地阐述了习近平新时代中国特色社会主义思想。习近平新时代中国特色社会主义思想是思政课内容的重要组成部分，是推进思政课理论与实践结合的契合点。

（四）坚持期末测试与平时考核相结合原则

学生在学习思想政治理论课时，不仅需要关注学生的考试成绩，还需要全方面关注这一成绩的来路，而且需要重视的不应该是学生对思想政治理论的记忆水平，应该是学生接受教育后的实际变化，以及思想行为。这些改变从观察试卷成绩是无法明确的，而是需要教育工作者的细心观察，哪怕是一点小细节。因此，高校在开展考试改革的过程中不仅要设置期末考试测评，同时需要完善平时的多元化考核，将众多的考试与测评结合评价。

（五）兼顾教师和学生实际承受能力原则

伴随着新课改的有效实施，高等教育逐渐以大众化形式发展，学生的数量在不断地增加，促使教师的责任与工作内容也在不断地增加，而且大多数上课的模式都是合班课程，教师在讲课的过程中没有空余的时间提问学生，更别提对学生进行辅导了。与此同时，在实施扩招后，部分学生的知识基础较低，学习的状态不如其他学生，由于就业形势严峻，众多的压力集中而来。面对这种形势，思想政治教学的过程中应该改善传统的教学方式，从而开展因材施教的方式进行。

（六）坚持崇高品质的科学理论体系

习近平新时代中国特色社会主义思想的理论品质使其具有强烈的理论感染力，是高校思政课改革应具有的精神内核。理论一经掌握群众，也会变成物质力量。高校思政课要实现创新性发展，就要使改革的指导思想为人信服。只有令人信服的理论才能掌握群众，指引思想政治理论课考试改革。习近平新时代中国特色社会主义思想是历史逻辑、理论逻辑与实践逻辑的统一，彰显出卓越的理论品质。具体表现为以下几点。

一是鲜明的科学性。理论对实践具有反作用，但是只有正确的理论才能对实践起积极的能动作用。习近平新时代中国特色社会主义思想是对中国共产党执政规律、社会主义建设规律和人类社会发展规律在新时代的深刻认识，继承了中华民族优秀传统文化，汲取了国内外先进经验，从实践总结中正确把握时代特征和主要矛盾，回答了时代课题，是能用于指导实践的科学思想。二是深刻的实践性。习近平新时代中国特色社会主义思想担负着指导实现中华民族伟大复兴的历史使命，从实践中诞生，并为新时代中国特色社会主义建设服务，指明了解决时代问题的途径与方法，是中国共产党治国理政的行动指南，具有现实可行性。三是浓厚的人民性。人民性是习近平新时代中国特色社会主义思想的价值所在，也是其最终落脚点。人民是决定党和国家前途命运的根本力量，习近平新时代中国特色社会主义思想以其深厚的人民性指导着思想政治理论课考试改革最终落脚在立德树人这个根本点上。

二、开放多元过程式考试改革研究的思考

（一）拓展研究深度

在对高校思想政治理论课考试改革的过程中，应该将制约的因素解决，合理

的安排考试内容，结合时代发展的需要，规范考试题型。并根据相关教育者的经验，不断地研究全新的考试方式，完善考试的机制，进而提高教学的效率，为思想政治理论课考试改革做出贡献。

（二）创新问题视角

为了能够促使高校思想政治理论课考试改革顺利推进，需要以创新的视角思考问题。由于部分高校比较重视教学方面，进而忽视了考试的重要性，然而，教学与考试是不可分开的环节，两者之间有着密切的联系。因此，在实施改革的过程中应该站在多个角度思考，进而为考试改革带来一定的帮助。除此之外，随着我国科学技术的进步与发展，应合理地将高校思想政治理论课考试与互联网相结合，探索"互联网＋考试"模式。同时，可以借助《现代教育考试》这一门独立的学科，吸取现代教育的理念，合理的运用其先进的手段，创新高校思想政治理论课考试改革方式。

（三）完善成绩评定

在进行思想政治理论课考试改革的过程中，应该重视成绩评价，有效地将传统不合理的成绩评定改进。因此，应该实施比重的原则，有效地将平时考核成绩与期末考核成绩相结合，进而有效地提高平时成绩在总成绩中的比例。与此同时，将理论考试成绩与社会实践成绩相结合，进而能够提高社会实践成绩在总成绩中的比例。除此之外，还可以将书面成绩与其他成绩相结合，并且以书面成绩为主。确保成绩评定在思想政治理论课考试中能够发挥有效的作用。

（四）注重实际应用

伴随考试改革的以及研究的不断深入，应该将实践探索与研究成果有效的联系，进而能够为考试改革提供相应的指导，达到考试改革的最终目的，同时也是考试改革的需要。例如，在学生的成绩进行评价的过程中，大多数学者认为应该加大力度重视平时考核的力度，但是在创建时可操作模式的效果开不明显。由于思想政治理论课考试主要重视学生的能力与综合素养，比较缺乏一定的实际操作性。为了能够有效地适应思想政治理论课考试改革的需求，应该针对培养学生的思维创新能力实施改革，促使学生分析问题与解决问题的能力逐渐提升，确保思想政治理论课考试改革具有一定实效性。除此之外，在日后发展研究的过程中，应该注重其改革的实用性，促使高校思想政治理论课考试改革能够提高学生的学习效率。

第六章　新常态高校思想理论教学评价改革

本章节内容为新常态高校思想理论教学评价改革，主要对高校思想政治理论课教学评价的本质与功能、高校思想政治理论课教学评价的基本要求、高校思想政治理论课教学评价改革途径三个方面进行了阐述。

第一节　高校思想政治理论课教学评价的本质与功能

思想政治理论课教学评价在本质上是以"知行统一"为价值尺度，对思想政治理论课教学及其效果进行价值判断的过程。它主要有导向、反馈、调节、研究等功能。进行课程评价的最终目的在于通过信息反馈，优化教学过程，提高教学质量。

一、思想政治理论课教学评价的本质

教学评价是教育学研究的重点问题。从本质上看，教学评价就是对教学及其效果做出价值判断。教学评价能有效地帮助教师了解教学情况、促进教学质量提高，能为学校领导加强和改进教师队伍的管理和建设及制定决策提供依据，是高校教学主管部门监控教师教学的有效手段。

思想政治理论课在教学目标上强调贯彻党的教育方针，培养德才兼备、全面发展的高层次创新人才，巩固马克思主义在意识形态领域指导地位。这一教学目标强调在知识评价与价值评价相统一的基础上，更加重视价值评价。因此，思想政治理论课教学评价的本质在于对教学产生的价值目标和知识目标进行综合判断。一方面，对马克思主义理论知识的教学过程和教学效果进行评价；另一方面则是对思想政治理论课教学是否体现了政治导向性、层次性和实效性进行追踪评价。

二、思想政治理论课教学评价的功能

（一）导向功能

教学评价犹如教学过程中的指挥棒。教学评价可以通过设定具有目的性的评价内容、指标及其权重，形成导向机制，为教学管理提供工作方向，为教师和学习指明努力的方向。对于被评价者而言，他们必须要按照教学评价指定的方向和要求努力，才能得到良好的评价结论。教学评价导向功能的充分发挥，保证了教学目标的不断强化和实现。从这一角度而言，教学评价的内容、指标及其权重、结论都会影响着教学活动的发展方向。因此，教学评价的标准对教学评价发挥科学、正确的导向功能尤为重要。思想政治理论课教学评价的导向功能还表现为引导良好的社会思想道德风尚的形成。

（二）鉴定功能

教学评价根据评价指标体系，运用测量、统计等评价方法，对评价客体进行实效性判定。评价结果可以区别受评者之间的差异性，从而明确受评者调控的目标。教学评价对教学过程和教学效果的鉴定、诊断，是教学评价反馈功能发挥作用的重要表现。教学鉴定是指依据一定的标准，对教学过程和教学效果，通过评分、排名、区分等级等方式，做出优劣判断。教学鉴定的实质是对教学是否实现了教学目标或对教学目标实现的程度进行判断，使被评价者在信息反馈中查找到教学过程中出现的问题和偏离教学目标的原因，从而进行有针对性的改进，促使教学工作的进步。

第二节　高校思想政治理论课教学评价的基本要求

一、价值评价与知识评价相统一

价值评价与知识评价是相对于教学内容和目标而言的。思想政治教育作为我党的优良传统，作为社会主义现代化建设的重要保证，应有鲜明的立场和基本任务，即为贯彻、落实党的路线、方针和政策服务。因此，思想政治理论课教学目标不仅包含知识目标，还包含价值目标。思想政治理论课的政治性决定了大学生学习马克思主义理论、中国特色社会主义理论体系的根本目的，即运用马克思主义的科学知识和方法，在改造客观世界的同时改造主观世界，形成马克思主义的价值导向。因此，思想政治理论课知识目标的实现是其价值目标实现的基础，两者是有机统一的。因此，对课程的评价要以知识评价为依托，以价值评价为重点，并形成两者的有机统一。

二、现实评价与长远评价相结合

现实评价与长远评价是针对教学效果而言的。思想政治理论课教学是以培养运用马克思主义理论的能力为核心，促进受教育者思想品德发展的教学。因此，对思想政治理论课教学效果的评价，重点不在于教师是否用生动形象的方式讲完了教材内容，是否组织了实践活动，学生客观考核成绩如何等；而在于大学生思想道德水平的发展状况，尤其是其世界观，人生观，价值观的发展状况及运用马克思主义理论指导知与行的能力水平。因此，对思想政治理论课的评价要将重点放在对学生的思想和行为所产生的长远影响上。

第三节 高校思想政治理论课教学评价改革途径

一、高校思政课课程评价现状

在我国高校，对思想政治理论课进行评价的观念和实践出现相对较晚，它是伴随着改革开放和社会主义现代化建设新时期而逐渐萌生的。在改革开放以前，思想政治理论课评价主要局限在对学生学习成绩的评价，把学生的学习成绩作为课程评价的主要内容。十分可贵的是，当时虽然没有形成明确的课程评价概念，但在评价过程中还是强调把课程教学成绩与学生日常思想行为区分开来。改革开放以后，成绩评定和考核依然是课程评价的主要内容，同时把对教学过程的要素和环节的评价也逐渐引入课程评价，并且，伴随着思想政治教育科学化的进程，对学生的考核评价日益精确和综合，课程评价中日益加强品德测评的科学成分和量化因素。1995年，原国家教委颁布试行《中国普通高等学校德育大纲》，将德育评估引入高校思想政治教育领域，明确提出德育评估的任务和要求，但当时对德育评估的理解还是局限于德育考评，主要强调"通过考评，全面了解和衡量学生思想政治品德表现及其发展水平"。同时，文件也提出了对德育工作进行评估的要求，把思想政治理论课建设情况作为重要的评估指标。[①] 2005 年，中宣部、教育部印发了《关于进一步加强和改进高等学校思想政治理论课的意见》，开启了思想政治理论课评价的新阶段。在思想政治理论课"05 方案"实施过程中，思想政治理论课教学评价特别是思想政治理论课教学质量评价日益引起高度重视。2011 年，教育部印发了《普通高等学校思想政治理论课建设标准（暂行）》，从组织管理、教学管理、队伍管理、学科建设、特色项目等几个方面确立课程建设指标，作为评价思想政治理论课建设的标准和建设依据，使思想政治理论课评价从学生成绩综合评定拓展到课程建设领域，凸显了行政评价在课程建设中的杠杆作用，构建了相对明确具体的思想政治理论课评价的指标体系，标志着思想政治理论课评价进入了新的历史阶段。2017 年，教育部印发的《马克思主义学院建设标准（2017 年本）》也从教学组织、教学实施、教学改革、教学考评、师资配备等方面对思想政治理论课教学提出了明确的评价标准，使思想政治理论课评价指标进一步具体化。2019 年，中共中央办公厅、国务院办公厅印发的《关于深化新时代学校思想政治理论课改革创新的若干意见》进一步明确提出"切实改革思想政治理论课教师评价机制"的任务，把思想政治理论课教师评价纳入课程评价范围，提出在思想政治理论课教师职务晋升中"进一步提高评价中教学和教学研究占比"的明确要求。

从新中国成立以来我国高校思想政治理论课评价历史发展来看，新中国成立以来高校思想政治理论课评价发生了深刻变化：从评价观念来看，思想政治理论课评价有一个从无到有、从简单直接粗放评价到日益具体明确和精细化的评价过程，评价观念日益明确；从评价的主体来看，思想政治理论课评价从以学生为主进行评价逐渐拓展到教育行政管理部门和教师，评价主体日益多元；从评价内容来看，思想政治理论课评价从成绩考核拓展到工作考核和教学质量考核，评价内容日益深入；从评价方法来看，思想政治理论课评价从定性评价、成绩考评到品德测评和量化指标评定，评价方法日益科学。思想政治理论课评价从理念到实践方面取得了明显成绩，积累了丰富经验。但从总体来看，思想政治理论课评价依然处于初步探索阶段，在思想政治理论课评价中还存在着理论和实践方面的问题需要进一步厘清。

---

① 加强和改进大学生思想政治教育重要文献选编（1978 — 2008）[Z]. 北京：中国人民大学出版社，2008：222-224.

二、高校思想政治理论课课程评价存在的问题

(一) 思想政治课理论课程评价侧重于科研评价

现有研究还着重强调了国内高校"重科研、轻教学"现象严重,高校与教师都在教学团队的建设上投入意愿不足,而是把更多的资源投向科研团队建设。它的出现既与教学工作特性有关,又与高校现行制度有紧密联系。教学成果培育和教学改革见效都需要较长时间,这种滞后性很难满足教师对即时成效的要求,不会优先将主要精力用于教学。目前考核评价指标主要是科研指标,考核评价制度的指挥棒作用将指引教师将资源投向科研活动。教学水平评价多采用了易量化的指标,比如教学工作量、发表教研论文数目、立项教研教改项目等,而缺乏对教师为什么教、如何教和教的怎么样的评价工具,而这些恰好是提高教学质量的关键,也需要教师投入大量的精力。付出了而不能获得回报,长此以往,没有人会有在教学上继续努力的动力,只会对教学产生应付、敷衍的态度。

现有研究指出了教学团队建设面临的三方面障碍,其中组织障碍、科研与教学比重失衡是老大难问题,如果高校现行管理体制与管理制度没有大的改变,问题很难得到根本解决;而学者较少关注产教融合障碍,这与本科院校办学定位有很大关联。不过随着地方本科院校办学定位调整,消除产教融合障碍的重要性将逐步凸显。以往文献多是简单描述了障碍的具体表现,没有进一步分析其对教学团队建设的影响机理。

(二) 思想政治理论课评价范围主要局限于教学评价

从思想政治理论课评价的历史发展来看,人们对思想政治理论课评价的理解主要偏重教学评价,即对思想政治理论课教学活动进行评价,包括对学生考试成绩和品德发展、教师教学过程及教学效果,特别是达到教学目标的情况和教学质量进行综合评价,并且把学生评教作为教学评价的重要指标,这些都是思想政治理论课评价的重要内容,但是思想政治理论课评价并不完全等同于教学评价,思想政治理论课评价的范围更加开阔、内涵更为丰富。把思想政治理论课评价理解为教学评价窄化了思想政治理论课评价的范围,把对课程需要、课程设计、教材大纲、课程政策等的评价排除在课程评价外,造成了把课程评价等同于教学评价的问题。事实上,正是由于课程评价观念的局限性,在思想政治理论课评价领域,教科书意识形态评价、教学大纲和基本要求的评价、教育政策的评价、教师评价等长期以来都被排除在课程评价之外,而课程评价的局限性使思想政治理论课评

价逐渐演变成教育行政评价、简化为学生评教活动、演变成评比检查建设状况的一种方式，而没有很好地发挥对课程建设的生成性功能。

（三）思想政治理论课评价的主体相对单一

思想政治理论课评价主体问题就是要解决谁来评的问题。不同的主体对思想政治理论课评价的目的和重点不同，导致对思想政治理论课评价的不同认识和理解。由于学生在课程评价中归根结底的作用，在思想政治理论课评价发展过程中，学生评价和对学生的评价成为课程评价的主要内容。同时，思想政治理论课是国家设立的体现社会主义大学本质特征的课程，因此教育主管部门和教学管理部门对课程建设状况的评价也得到重视。与此相对应，如何充分发挥思想政治理论课教师在课程评价中的作用，转变成促进课程建设的积极因素，形成多元主体评价机制则相对不足。

（四）思想政治理论课评价的标准相对模糊

思想政治理论课标准问题涉及用什么样的标准来衡量思想政治理论课建设的问题。在思想政治理论课评价的历史发展中，由于思想政治理论课评价标准难以具体和明确，在课程评价中也出现过一些偏差，如思想政治理论课"万能论"，把思想政治理论课的作用无限夸大，把学生思想品德方面的发展和进步都看成是思想政治理论课的结果，进而把思想政治理论课评价标准不断拔高。在评价中也存在思想政治理论课"无用论"，把学生思想品德发展看成是自然生成和日常养成的过程，思想品德无法"教"出来，成为削减和取消思想政治理论课的理由。上述思想政治理论课建设中的两种错误观念的出现，除了思想观念方面的问题外，思想政治理论课评价标准的模糊和缺乏也是重要的原因。

（五）思想政治理论课评价的方法相对简单

思想政治理论课评价方法涉及如何评价课程的问题。传统的思想政治理论课评价主要采取定性方法进行评价，改革开放以后，伴随着思想政治教育科学化的兴起和品德测评的广泛运用，量化评价方法在思想政治理论课评价中逐渐得到重视，但对于思想政治理论课评价这样多元复杂的现象，采取量化方式进行评价也存在诸多局限。当前，一种基于自然主义的质性评价方法逐渐被引入思想政治理论课评价中。质性评价具有从动态发展中评估思想政治理论课和促进思想政治理论课发展的优势，但也存在着主观性的偏差和大范围评价的劣势，因此在教育评价领域，把量化评价与质性评价结合起来的多元评价方法日益成为一种趋势。但在思想政治理论课评价领域，还比较缺乏严格意义的量化与质性结合的科学评价方法的运用，思想政治理论课评价方法的科学水平并不高。

（六）思想政治理论课评价的目的偏重总结性评价

根据课程评价的目的，课程评价可分为总结性评价（也称结果评价）和生成性评价（也称过程评价）。总结性评价偏重于对思想政治理论课建设质量和效果进行评价，其主要目的是衡量思想政治理论课建设程度和水平，主要用来比较不同学校思想政治理论课总体建设或各门思想政治理论课程建设状况；而生成性评价偏重于对思想政治理论课建设状况进行动态跟踪，其主要目的是帮助思想政治理论课建设发展。当然，这两种评价类型也不是绝对的，总结性评价也可以转化成生成性评价，生成性评价也可以作为一种评价结果。在思想政治理论课评价历史上，总结性评价受到充分重视，评价学生成绩、学生在学习过程中取得的进步、教学过程质量和水平、教学有效性以及课程建设状况等成为思想政治理论课评价的重点，而如何通过评价促进思想政治理论课自身建设，如何发挥教师的积极性、主动性、创造性，把评价作为生成性因素的过程评价则相对重视不够。

三、高校思想政治理论课教学评价改革策略

（一）创新评价理念

我们发现传统评价理念很难适应当下教育改革的发展和人才培养的需要。我们要深刻理解和把握新的评价理念，坚持创新发展。在考核评价中坚持评价理念观念创新，评价制度、评价方法创新，营造创新氛围，为培养高素质、创新型社会主义建设者和接班人服务。

1. 树立发展性评价理念

发展性评价是 20 世纪 80 年代发展起来的，从字面意思来理解就是促进发展的评价，评价是手段，发展是目的。树立发展性评价理念是促进我国高等教育由"应试教育"向"素质教育"转变的关键，并且为促进学生素质发展、终身发展提供重要保障。在思政学科领域树立发展性评价理念还能够促进思政课课堂教学发展、课程发展、思政课教师和学生自由全面发展，发展性评价理念的树立使得"以评促改"、"以评促建"和"以评促教"成为现实。

要树立发展性评价理念，我们首先应该对其有着清晰明确的认知，对发展性评价理念认知上存在的误区必须要消除。值得注意的是不少人对发展性评价理念

的认识不够清晰并存在一定的误区，把其与对近年来我国一直提倡的素质教育评价相混淆，简单认为二者是等同的。素质教育评价实质上是以素质发展（或者说是学生素质发展）为导向的教育评价，而发展性评价是人的主体发展为根本的教育评价，后者是比前者更高层次的评价活动。考核评价活动发挥的作用不仅仅像是一把"标尺"，更像是一把"戒尺"，鞭策督促师生双方不断进步，思政课课堂教学质量不断提高。所以，树立发展性评价理念自然要求我们重视对于课堂教学过程的评价，不单单是对教学效果的评价，评价后还要对评价结果实现充分利用，以达到发展的目的。发展性评价的出现改变了以往仅仅将评价视为选拔和甄别的手段，更多的是促进被评价对象的可持续发展。相当于说，我们要认识到考核评价对思政课课堂教学的各个方面，各个对象先做出价值判断是第一步的工作，做出价值判断是为了给后续促进师生双方和思政课的课堂教学发展提供依据。发展性评价理念也促进考核评价活动重心的转变，从以往的重视学生、教师以及教学情况的等级划分转变为重视三者的发展，由原来的重视管理变为现在的促进发展转变。通过发展性评价激发思政课教师教学热情和潜能，激发思政课教师的主体意识和创造性，全面提升其政治素质、业务素质和师德师风建设。发展性评价理念除了要求我们转变对考核评价目的的认识，还要求我们要掌握一些发展性的评价方法与手段。最后对于思政课课堂教学考核评价的结果要及时进行反馈，为下一步课堂教学的改进和完善提供决策基础。对于参与思政课教学各考核评价主体来说，更是应该摒弃落后陈旧的评价理念。

2. 树立协调性的评价理念

高校思政课课堂教学的考核评价工作涉及多个考核评价主体、多级教学管理部门并且要使用多种考核评价方法。由此可以看出，该项工作的开展有赖于多方共同配合协作才能有效完成。涉及多个主体、多个层级部门就势必会出现有"利益冲突"和"权力协调分配"的问题。只有树立协调性的评价理念才能够实现考核评价工作的高效开展，这要求我们做到以下三点。

一是评价主体之间的协调。我们之前提到要有多个主体参与高校思政课的课堂教学评价，由于各个主体的出发点、价值取向和利益需求存在一定的差异，所以各评价主体必须树立协调性的评价理念，协调好各评价主体之间的关系，各评价主体分工明确，各司其职。从多元全面的角度对思政课课堂教学进行评价，确保评价结果真实客观。除了各评价主体之间的协调，还要注意评价主体的评价客体之间的协调，双方要相互配合，协调配合以保证考核评价工作科学有序地开展。

二是考核评价对象之间的协调。高校思政课课堂教学考核评价涉及的思政课教师和学生也应该树立协调性的考核评价理念，客观上自觉配合考核评价工作的开展，主观上认同考核评价活动。如果考核评价对象对于考核评价活动产生正面积极支持的情绪态度，那么对于考核评价工作的顺利开展是有推动作用的。反之，则会起到阻碍作用。

三是评价方法之间的协调。我们应该注意各种评价手段、方法之间的相互协调与融合。我们要熟悉各种评价方法的优点及其局限性，适当的利用另外的评价方法进行补充和完善，但不是简单生硬的将其结合和拼凑，要对其进行充分考量与选择。

四是各个部门之间的协调。除了需要多个考核评价主体之间的协调配合，涉及思政课课堂教学考核评价的校院两级的部门之间也应该互相协同，有效开展考核评价工作。各部门必须树立协调性的评价理念，不相互推诿，自觉承担起责任，相互配合才能使高校思政课课堂教学的考核评价工作有序高效的开展，各部门还应该积极地进行协调与沟通，保持工作方向的高度一致，为提高思政课课堂教学质量和实效性提供强有力的支撑与保障。

（二）科学设定评价指标体系

高校思想政治理论课教学评价指标体系的科学化程度决定了评价活动的水平，因此。建立科学合理的评价指标体系成了教学评价的首要任务。高校思想政治理论课教学评价指标体系内在地包括了指标项目、权重集合和量化方法三个组成部分，三个部分相互联系、共同影响着教学评价指标体系的整体性功能。

1. 规定有效的指标项目

教学评价指标项目的制定必须与教育目的和教学目标保持一致。教学评价指标项目是高校思想政治教育目的的体现，是思想政治理论课教学目标的全面再现。如果教学评价指标项目游离在教育目标之外，教学评价将失去意义。因此，指标项目的设置应以学生的全面发展为基础，具有丰富的实践性和可行性，保证其内涵质量最优，注重定量评价与定性评价的结合，保证通过测量能够得出明确结论，使指标项目得到主体的广泛认可，具有切实的可行性。

2. 保证权重集合的信度和效度

权重集合代表着各指标项目之间的关系，体现了指标项目的系统性。指标项目是教学评价指标体系中必不可少的子系统，是各个项目相互作用的有机整体。作为一个整体，各指标项目的设置就要体现其结构性。评价指标要侧重于实际应用，以坚持从实际出发、收集第一手材料来确保权重集合行之有效。

3. 完善评价标准的制定

评价标准是衡量评价对象达到评价指标要求的尺度。对于高校思政课课堂教学来说，要衡量的不只是知识，还包括素质、教学规范、情感态度价值观等。

现在高校思政课课堂教学的考核评价标准一般由上级管理部门或专家进行制定，思政课教师和学生作为课堂教学的重要参与者，在制定评价标准时并未充分考虑思政课教师和学生的意见与想法，往往采用的是"自上而下"的制定模式。要完善评价标准应该使用"自上而下"和"自下而上"相结合的方法，这样既能体现管理者的要求，又能兼顾被考核评价者的意愿和想法。通过调查，了解到学生完全出于自己意愿参加评价的人数并不多，通过让学生参与考核评价标准制定有利于学生理解让其参加评价活动的目的，学会使用评价量表，明白各评价指标的内涵，这从一定程度上增加了学生参与评价活动的积极性。对于思政课教师而言也是如此，充分尊重一线思政课教师的意见，在心理上思政课教师更乐于配合、接纳考核评价工作的开展，利于思政课课堂教学考核评价工作的开展。

4. 采用科学的量化方法

量化方法必须体现高校思想政治理论课教学评价指标体系的应用范围，并与教学评价的目的相适应。但出于高校思想政治理论课教学的群体性，主体要尽量确保量化方法简单易行，并制定一部分具体指标作为监控参数，如出勤率、及格率等。

（三）完善评价指标体系

一定的标准是考核评价开展的前提，是判断一项工作开展情况的重要依据，高校思政课课堂教学评价也是一样。在构建和完善思政课课堂教学考核评价指标体系时要充分考虑个性化差异和发展，还要体现时代性和前沿性。考核评价质量很大程度上取决于是否有一个科学合理的考核评价指标体系，要坚持可测性、完备性、互斥性、简明性等原则。

（1）可测性。一般来说，具体定量的指标便于测量，抽象定性的指标难以测量。思政课课堂教学考核评价就涉及部分抽象的指标，但并不是说它抽象我们就无法测量，事实上抽象的目标可以通过层层分解最终以具体可测的指标作为呈现。一般在思政课的课堂教学考核评价指标体系中，一级指标相对抽象，而后逐级进行分解细化，最后就会变得越来越具体，末级指标最具体。

（2）完备性。在对高校思政课课堂教学进行考核评价指标体系设计时，要能够全面覆盖到课堂教学的每一个要素，要能够展现课堂教学的整体过程，还要能够反映课堂教学质量，此外对于学生的反馈和需求要有所体现。上一级指标与其下一级指标必须相互对应，且下一级指标对上一级指标进行分解细化时不能够有所遗漏或是偏差，否则会影响考核评价结果的真实性和权威性。

（3）互斥性。在考核评价指标体系中的各指标应该相互独立，且不交叉重叠，各指标之间相互排斥。在平行的同一级的指标设计时，不能有同一关系、交叉关系、因果关系、矛盾关系，必须是并列关系。如果同级指标之间存在交叉关系或是同一关系，那么会导致评价要么出现"空白区"，要么出现"交叉重叠区"；如果同级指标具有因果关系或是矛盾关系，那么会导致人们思维混乱，考核评价工作难以开展。所以，同一层级的互斥性和上下层级的同质性是保证思政课课堂教学考核评价指标体系的科学和完备。

（4）简明性。作为一种考核评价的工具，该考核评价体系设计时必须考虑使用者是否易于操作。各项指标的内涵要清晰明了，指标层级要合理清晰，指标的概括表达要精练明确，定量的指标要方便计量，定性的指标要精练准确。太过复杂烦琐的考核评价指标体系让人"望而生畏"，简洁明了便于操作且实用性强的考核评价指标体系才能保障考核评价工作的科学开展。

（四）构建多元化评价主体，采用多样化评价方式

1. 采用多样化的评价方式

评价方法的选用在一定程度上彰显了评价理念，单一的评价方式难以全面反映出思政课课堂教学的结果。为全面掌握思政课课堂教学的整体情况，客观、准确、全面地采集思政课课堂教学质量数据，必须实现多种评价方式的有效融合，为思政课课堂教学评价提供工具。20世纪八十年代的考核评价活动有着非常浓厚的经验主义色彩，一般采取的课堂教学评价的方式就是"听课评课"，从考核评价主体的经验出发，结合使用评价量表对课堂教学做出考核评价。随着西方量化分析技术的引进，量化评价逐渐成为课堂教学评价的主流方式。21世纪以后，我国课堂教学评价方式趋向多元化。

（1）质性评价与量化评价相结合。质性评价方法评价关注对"质"的评价，主要是拥有丰富经验的专家或教师不采用数学的方法，通过观察分析对思政课课堂教学某些内容直接做出价值判断，比如直接评定等级或者打出分数。不难发现定性评价虽然关注"质"的发展，尊重个性，但是也存在评价结果模糊、评价标准界限模糊、主观性较强等缺点。量化评价方法简单来说就是用数值来体现思政课课堂教学的各个方面，运用具体的数值对课堂教学进行描述和表现。其具有客观、标准、精确、简明等优点，但对于考核评价高校思政课课堂教学来说其局限性表现在难以对学生的情感、态度、价值观等方面做出准确的判断和评价，在一定程度上忽视了学生的个性发展，且标准单一，与多元智能评价理论的理念相悖，将复杂的抽象的内容通过数值简单的表现。

（2）自我评价与他人评价相结合。一方面，不管对于思政课教师还是对于学生来说以往大多都是采用单方面的他人评价。教师单方面的对学生的学习情况做出评价，但其实学生对于自身的观察也是不容忽视的。除了学生对自身的观察评价，还可以采用小组评分的方式来对其进行考核评价。另一方面，对思政课教师的评价以往也更多采用的是单方面的他人评价，对教师进行评价的主体包括学生、同行教师及教学督导，虽然并不是单一的评价主体，但是对于思政课教师自身的评价使用较少。高校思政课教师大多是拥有较高考核评价能力和素质的，其对于自身教学的剖析也可以作为一个重要补充。

所以，对于考核评价方法来说，一方面我们要积极创新，另一方面我们要将各类方法进行有效的结合。此外还存在某些创新方式方法虽然创新度高，但不贴合实际无法有效解决实际问题的现象。所以在创新相关评价方式方法时必须充分考虑思政课课堂教学的特点，还要兼顾不同评价主体的特性，让评价方法能更好地为评价主体所用。当然这并不是全盘否定以往评价方式方法，其也有一定的合理性和促进作用。

2. 建立多维教育评价体系

从教学内容出发，将知识评价与价值评价相结合；从教学方法出发，将内在评价与外在评价相结合；从教育理念出发，将现实评价与潜在评价相结合。

（1）知识评价与价值评价相结合

①高校思想政治教育存在其知识属性。通过课堂教学，能够使学生掌握党和国家的指导思想和基本规范。对高校思想政治理论课进行教学评价首先要注重对高校学生掌握和理解知识的程度进行考试和考查，以考试和考查的各项结果为依据展开评价。这是对课堂教学的知识性评价。

②高校思想政治理论课的教学任务不仅在于向受教育者传授理论知识。培养受教育者解决问题的能力，而且还在于引导受教育者将所学知识内化为价值观念和行为准则。这是高校思想政治教育的价值属性，评价高校思想政治理论课的教学实效，必须以学生政治方向的科学性程度和价值取向的合理性程度为依据。

高校思想政治理论课教学的知识评价和价值评价是以教学内容为基础而展开的。当知识评价与价值评价都能得出合理的结果，则可认为实现了成功的课堂教学。坚持知识评价和价值评价的有机统一，就是坚持了马克思主义关于成功所要坚持的真理原则与价值原则的统一。

（2）内在评价与外在评价相结合

一方面，高校思想政治教育的教育主体是具有能动性的人，教育者会自觉针对教育结果进行内在评价，也就是自我评价。自我评价的特殊性在于评价主体是教育者本身，自我评价的标准通常是教育者对于教学效果的预估和课堂教学取得的实际效果之间差异。内在评价有助于教师及时调整教学方法，实现教师的自我发展。

另一方面，仅仅依靠教有者内在的自我评价而进行的教学反思是不全面的，改进教育手段和教学方法需要借助外在评价的辅助作用。外在评价包括高校学生对教师的评价、教师之间的相互评价和高校进行的各种教学评比活动等。外在的评价结果能够客观地反映教育过程中存在的问题，激发教育者的团队合作意识和良性竞争意识，全面提升教育者的教学水平。

（3）现实评价与潜在评价相结合

一方面，高校思想政治教育具有现实价值，包括知识体系的真理性、教育环境的客观性和教学方法的针对性，综合运用有效的现实要素能使高校思想政治教育更好地为当下服务。现实评价是衡量高校思想政治教育现实价值的重要标准，完善高校思想政治理论课教学的现实评价能够及时反映现实问题，切实提高教育效果。

另一方面，高校思想政治教育还会对受教育者产生间接影响，这种影响并不直接体现在受教育者的外显行为，而是发挥自身的"后劲"。伴随着受教育者持续发展，这就是高校思想政治教育的潜在价值。从长远计，高校思想政治教育不仅要着力于现实价值，更要注重实现其潜在价值。

3. 评价主体——"四位一体"

马尔凯塞一再强调："评价不只是收集数据。为了进行评价工作，教育者必须明确他们收集信息的目的。数据收集后，教育者必须研究并使用这些结果，从而能够改善教育活动。"[1] 对于高校思政课课堂教学考核评价收集的这些数据，它是有多个来源的，这些来源包括学生、同行教师、教学督导及思政课教师自身。为什么要确定这四类人作为高校思政课课堂教学评价的主体呢？主要有以下几个原因。第一，这是全面考核评价高校思政课课堂教学的必然要求。要使考核评价工

---

[1] 李青，卢坤建等，"四位一体"三结合精准开展课堂教学评价的探索与实践[J].中国职业技术教育，2019（17）：60.

作开展和考核评价体系构建相对全面，这就要求我们从多个角度出发，所以要确立多元的考核评价主体。不同的考核评价主体其关注点和立场存在差异，其利益诉求也是有差异的。第二，为什么是这四类群体呢？首先，无论是在思政课课堂教学活动中还是考核评价活动中学生的地位都尤为重要。学生在接受"教育服务"时是最能真实感受到该"服务"是否满足了"我"的需求的。思政课教师则作为思政课课堂教学活动的组织者和实施者，可以直接感受观察到学生的课堂反应和课堂表现，这是判断教师教学活动开展是否有效的一项重要表现。此外，教师作为拥有丰富教学技能和经验的教学实施者，他具备自我省察和自我反思的能力，对其自身课堂教学中出现的问题和原因更加了解。其次，同行教师熟悉思政课课堂教学的各个环节和一般规律，也熟悉学生思想品德发展规律，作为本专业领域的专家在评价活动中也发挥着不可替代的作用。再次，教学督导是思政课课堂教学考核评价主体的一个重要补充和参考。他们处于一个较为中立、公平的位置。这是因为其并不是高校思政课课堂教学的评价结果产生的利益相关者，所以在进行考核评价时会相对客观一些。那为什么不将校外第三方机构纳入考核评价主体中来呢？作者认为主要是因为校外第三方机构虽然可以作为高校教育教学质量监督和评价的重要主体，但是对于具体的课堂教学来说，它对思政课课堂教学一般规律掌握程度不够，另外其监督作用在具体的思政课课堂教学中并不能得到最大限度地发挥。再者以上四类主体已经可以相互补充，不必要进行重复的工作。

（1）以学生和教师评价为主。学生对思政课课堂教学的评价主要是从学习者的角度出发的，他们是课堂教学的直接参与者，评价内容包括教师的"教"与自己的"学"两个主要方面。对于学生来说，首先应该端正参与考核评价的态度，其次，要明确知道考核评价的目的是什么。再次，要能够熟练使用各种考核评价方法。最后，对于考核评价过程中存在的问题要能够积极反应和提出相应的建议和意见。对于学生来说，其考核评价的对象包括思政课教师、其他同学及自身。通过对学生的问卷调查、座谈等方式，可以比较客观地反映出教师的教育教学水平和能力，也能够了解教师在职业道德、个人品德、教学能力等方面的表现。针对上述情况我们要培养学生的评价能力，提高学生评价素养，并且要对学生进行相关的培训。思政课教师从教育者的角度出发，对于思政课课堂教学的评价不仅涉及自身教学行为的审视，也涉及对学生学习各方面情况的观察和判断，评价范畴包括教学过程和教学效果。思政课教师拥有丰富理论知识和教学技能的重要主体，对于其自身的教学实施的评价的认识更加深刻，有能力做出较为客观公正的评价。当然不可避免有少数教师在评价时会出现不够客观公正的现象，要加强对思政课教师课堂教学评价的引导和规范。此外，教师在对自身课堂教学各方面进行评价时，主要落脚点在于自我改进，进行自我评价的内容主要是"评价标准的认知"和"课堂教学行为的反思"。

（2）以同行教师为辅助。每个学科都有其较强的专业性和特点，不同学科不能使用同一套课堂教学评价，必须根据学科特点来确定考核评价标准。同行教师对于思政学科的教学目标、教学内容、教材都比较熟悉，还有部分教师一直致力于本学科的研究，对于思政学科领域前沿问题掌握比较透彻，能够对于思政课教师提高自身教学能力提出宝贵的意见，促进思政课教师专业能力的提升。此外，在课后双方可以及时进行沟通交流，定期举行同行教师交流经验学习会。一般来说，同行教师与思政课教师基本上是同一学院的教师，双方是同事，甚至有可能是朋友，那这就要求同行教师拥有较高的考核评价素质，摒除人际关系干扰从而做出客观评价。此外，在考核评价中同行教师大多拥有丰富的从教经验，辩证看待这有好也有坏，好处在于其能够准确发现上课教师存在的问题，坏处在于会受到经验主义的束缚，对于新的考核评价理念和标准的考虑不够。

（3）以教学督导评价为补充。教学督导其实是从管理角度出发的评价主体。教学督导从管理角度出发，与其他三类考核评价主体的出发点存在较大差异。校外教学督导则可以分为同级高校的教学督导以及更高层级的教学督导（如省级或是国家级）。校内校院两级的教学督导更加清楚了解学校思政课课堂教学的实际情况，校外教学督导更加客观公正，二者各有其优势。一般来说教学督导有较强的可靠性，但是也存在覆盖面小的问题。无论是校内还是校外的教学督导，每个学期并不会大规模、多频次的对思政课教师的课堂教学展开听评课，听课次数有限，并未实现常态化听评课。但值得肯定的是教育教学督导都是拥有丰富教学经验的专家，将其作为思政课课堂教学考核评价的重要主体是对考核评价工作的重要补充。督导评教作为一个重要的参考，可以帮助思政课教师发现问题。总而言之，教育教学督导具备丰富的教学经验，拥有较高的思想品德素质，为教师的教学提出合理化建议，以提高教师的业务水平，更好地促进学校发展。在我国部分高校督导还分为专职教学督导与兼职教学督导，其工作的重心也有所不同，应该分工明确、职责划分清晰。专职教学督导一般人数较少，可以将重心放在新聘用教师、以往教学评价分数较低学生反映问题较多的教师身上。兼职教学督导人数相较专职教学督导人数多，其工作重心可以放在普通思政课教师和外聘教师身上。这样既分工明确又能避免重复评价，对于各类思政课教师都能全面覆盖，这样可以达到优化思政课课堂教学评价的目的。

（五）充分运用考核评价结果

健全的评价指标体系和多维的教学评价方法能够为教育者带来有效的教学评价结果，科学合理的教学评价结果能够良好地发挥其导向、调控和激发功能。主导教学活动的实质倾向，使教学活动的重点问题显而易见。鼓励教育者对课堂教学的评价进行评价，从而完善评价体系建设，推动教学活动进一步发展。评价的目的不是简单的对考核评价对象做出等级分类，最终目的是要促进教与学各方面的提高和发展。缺少反馈环节的考核评价活动是不完整的，并且其考核评价作用的发挥有一大部分会被抑制，难以促进整个考核评价活动的有效循环。对于考核评价结果的反馈一般用于管理考核以及为下一步工作调整改进提供重要依据。

从教育学强化学习理论来说，及时的结果反馈对于思政课教师和学生来说会形成较强的刺激反应，时间越长效果越不明显，这需要学校教学管理相关部门的有效配合。健全的反馈机制是沟通评价者和被评价者之间的桥梁，对于思政课课堂教学考核评价结果我们要严肃对待，还要明确其用途和适用范围。最后，将考核评价结果反馈到学生和教师所在学院，便于相关学院对今后的课堂教学工作提供决策与指导。在进行结果反馈时，针对不同考核评价主体的特点，我们要灵活采取不同的方式方法。学生对于教师的评价可以采取集中反馈的方式，通过网络评价后统一由教务部门进行统计后再反馈给思政课教师。对于同行教师和教学督导来说就可以采取课后及时沟通反馈，并且提出建设性意见的方式来进行反馈沟通。同行教师之间每个学期还可以定时召开课堂教学研讨交流会，交流各自的经验，提出意见。对于评价结果良好的思政课教师可以组织其进行交流研讨会，分享经验。对于得分较低不理想的教师，要帮助其找到问题所在，制定相应的改进计划，以改进其今后的课堂教学。除此之外，要收集在开展教学评价中存在的问题，针对评价中存在的问题加以整改，从而让思政课课堂教学评价工作得到进一步完善，真正发挥教学评价活动的作用。

从具体上来讲，可以从以下几个方面出发。

（1）主导教学活动实质性倾向

新时期的高校思想政治理论课教学评价要以国内外环境为背景，以教育目的和教学目标为基础，以提高教学质量为目的展开。基于指标项目的科学性和量化方法的合理性，教学评价的结果带有客观性和公正性。高校思想政治理论课的教学评价结果能够为教育者的发展提供参照坐标，通过分析评价结果，引导教师提升教学技能、改革教学方法、优化教学过程，发挥教学评价的导向功能，教学评价才具有现实意义。

（2）突出教学过程的重点问题

基于权责系统的信度与效度，教育评价活动得以既全面又侧重地开展，这使得教育评价的结果既具有全面性，又具有针对性。坚持在全面了解的基础上突出重点问题，就是坚持辩证唯物主义矛盾分析方法。教育者通过对高校思想政治理论课教学评价的结果进行数据化统计与分析，能够得出教学过程中存在的普遍问题与核心问题。并集中力量加以解决。

（3）激发课堂教学元评价意识

对高校思想政治理论课进行教学评价，目的在于更有效地开展教学活动。但是，教学活动是一个动态发展的过程。教学评价的指标体系和方法体系也要紧跟教学活动的发展。一旦教学评价指标体系和方法体系滞后于教学活动发展现状，评价活动将不再合理恰当，就会产生一系列负面效应。这些现象从对教学评价结果的分析中就可以得出。理性分析教学评价结果，能够引导教育者对教学评价的质量加以评价，即元评价。教育主体具备较强的元评价能力，有助于及时调整教育评价指标体系和方法体系，减少由于评价指标和方法不当带来认知上的偏差。

第七章　新常态高校思想理论课教学模式改革

本章节内容为新常态高校思想理论课教学模式改革，对于高校思想政治理论课教学模式的内涵及理论基础、高校思想政治理论课教学模式的现状分析、高校思想政治理论课教学模式改革的指导思想和基本原则、高校思想政治理论课教学模式改革的实践探索四方面进行了论述。

第一节　高校思想政治理论课教学模式的内涵及理论基础

一、教学模式的内涵

虽然随着教学实践的不断推进，而且由于时代背景和地域文化等因素的影响，形成了各种各样的教学模式，但是从教学模式的构成因素上来说，教学模式一旦形成就有了一些共同的特点。

（1）指向性

任何一种教学模式都是教师围绕着一定的教学目标设计的，都有自己明确的教学任务，而且有自己独特的实施条件和范围，反映了教学活动的具体规律，因此不存在普适性的教学模式，更不能以好坏来评价任何一种教学模式。只要在教学活动中选择和运用得当，能有效地解决问题，任何一种教学模式都是好的。

（2）整体性

作为教学理念和教学实践的统一，任何一种教学模式都是以一定的教学目标为主线，包括了一整套完整的教学结构、运行条件和操作程序，在这些因素的共同作用下，它们通过某种固定的方式形成了一个有机的整体。在教学活动中，教师必须按照这个完整的教学程序进行，否则就会影响教学效果。

（3）操作性

作为一种具体化、操作化的教学思想或教学理论，教学模式产生于教学实践，是对抽象理论的具体化，也是对教学实践活动的概括化，但又可以指导教学实践，它规定了教师的教学行为和教学程序，一目了然，很容易操作，也很容易被模仿、掌握，但是不能因此而模式化。

二、教学模式的理论基础

（一）人本主义学习理论

人本主义的心理学理论诞生于二十世纪五六十年代的美国，而马斯洛的基本主张经过延伸之后就形成了人本主义的学习理论。马斯洛、罗杰斯等学者提出的人本主义学习理论重在研究如何创设良好的学习环境、营造浓厚的氛围，以供学习者从自身角度出发，思考与探究问题、感知外界，提升自我理解，最终达到自我实现的最高境界。人本主义的学习理论主张从学习的基本理论入手，主张学生以喜欢的知识入手进行学习，不主张教师对学生的教导知识的灌输。在人本主义学习理论中，罗杰斯的学生中心理论是比较出名的，他主张自由的学习原则，让教师安排好学生的活动之后，剩下的就由学生自己在这个活动的范围之内自由地选择自己所需要的学科进行学习，从而让学生自己发现知识，探索其中的奥秘，教师只负责辅助指导。只有学生自己主动的学习，并发自内心的去探索其中的知识的时候，才能够使学习的效果达到比较良好的成效，而一个合格的教师应该尊重学生的这种学习成果，并且设身处地的从学生的角度出发，理解学生的各种不同的见解，并最大程度的发挥他们的潜能，从而与学生和谐相处。这样的学习环境能够使得学生的精神放松，更容易潜心到学习中进行学术的研究。所以从人本主义的学习理论出发，教师的主要任务不是传授知识，而是与学生建立一种和谐的关系，为学生创造一种良好的学习氛围和安全的学习环境，从而促使学生能够进行自我指导和自我学习。同时人本主义学习理论还主张学生自己对自己的学习结果进行评价，从而不断地进步，不断的养成自我独立思考和不断创造的习惯。

总之，教育的目的是让学习者能够顺应社会的发展和变化，学生有意义的学习不仅是知识层面的增加，还需要将所学知识融入自己的行为和意识之中，切身感受和了解这个世界，加深对世界的认识，达到自我实现的最高目标。因此，教师要密切关注学生在课堂中的具体表现，扮演好教学引路人的角色。在实际课堂中，教师可以充分借助情境素材来展开相应的教学活动，打开学生智慧的大门，引导学生从学科角度来寻求新问题的解决办法，进而使其学习潜能被激发，思维

第七章 新常态高校思想理论课教学模式改革

能力和化学学科素养得到提高。

(二) 移动学习理论

随着移动通信技术的不断革新、互联网的发展以及人们对学习理念的维新，使移动学习这一新型学习形式逐渐进入人们的视野。研究者们对移动学习的定义都有着自己独到的见解，一直没有统一的界定，但都认为移动设备和应用软件对移动学习起着至关重要的作用，学习者如果想有效率的进行移动学习，需要移动设备具备所需的功能，要实现师生双向交流，不仅需要互联网技术的支持，还需要关注人机交互性。

随着一系列研究项目的开展和移动学习研究者们的不断深入探索，使得移动学习理论更加丰富。在教育领域中，传统教育的弊端也逐渐显露出来，无法满足现代人对于教育的需求，只是将传统的教学资源转变为移动学习资源，也不过是换汤不换药，无法发挥移动学习的优势。因此，研究者们意识到移动学习所需的"技术"和"学习资源"都非常重要，所以设计开发适用于移动学习的平台和筛选优质的学习资源都是至关重要的，只有这样学生才能提高学习效率。

移动学习的灵活性、交互性和多样性等特点在"信息技术"微信小程序应用过程中得到充分体现。学习者可以使用不同的多媒体设备随时随地以任何方式进行碎片化学习，在学习过程中可以人机交互和人与人的交互，获取丰富的学习资源，遵循教师的指导或找到适合自己的学习方式。

(三) 建构主义学习理论

建构主义理论出现于 1900 年以后，但相关理论直至六十多年后才被瑞士学者皮亚杰提出，后经过大量学者的研究，得到了不断地丰富和完善。皮亚杰在《发生认识理论》一书中提到了建构主义，他认为儿童的认知在发展过程中要经历"同化"和"顺应"两个环节，其中"同化"主要是指新出现的事物与儿童原有认知的差别较小，儿童自主将新旧知识进行整合的过程，而"顺应"主要指新出现的事物用儿童原有认知无法解释或者新旧两种知识无法融合时，需要儿童将原有的知识体系进行重构、升华和优化的过程。其实学习的过程也正是"同化"与"顺应"二者相互迭代、相互转移的过程，因此在教学过程中，要恰当利用学生已有知识，构建合适的教学情境，让新旧知识彼此呼应，这样个体就可以在"同化"和"顺应"的共同作用下建立新的知识结构体系，进而让认知层级从低水平向高水平发展。

继皮亚杰之后，维果斯基指出社会文化历史背景在学习者知识的建构过程中扮演了重要的角色，并创建了"文化—历史"的相关理论。同时他强调周围环境对未成年个体的认知结构也会产生重大影响，这些个体在与他人的交往中对世界的认识、自身的思维能力均会得到发展。上述所谓的周围环境也就是各类真实情境，在这些情境的刺激感染下，未成年个体获得新的知识和经验。综上所述，建构主义学习理论是情境教学不可或缺的理论支撑，作为教师应该注重利用情境的创设来激发学生学习兴趣，促使学生主动建构有价值的知识结构体系。

建构主义学习理论认为，知识不是单纯地靠感官的交流就能够获取的，而是通过学习主体对知识的认知中不断的反省来主动建构起来的。也就是说例如"数学知识不可能以实体的方式存在于个体之间"一样，如果学习者想要真正的掌握一门知识的话，必须要通过自己之前建构起来的学习经验和知识积累才能够不断地学习知识。建构主义学习理论的学习观念就是强调学生是学习的主体，而学生只有主动的学习才能够获得知识的积累，教师在这个主体学习的过程中，担任的是提供学习资源、学习环境、学习资料、学习经验的任务，并且从学生的学习过程中观察学生的学习动向和对学习的辨认、规划等活动，从而协助学生完成知识的学习的过程。因此建构主义的教学过程可以通过五个方面来完成：第一是创设情境；第二是确定问题；第三是自主学习；第四是协作学习；第五是效果评价。教师通过这一系列的教学过程，帮助学生学习知识的建构。

建构主义的学习理论比较适用于现阶段的新课改的教学要求，主要以学生为学习中心，不断地让学生在学习中发挥其主观能动性，让学生有更多的机会接触在不同的情境中去应用他们所学到的知识，并且通过反馈回来的信息，形成对客观事物的评价，并解决自己在学习过程中所遇到的问题，最后得出学习的结果。同时，建构主义学习理论还对意义建构有着重要的作用，建构主义当中的情境可以帮助学生利用自己已有的知识结构和经验，对当前所学习的知识进行新的认识和学习，从而达到新知识的意义建构。

（四）情境认知学习理论

情境认知学习理论认为知识是学习者认识和改变社会、自然的有力工具，并在认识改变的过程中得到不断地发展和完善。换而言之，学习的实质是学习者与所处环境、其他个体相互感染的最终结果。学习者是学习活动的主体，在学习过程中要积极参与知识的构建，这样才能更好地掌握知识并运用知识。该理论还指出知识处在一定的情境当中才有价值和意义，如果脱离了情境，知识仅仅是死板的概念、表现客观世界的事实。其次，知识本身就是一种工具，新知识需要学习者在已有认知基础上进行思考、加工而获得。基于情境认知理论,可以看出:学习就是学习者在原有认知基础上,通过一定的教学情境积极主动参与知识的构建的过程。

(五)最近发展区理论

在苏联,心理学家维果茨基最早开始对最近发展区理论展开了相应的研究,他认为每个学生在发展过程中都存在"现有水平"和"潜在水平"。其中,前者是指学生目前具备的认知水平,并能够根据已有认知解决一些实际问题,后者是指学生需要在其他人的帮助下才能达到的较高层次水平,学生现有认知水平与潜在的高层次认知水平的差异就是最近发展区。由于学生"潜在水平"需要借助外力才能实现,因此在教学活动中,教师要选择合适的教学方式让学生通过最近发展区,达到潜在水平。而情境正是将学生已有水平激发到潜在水平的这座很好的桥梁,但关键是教师创设情境时一定要考虑到情境的"适合性",所谓"适合性"就是指:创设的教学情境蕴含的知识难度适中,既不让学生骄傲自满,又不让学生灰心丧气,最好是既合理又富有挑战性,让学生跳一跳就能有一定成就感,这样才能既达成教学目标,又调动学生的学习热情,该理论也为本课题情境创设提供了理论基础。

(六)社会认知学习理论

社会认知学习理论认为学生在整个的学习过程中都是一个积极参与、主动发现的主体。在这个过程中,学生改变了以往被动接受知识的情况,让学校为学生创造良好的学习氛围的同时,给学生一个全新的学习环境,从而让学生能够有选择性的学习自己所想学习的知识,重新对所学内容进行建构,并融入自己的知识结构中,加强对知识的实践运用,从而帮助学生全面的发展,促进学生知识结构的丰富和掌握。

第二节 高校思想政治理论课教学模式的现状分析

一、重形式,轻内容

在表面与本质、内容与形式相互作用的联系中,总体而言,内容决定形式,也就是有什么样的本质就表现出相应的形式,而属于怎样的本质,也就决定了其展现的外在表现，因此，只有了解并掌握思想政治理论课的精神实质和具体内容，才能更深入地掌握其具体内容和表现形式的特点和规律。高校思想政治理论课是具有根本性和系统化的教学途径，思想政治理论课设立应遵循教学规律，从内容和本质层面认真钻研，但因为对思想政治理论课教学规律分析和了解不足，部分高校中有着形式化和偏向表面教学的思想政治课堂的现象。形式化是用形式来要求内容，也就是按照形式和表面来体现课堂教学的内容、来说明课堂理论的本质倾向，高校思想政治理论课偏向于形式主义也是形式化和表面化的一种表现。部分高校并没有重视思想政治教育理论课，也没有运用合适的新型教学模式，导致教学水平跟不上时代的发展，甚至出现忽略学生思想道德水平培养的情况。

由于思想政治理论课是所有高校的公共必修课程，在这项重大思想任务执行过程中，也存在着一些形式化和片面的局面，这些现象虽然只是少数，但如果不加以全面分析和改善，也会影响到整体思想政治课建设，影响高校大学生思想政治教育教学的效果。目前，部分高校思想政治理论课教学倾向于注重课堂教学表面的形式，从而忽视了师生间的沟通和互动，课堂枯燥乏味，这种注重内容的单向灌输，这是一种不合理的教学模式。我们不能忽略在实际教学过程中学生参与的程度和主动性欠缺的问题，因此，高校需要改进思想政治理论课教学模式，合理利用现代多媒体信息技术，增加课堂互动，提升思想政治理论课教学的亲和力和针对性，避免出现思想政治理论课的形式化、表面化。

面对不同层次的学生群体、面对多元化的社会文化环境，选择单一的思想政治理论课教学模式，不仅不能顺应思想政治理论课程建设的需求，同时也容易出现教学过程的形式化、表面化。因此，思想政治理论教学要防范和制止形式化、表面教学的现象，应激励在理论课程教学中选择多种的教学模式。

二、重教学，轻实践

传统的思想政治理论课教学课堂，教师过于重视理论教学，不能根据教学的重难点开展教学实践，不以问题为导向，会导致理论与实践相分离。学生无法将课堂上学习的内容真正运用到实践中，不能有效地解决实际生活中面临的问题和困难，就会影响思政课课堂的质量，降低思政课教学的实效性。

在经济全球化深入推进以及新媒体技术不断发展和普及的新形势下，高校思政课的实际课堂教学所依赖的外在环境越来越活跃，教师应该将理论与实践相结合，不断探索高校新的实践新型的教学模式。目前，一些高校的教师在课堂上倾向于对理论知识的讲授，在课堂教学中使理论知识更深奥、复杂，而没有深入的探究将理论与实践相结合，导致许多高校的学生理论与实践脱节的情况。有的学生在高校即使专业成绩非常优秀，但没有树立正确的道德观，就不能为社会发展做贡献，也无法满足社会的需求。

高校思想政治教育课堂教学应探寻新的教学模式，既保证课堂教学效果，又注重学生的实践效果，充分调动大学生参与课堂的积极性、主动性。没有教育对象对国家和社会要求的内容接受认同，教育目标的达成就失去了基础，教育功能或教育价值的实现就成为空话。因此，真正有意义的思政课，不仅是取决于教授给学生理论知识，更重要的是能够让学生将所学理论知识转化为剖析问题、处理问题的实力。理论指导实践，教师指导学生将所学理论投入到实际生活中，同时，也要重视从亲身实践中获得的反馈，以巩固课堂所学知识，将所学真正运用到实际生活中。思想政治理论课具有很强的实践性，思想政治理论课教学中的遇到的问题，最终都必须能够在实践中合理运用，这展现了思想政治理论课教材内容的本质。积极发展社会实践教学，改革并创新教学模式，促进理论与实践的相结合，作为新形势下提高思想政治理论课程教学质量的重要职责。

三、重考查，轻考试

尽管近些年来高校思想政治理论课的考试形式也在不断翻新，即便是属于主观题的论述和分析类型，同时，其考查的内容还是难以脱离以知识考核为主的模式。

目前，各高校对于思想政治理论课考试的科学有效评价应该要突破知行分离的局限，从设置评价主体到研判评价结果都要做到公开透明。在思政课考核需要我们设置严谨思政课考试体系，才能对思政课考试的教学效果做出科学的评价。因此，考试是一种严格的学习情况审核方法，高校思政课的考试要检查大学生对教材内容和理论的学习和理解程度，以便更好地制定教学计划。除此之外，思政理论课的考试还有必要测试学生能力进步，更要考核学生的价值观念，政治观点，尤其是对国家意识形态的认可度，对国家政策的理解支持度。因此，单方面的考查学生对马克思主义理论知识的记忆和理解的考试方法，不适合思想政治理论课教学。

第三节　高校思想政治理论课教学模式改革的指导思想和基本原则

一、高校思想政治理论课教学模式改革的指导思想

（一）坚持党的领导

在高校思政课教学模式改革中要坚持党的领导为指导思想，这关系到高校思政课教学模式改革的政治方向。当前各高校实行的都是党委领导下的校长负责制，校长要为党委领导提供充分的保障，形成集体领导、党政合作的高校思政课教学模式改革的格局，把思政课教学质量与效果的提升作为高校党建的重要组成部分，确保各部门互相合作，形成各部门齐抓共管、各部门各负其责的工作机制，共同做好高校思政课教学及其教学模式改革工作，切实提高教学质量与效果。

（二）坚持德育为先

高校思政课培养的人才不仅仅是获得知识和技能，更重要的是要培养学生树立正确的价值观念，促进学生保持健康的心理，健全学生的人格，强化学生的道德规范，培养学生养成良好的生活习惯和保持良好的精神状态，促进学生的全面发展。而这需要不断改变过去传统的教学模式，积极加强高校思政课教学模式改革，坚持立德树人、以德为先的教育导向，提高教学的针对性和实效性。

（三）坚持理论联系实际

高校思政课教学是通过影响大学生的思想而起作用的。人的思想总是在一定的思想、理论的影响下变化发展的，先进的思想、科学的理论一旦没有影响到人的思想，落后的思想、非科学的理论就会对人的思想产生影响，甚至会占据人的头脑。因此，系统地讲授理论，向大学生灌输先进的思想和科学的理论是十分必要的，这有利于提高大学生的认知水平和认识能力，部分地实现教学目标。但是高校思政课不仅仅是为了向学生传授知识和先进的思想，更重要的是要提高大学生运用理论知识的能力，培养他们的问题意识，提高他们正确处理问题和认识社会的能力，实现从教材体系向行为体系的转变。

（四）坚持与时俱进

高校思政课教学要顺应和反映时代发展的趋势，因事而化、因时而进、因势

而新。与时俱进不仅要求我们要洞察时代的变化，而且还要深刻地认识历史发展的趋势，要顺时因势而变化。互联网的高度普及使各行业知识、技能的更新速度得到了极大提升，即便是在思政教育领域，各种教学方法、教育信息技术、教育理念也会随着教育事业的不断发展而不断更新。高校在对思政教学模式的创新中，必须遵循"与时俱进"的基本原则，采取教学改革策略，结合思政教育教学理念、方法、技术手段，对思政教学模式进行不断调整，使其能够始终保持在最为合适的状态，为思政教学工作提供最大的帮助。

二、高校思想政治理论教学模式改革的基本原则

（一）整体性

高校思政课教学模式改革不能单纯依靠思政课教学部门或者单个教师来独立完成，还需要与其他部门和其他教师互相配合，形成强大的合力。而且，高校思政课每门课程从学科知识体系上看都是相对完整的、自成一体的教学体系，但是它们都服从于同一教学目标，在教学内容上都有着相同的精神实质和理论内涵，要整合利用各种教学资源，包括学校内和学校外的资源，实现优势互补，便于组织操作，即使没有所需的教学资源，也要根据现有的教学资源，采取灵活多样的方式，在教学方法上可以从整体性出发，采取相同的或者相似的教学模式。

（二）主体间性

主体间性原则不同于主体性原则，主体性原则强调以学生为中心，或者强调以教师为中心，把学生或者教师作为高校思政课教学活动的唯一主体。主体间性原则强调教师与学生之间的相互尊重，给予了学生参与教学、充分展示自己的机会，促进了他们人格的健康发展。实践证明，教学只有在民主和谐的氛围中进行，才能取得更好的效果，反之，就会抑制学生的个性，他们的主动性和积极性就会受到限制，学生各方面的综合能力也就不能得到完全自由的发展，教学的效果和质量就会大打折扣。因此，在思政课教学模式创新中要坚持主体间性。一方面，要坚持教师与学生双主体的主体性。这就要求改变过去传统的灌输式教学模式中以教师为中心的主体性教育，要肯定大学生在思想政治理论课教学中的主体地位，让大学生真正成为教学的主动参与者；变"要我学"为"我要学"。

（三）实践性

教师的教学活动是以掌握科学理论、熟悉教材内容、了解教学对象等为基本

前提的，可以说，在教师整个教学过程中的每一个教学环节都包含着一系列的社会实践活动，这些实践活动作为思政课教学活动的有机组成部分，都是围绕促进学生思想道德素质的提高这一实践活动而展开服务的，因此，思政课教师的教学活动是实践活动。所以，要提高高校思政课教学针对性和吸引力，在其教学模式改革中就必须坚持实践性。

第四节　高校思想政治理论课教学模式改革的实践探索

一、互联网＋教学模式

（一）微课教学的独特优势

1. 促进教学方法多元化

高校思想理论课是一门涉及非常广泛的学科。为了更好地学习本课程，我们需要具备不同学科的基础知识。此外，学生个体之间的差异也会影响他们的学习水平。有些学生的学习能力较强，有些学生的能力相对而言较弱，不能很快融入学习过程。然而，微课程在高校思想理论课中的应用，颠覆了传统的教学模式。微课程的短、开放特点用于更好地在高校开展思想理论科学研究，学生可以在课前或课后观察老师和学生。中国或其他国家的优秀教师在高校进行思想理论讲座的视频，可以节省课堂时间，深化重点和难点；学生还可以自由选择符合自己需要的课程、缩微距离和教学方式，并在任何时间、任何地点巩固和深化基础知识。目前使用的"微型课堂"和"翻转课堂"也表明，信息网络技术在教育界发挥了不可忽视的作用。微课程在高等教育中的应用指日可待，也迫切需要"微课"给高校思想理论课带来新的生机和活力。

2. 优化课堂教学过程的效率

在高校思想理论课中引入微课教学法，可以提高教育教学效率。上课前，学生利用业余时间或周末学习微课教学课堂微视频资源的基本知识，包括知识点、知识结构。利用微视频"简洁、有趣、可行性强"的特点，学生可以主动掌握基本知识，为课堂教学铺平道路；在课堂生成过程中，教师总结微视频知识的基本点，帮助学生创建初步的学科体系，节省课堂时间。教师可以注重灵活运用情境、互动问题和研究经验，营造自主学习的环境，培养学生自主发现、团队合作与解决具体实际问题的能力。它可以协调课程组织与实施之间的联系，协调师生关系，构建和谐课堂。微课教学班既能满足自主学习的需要，又能满足个体学习的差异。

（二）"微课程教学"的具体设计路径

1. 搭建微课教学平台

为了抵制西方文化对我国大学生核心价值观和政治认同的影响，我们必须首先努力构建一个中国特色的大学教育平台。目前，该平台和微课教学在中国主要由高校自主研发和研发以及研发和业务开发组成。

我们应该解决教材中的关键问题。课程内容要联系生活，关注时事，把生活的现实和理论融入思想政治课教材，及时将马克思主义的最新研究成果转化为教学内容，利用平台设置课程，不断为高校思想政治课注入新鲜血液，提高学生学习兴趣。

注重课程设计的创新，把思想政治课的课程内容与学生发展的规律结合起来，在追求思想政治课内在逻辑的基础上，通过视频课程合理地分享知识点，科学设计网络课程讨论，实现网络视频课程与课外课程的有效衔接。

要注重自主探索和实践创建特色课程，树立特色课程意识，依托当地优秀历史文化资源开展思想政治课的各项研究。在选择微视内容时，教师必须要首先了解教材的内容，掌握整个课程的主要逻辑体系，并能将一些具有代表性和层次性的问题呈现给学生讨论和研究。当然，教师要善于发现学习者最重要的知识难点，有针对性地突破，全面合理地组织内容。在微视频制作中，教师不能为了节省时间和麻烦而漫不经心地制作视频。在微视频中，教师的讲解声音和内容要点的知识只能是流畅的教学，既不复杂，也不简单单调。在微视频学习的后期阶段，我们需要适时关注学生在微学习过程中面临的问题，教师需要采取有效措施来应对这些问题，这对提高微视的整体质量起着非常重要的作用。政府可以组织思想政治方面的专家成立若干个专门机构对微课教学法进行审查，以监督高校的教学内容、教学质量、微课教学测试和考试水平，筛选全国高校的思想政治课程，并在公共平台上提供优质课程，以便于选择学校和学生，定期组织和举办全国高等院校高级教学和教学课程研讨会，共同观察、讨论和思考如何为微课教学创建高质量课程，改进思想政治学科的课堂课程。通过这种方式，可以开设一些高水平课程，以满足学生的需求，这将是促进高等教育改革、提高教学质量和改变学习方式的重要机会。

2. 加大思想政治教育工作队伍建设速度

随着微博、微信、微公益、微教育等"微载体"越来越成为当下大学生学习新知识的主要载体，高校也要越来越重视思想政治工作"微队伍"建设。首先通过加大"微载体"建设的资金投入来保障思政工作"微队伍"建设的经济所需，在原有思政工作"微队伍"的基础上进一步扩大其队伍的数量，使得高校真正拥有一支思政工作"微队伍"。其次通过引进网络技术人才来保障思政工作"微队伍"建设的技术所需，在已经建立的思政工作"微队伍"的前提下进一步增强其队伍对于"微载体"的认同度与熟悉度，从而在一定程度上提高思想政治工作者的微技术能力，推动"微载体"与思想政治工作的进一步融合。

3. 结合传统教学方法，对微课教学模式进行创新

在总结传统教学的宝贵经验的基础上，对思想政治课的教学方式进行差异化、个性化的创新与改革。学生和大学拥有许多资源，能够促进创新性实验。在使用微课教学时，教师应尽最大努力满足所有学生的需要。然而，在教学体系中，作为高校公共课之一的思想政治课，往往会遇到几十名学生，教师很难考虑学生的个体差异，他们只能根据课堂上大多数学生的学习情况来确定大致的教学进度，以面对不同的学生。有一种课堂切换模式，学生可以根据自己的节奏完成一系列目标任务。将教学与现代科技相结合，营造可持续、可重复、可控的学习环境。在学生学习的过程中，应该允许学生做出多种选择，并将现有的课堂模式与UDL相结合。通过结合教育理念，学生有了多样化的学习方法，学生就可以更好地理解思想政治课的目的，当现有的课堂在一定程度上得到利用时，它当然可以转向另一种学习方式：反向学习，即深化和继续被颠覆的改革与逆向课程相比。高校思想政治课通过逆向学习模式进行根本性改革，走学习的方向鼓励学生更加积极地学习，提高学生在课堂教学中的参与度，整合课堂。思想政治课传统的"一考定终身"的考核方式需要改变，采用线上考试与线下考试相结合的差异化考核方式，将线上考试、课堂成绩与封闭式考试有机结合。教育实践应按一定比例纳入课程评价体系，学生适应环境的能力、对新事物的敏感性以及是否树立自己的价值观应纳入评价体系，建立高校思想政治评价体系。

4. 完善师资队伍建设

教师作为开展教学活动的充分必要条件，如果没有思想政治课教学观念的自觉更新和积极创新，教师就无法在实践中实现创新和教学实践的发展。大学思想理论课要求教师彻底改变自身传统的观念，主动迎接大学思想理论课的到来，结合大学思想理论课的知识、教学方法和理念，在教学中积极激发学生的好奇心、想象力和创造力，激发学生的潜能，激发学生的教学意识和主动性。教育活动的重点是如何最大限度地调动和实现人们的潜力，以及如何创造人类的精神和机会。

高校思想理论课教师要树立科学的教学观,要把正确的教学观念与自己的教学方法结合起来。学校必须加强教师教学技能培训,不断提高教师自身的教学水平和教学研究能力。微课教学法在高校思想理论课中的应用不仅关系到教师的教学活动,还包括对一些软件和技术平台的支持。在微课教学课堂上,教师必须掌握微视频制作的技术方法,包括视频软件、音频编辑、图像合成和高级作业,这是微课教学课堂教学的最基本要求。

学校可以定期组织清华大学、北京大学等高校的思想理论教师,也可以邀请一些专业技术人员调整课程,为教师提供专门培训。教师,作为传道者,教导并解决疑惑。随着时间的不断发展和知识的不断更新,教师致力于不断学习,以便能够不断获得知识和专业技能。特别是学校思想理论课,知识更新周期逐渐缩短,政治时事不断变化,这就要求思想理论课教师不断更新观念,引进创新的教学方法和手段。

(三)拨开迷思,探索"思政慕课"之路径

1. 充分发挥公共图书馆在融媒体大数据时代的作用

"慕课"是互联网+思政课的一种有益探索。什么是"互联网+"？简而言之就是将互联网和其他传统行业或者传统事物进行有机结合。"思政慕课"就是融媒体互联网时代和主阵地、主旋律的思政课的有机结合。这里面的"+"是加速发展、破旧创新的意思。在融媒体时代,人人有终端、处处可上网、时时有连接、物物可传播。图书馆在融媒体时代起到信息源的作用,应当对接当前"思政慕课",将图书馆中关乎人类智慧结晶的馆藏资源用于"思政慕课"中,比如将传统文化诸子百家的馆藏资料用于"思政慕课"中的中华民族传统美德的部分;将抗日战争、解放战争的馆藏资料用于"思政慕课"中弘扬中国革命道德部分;或者将"思政慕课"在线资料、在线课程或者在线课堂中加入相关联的图书馆或者电子图书馆资料链接……其中,高校图书馆在"思政慕课"中发挥的作用是精英教育的模式,主要针对的是高校大学生的思政课教育;而社会公共图书馆则在"思政慕课"中发挥大众教育的模式,主要针对社会公众或者全民思政教育。

此外,图书馆可以搭建起"思政慕课"在线检索平台。目前,我国已有1.25万门慕课上线,超过2亿人次参加学习。① 如何让学生或者想学习"思政慕课"的人在这么多的慕课中寻找到最适合自己的,图书馆应该搭建起方便易用的检索

---

① 中国已有1.25万门慕课上线超过2亿人次参加学习[EB/OL].htp://www.xinhuanet.com/politics/2019-04/11/c_1124351008.htm. 最后访问:2021-2-5.

平台，发挥其助攻大众终生学习、终生思政的作用。随着融媒体的发展，数字阅读成为广大公众特别是年轻人最为常用的阅读方式，碎片化的阅读已经成为很多人的阅读习惯。图书馆提供的"慕课"检索平台也必须符合大众这种阅读和检索习惯，毕竟"易检索到"才是坐下来参与"思政慕课"的前提。

2. 避免跟风，做出"思政慕课"独有的特色

近一两年，在高等教育领域，的确出现了"慕课热"现象。基于"慕课"的便捷性和其在促进教育公平中发挥的作用，特别是2018年4月为期一周的慕课宣传周的大力宣传，我们可以断言，"慕课"将在未来相当长的时间内继续"热"下去。然而，正如多媒体幻灯片以及PPT课件代替传统板书一样，技术手段的运用将弥补传统教学的不足，但是不会完全替代传统的教师讲授。"思政慕课"也是一样，它可以作为适应新时代，上"活"思政课的一个手段，但不会完全替代思政教师对学生的面对面指导。我们如何做可以避免跟风，切实发挥"思政慕课"的作用，做出"思政慕课"独有的特色呢？

首先，融合而非替代传统的思政课堂教学。"思政慕课"是大学思政课教学手段的一种融时代有益尝试，但并不能等于思政课全部。高校思政课除了理论传播的"教书"属性外，还承载着思想教育的"育人"属性。这是思政课与其他专业课或者外语、高数类公共课的最大区别。思想教育功能如果离开了面对面交流，效果是会大打折扣的。技术的优势是有目共睹的，但是传统课堂也并非一无是处，否则也不会在我们高等教育发展历程中经久不衰。因此，辩证的将思政传统教学与"思政慕课"融合起来，两种方式实现优势互补，针对每所院校自身的情况，承担起大学生思想教育的使命。

其次，可以用"翻转课堂"的理论改善"思政慕课"，形成"思政慕课＋翻转课堂"的模式。传统课堂遵循"先教后学"，先认识后实践的逻辑顺序进行的。采取典型的教师课堂讲授，学生在课堂内学，课后完成作业的模式。翻转课堂遵循"先学后教"的模式，由学生课下自主完成学习并提出问题，课上和老师一起交流、研讨事先发掘的问题，并探寻解决方案（图7-4-1）。"思政慕课"是学习翻转课堂的理论，比如一所高校一个年级的学生采取"思政慕课"的方式完成一门思政课的学习，可以在学生每周在线观看"思政慕课"并且完成在线相关环节的基础上，在期中和期末或者每个月，选取固定的时间，由本门课本校的思政课教师集中采取面对面上课的方式解决这段时间学生在"思政慕课"学习中的问题，其过程不仅仅是答疑解惑，还有理论和相关问题的研讨，这种形式类似于"翻转课堂"。这样，既发挥了"思政慕课"本身的技术优势，解决了师生配比不足的

问题，又弥补了师生缺乏面对面"言传身教"的弊端。

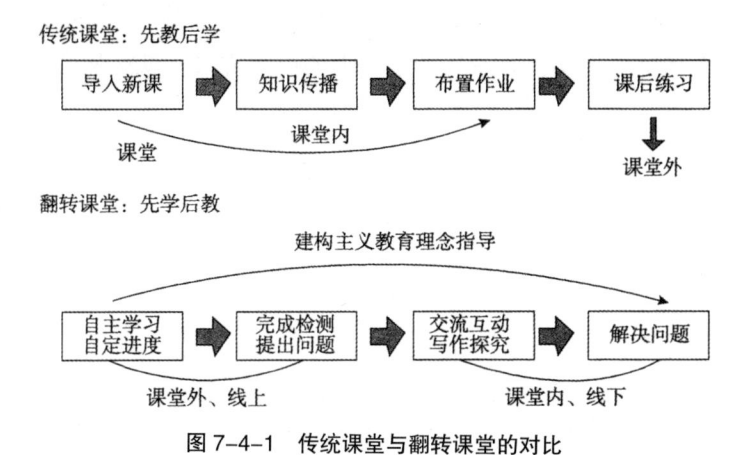

```
传统课堂：先教后学
   导入新课 → 知识传播 → 布置作业 → 课后练习
    课堂        课堂内                    ↓
                                       课堂外

翻转课堂：先学后教
           建构主义教育理念指导
  自主学习  → 完成检测 → 交流互动 → 解决问题
  自定进度     提出问题   写作探究
    课堂外、线上           课堂内、线下
```

图 7-4-1　传统课堂与翻转课堂的对比

3. 从增强学生"思政慕课"的获得感入手

"获得感"一词因习近平总书记在中央全面深化改革领导小组第十次会议上的讲话而受到广泛关注和使用。以往我们形容改革或者制度的效果，多用"效果显著"这种主观评价词汇或者是数字这样的客观标准来描述，而忽略了主客体的感受。这种感受即是不是比以前"有所得""有所收获"，这就是"获得感"的含义。"思政获得感"是主体（受教个体或群体）基于人的需要和现实可能性对思想政治理论课教学内容做出的认知和评价，和"价值"一词的内涵相通。"价值"是指现实的人的需要和事物属性之间的关系。因此，我们可以说，思政课或者"思政慕课"的改革使学生有获得感，其改革就具有价值。

增强学生的"获得感"是高校思政课改革中生本思想的体现。思政课本身的特点在于其与现实紧密相连，承载着将党中央重大理论创新传播给学生，武装学生头脑的作用。然而，这些"大而严肃"的内容与学生碎片化、娱乐化、融媒体化的阅读方式是具有冲突的。这就需要"思政慕课"在传播好这些理论的同时，关注如何有效传播。"慕课"的方式由于借助互联网或者移动互联网，已经从形式上使学生放下了被"说教"的戒备心理，如果再借助"慕课"中的视频加入一些动画或者访谈的形式，学生们从"思政慕课"学习中觉得切切实实获得了深刻生动好玩又有用的理论，学生们的"思政获得感"就会增强。比如 2018 年 5 月是纪念马克思诞辰 200 周年的日子，在很多融媒体公众号中出现了接地气的宣传马克思的内容，很多还配有网络语言的话语表达方式描述和一些卡通图，如求是网公众号的《如果马克思穿越了……》和《马克思是对的》、人民网公众号的《给

90 后讲讲马克思》等等。学生们愿意看，看后觉得增加了对马克思主义的了解，有"获得感"。如果一些马克思主义基本原理"思政慕课"能够加入这些素材，配有教师具有理论功底又符合学生话语习惯的讲解方式，就必然会增强学生对这门课的"获得感"。

二、实践教学模式

（一）实践教学模式原则

1. 针对性原则

坚持针对性原则。实践教学要充分体现我国社会发展特征和时代发展趋势，反映社会现实和热点，紧扣时代主题，做到与时俱进；实践教学的内容还要根据大学生的心理特点和所面临的现实困境来设置，教会大学生解决问题的方法，紧密联系社会生活方面的热点问题，以增加实践教学的有用性和现实感；由于思想政治理论课是全校性的公共课程，且各门课程的开课时间不同，所以在选择实践教学内容时要针对各门课程的内容重点进行教学，但在实践教学过程中实践教学内容不能重复。在思想政治理论课实践教学中，不论是确定教学思想、教学内容，还是确定教学进度、教学方法，都必须考虑学生的客观存在，有的放矢地进行教学。

2. 发展性原则

坚持发展性原则。高校思政理论课往往忽略学生个人内在的需求和个体的发展，仅仅依靠单向的教育和灌输，学生只能被动接受固有的社会生产生活模式，而难以有更长远的发展和思想的创新。高校思政理论课必须要坚持发展性原则，充分尊重学生的个人需求和发展，号召学生从自我需求出发，确保思政理论课的感染力和吸引力，通过对学生人文素质、综合能力、思想境界各方面的塑造，使学生得到全面充分的发展。通过鼓励学生走向社会的方法，激发学生的社会参与感，让学生发挥主观能动性，将理论知识充分运用到社会实践中去，真正做到理论与实践相结合、个人需要和社会需要相统一，从而将社会要求逐渐内化到学生的思想体系中，使学生认识到思想政理论课对自身发展的现实意义。

3. 主体性原则

坚持主体性原则。思政理论课是师生共同参与、合作的双向实现过程。思政理论课只有充分发挥学生的主体性作用，以学生为中心，尊重学生的性格特征和创新思维，站在平等的地位和学生进行沟通和交流，鼓励学生在课堂上多发言、多提问，通过小组讨论等形式，提升学生对思政理论课的兴趣和热情，在双向互动的过程中，学生的语言表达能力和实际分析问题的能力得到充分的锻炼，既扩大了学生的知识面，又增强了课堂的活跃性，学生的主观能动性得到充分发挥，学生的综合素质得到普遍提高，只有这样，才能真正落实思政理论课的基本目标。思想政治理论课的实践教学过程是师生参与和合作的双边活动过程。不断提高学生的参与能力，培养学生的综合素质，尤为重要。通过在平等的基础上与学生讨论和交流，教师能够消除一些学生对思想政治课的排斥，并增加他们对学习本课程的兴趣和热情。充分发挥学生的主体性，可以提高学生分析实际问题和语言表达能力的能力，锻炼其综合素质。在实践教学过程中还要坚持以学生为本，尊重学生的人格特征和创新思维，促进学生的全面发展，切实落实思想政治理论课的基本目标。

4. 实效性原则

坚持实效性原则。思想政治理论课的理论知识点除中国特色社会主义理论体系外，一般来说变化较小，尤其是马克思主义基本原理是较为固定的知识点。因此思政课教师在教学过程中要注重将基本的理论知识与实际的社会现状相结合，以便加强学生对知识点的理解。在实践教学的过程中，要以提高素质、增强能力、服务社会为出发点，使学生能够把所学到的理论转化成科学的世界观和方法论。还要注意把党和国家大政方针及时帮学生进行解读，加深学生的理解，将所学知识内化为自身参与社会主义现代化强国建设的自觉行动。教师要针对社会需要积极鼓励引导学生用在学校学到的知识服务社会，树立强烈的民族责任心，用自己的青春力量为实现中华民族的伟大复兴贡献自己的才智。

5. 政治性原则

在制定高校思政课实践教学的课程目标时，首要的就是要遵循政治性原则，其政治性表现为：思想政治理论课本身就是一门以培养大学生思想道德品质，提高大学生思想政治素质为其目的之一的课程，实践教学作为思政课的重要部分，其教学目标制定自然也离不开这一点。通过提高学生的思想道德修养，使其在政治敏锐力和判断力上有所提高，并做到高度认同习近平新时代中国特色社会主义思想，拥护党的路线方针政策，坚定四个自信，为实现中华民族伟大复兴的中国梦而不懈奋斗。因此，对于思政课实践教学来说政治性是不可缺少的，开展时应遵循政治性原则。

（二）高校思政课实践教学的重要性

1. 有利于提升思政课教学吸引力

思政课作为一门理论性很强的学科，在以往的教学过程中，更多采用的是由思政课教师主导的"满堂灌式"的纯理论教学方法，课堂氛围略显枯燥和乏味，学生参与课堂教学的机会少之又少，久而久之，无论是思政课教师还是学生，都对该类课程失去了探索学习的兴趣，导致思政课所承担的育人目标得不到实现，育人效果大打折扣。而实践教学的开展，使思政课教师有更大的空间以及更多的教学方式得以选择，思想政治理论知识的传授不再变得枯燥、乏味。在整个过程中，教师的专业知识技能也可以得到一定程度的提升。学生可以借助思政课课堂内、校内、校外、网络四个平台，来选取多种多样的活动形式进行自己的理论知识学习，从而使个人主体性得到充分的发挥，大力提升个人的综合素质。实践教学的开展，有利于提升思政课的吸引力和说服力，从而增强思政课教学的实效性。

2. 有利于强化思政课育人效果

理论联系实际，是马克思主义认识论的基本要求，是任何课程教学都需要遵循的原则，它可以指导人类认识活动有效开展。实践教学的开展，有助于思政课教师摆脱"假大空"的纯理论教学，将思想政治理论的生命力延展到具体的实践中，增添思想政治理论的活力，使"高大上"的理论知识变得更真实化、生活化，从而调动学生参与思政课的积极性与主动性，增强思政课的实效性。学生在学习了丰富的思想政治理论知识，有了扎实的理论基础后，再通过参与实践教学，有助于深化对理论知识的理解，实现对思想政治理论知识由知到信，再由信到行的转化，从而强化思政课育人效果。

3. 有利于培养大学生的综合能力

马克思、恩格斯历来十分重视个人的发展，在他们的著作中，多次论述了有关个人的发展问题，在他们对未来社会的构建中，将每个人的自由全面发展作为未来社会构建的重要指标，提出，"根据共产主义原则组织起来的社会，将使自己的成员能够全面发挥他们的得到全面发展的才能。"[①] 思政课，作为传授马克思主义理论的课程，自然体现了马克思主义的观点和学说。人的全面发展的学说通过同我国具体实际相结合，逐渐演变成为我们党的教育方针，即坚持教育与生产劳动和社会实践相结合，培养德智体美劳全面发展的人，培养为社会主义现代化建设服务、为人民服务的合格劳动者。

---

① 马克思，恩格斯.马克思恩格斯选集[M].北京：人民出版社，1995.

高校思政课不断发展的最终目的，是为了满足大学生思想道德发展及全面发展的需要。开展实践教学，大学生们可以在思想政治理论知识的熏陶下，通过各种实践活动的参与，深化对理论知识的理解，提高自身的思想政治修养和社会实践等多方面的能力，从而实现自身德智体美劳的全面发展，最终成长为新时代社会主义的接班人。

（三）高校思政课实践教学改革策略

1. 协同创作实践研学

协同创作实践研学，是大学生在理论学习的基础上，以"学习团队"为单位，自主协同创作完成和演绎"我心中的思想政治理论课"学习作品，让大学生在完成体现其学习成果和思想政治素养的作品创作和演绎过程中进一步升华理论认识。同时锻炼大学生的自主学习、自主创作和团队合作实践能力。作品的表现形式应该是开放性的，灵活多样并顺应信息时代的特征。如利用抖音、快手等平台创作我心中的思想政治理论课"微视频"等，当然还包括传统经典的形式，如大学生讲"思想政治公开课"、开展"社会调查"等。其中，创作"微视频"，是由大学生学习团队通过自主创作情景剧、表演剧、微电影等"艺术"作品，凝练思想政治理论课学习过程中的精彩故事和深刻感悟，呈现自我的思想道德素养和法律素质，以"艺术"赏析的形式，表达大学生丰富的思想和情感世界。大学生讲思想政治理论课"公开课"，是由大学生学习团队围绕思想政治理论课所学理论，选择教学专题、搜集资料、进行教学设计，制作课件，准备讲义教案，开展教学的活动。通过"课堂反转"，体现大学生的理论学习水平和能力，并充分锻炼大学生的表达和表现力。开展"社会调查"，是由大学生学习团队就当前社会热点、焦点问题以及大学生最关切的社会问题开展深入广泛地调研，并形成调查报告。

通过社会调查不仅让大学生深入社会，了解和把握现实，而且集中体现本学习团队运用所学理论分析问题、解决问题的能力和水平，对大学综合实践能力的提升很有帮助。上述由大学生学习团队自主协同创作完成"学习作品"的实践研学旨在引导学生深化对思政理论的理解，展现大学生的马克思主义理论素养和精神风貌。学习团队各成员通过创作性实践研学，不仅可以极大促进对思想理论认识的升华，而且有助于培养其自主学习、协作学习、创新学习的理念和提升表达、创新、合作等综合实践能力。这种实践研学模式，不仅能够充分发挥学生的学习积极性、能动性，而且还能保障所有学生全员全程全方位参与，使每个学生都能在团队合作中找到适合的角色，发挥所长，实现自我价值，培养自信和良好的人际关系。

2. 丰富实践教学的教学形式

思政课实践教学的教学形式，直接影响着学生和教师对实践教学的兴趣、态度和投入，从而影响实践教学目标的实现，最终影响实践教学的成效。因此，实践教学形式在思政课实践教学发展中发挥着十分重要的作用。要努力让实践教学形式变得丰富多彩，让学生和教师积极主动的参与实践教学，并最大限度提高实践教学的实效性。不要局限于课堂上的演讲、作品赏析，还要充分考虑学生的需求，结合学校自身的资源和社会实际，去开展校园文化活动、情景剧表演、知识竞赛、专题辩论赛、暑期"三下乡"活动、志愿服务、社会调查、主题网站建设等等，真正实现校内实践教学、校外实践教学同网络实践教学的有机结合。丰富实践教学形式，具体可以从以下三方面进行。

（1）校内实践教学

校内实践教学，指的是在学校范围内进行的思政课实践教学，一般分为课内和课外两种类型。课内实践教学包括影视作品赏析、主题演讲、专题辩论赛等形式。影视作品赏析就是选取一些宣扬爱国主义精神、模范人物事迹、典型重要战役等素材借助多媒体设备，组织学生一起观看学习，并分享心得体会，同学老师之间相互学习。主题演讲就是由教师规定演讲主题或学生自定演讲主题，然后学生自行收集资料并进行整理分析之后，结合自己的体会，以演讲的形式向同学、老师展示自己的学习成果。专题辩论赛就是针对思政课中某一专题的内容，通过以辩论的形式，进行深入的探讨和学习。课外实践教学则是借助校内已有的资源进行实践教学，如充分利用学校建立的"虚拟仿真"实验室，通过技术手段，让学生不用出校门，就能像在"现场"一般，真切的感受和体会教师所要传达的文化知识与理念，让学生在感悟中学习，不知不觉中有所成长。校内实践教学对于教师和学生来说，组织开展较为容易，学生的安全保障程度更高，并且所需成本较低，但其中一些形式在以往教学中，就一直在使用，对于学生和教师来说新鲜感较低，兴趣不是那么浓厚。

（2）校外实践教学

校外实践教学简单来说，就是走出校门去进行实践教学，其活动空间较校内实践教学来讲更为广泛。校外实践教学更多是以志愿服务、暑期"三下乡"活动、社会调查等形式进行。志愿服务就是学生到某一单位或社区进行实践学习，帮助单位或社区完成一些力所能及的事情，它更多体现的是无偿性和奉献精神。暑期"三下乡"活动是由学校组织学生在暑假期间到广大农村地区进行文化宣讲等，通过传播先进文化，推进农村精神文明建设，让大中专院校学生在实践中受教育、长才干、做贡献。深入实际、深入基层进行社会调查研究活动，是坚持马克思主义认识论和方法论的生动体现。对于社会调查来说，它可以是学校制定的对某一内容进行实地调查了解，也可以是学生自发的去调查某一事物，对其进行更深入的了解和认识，就比如调查某一地区的村规民约、调查某一地区的义务教育情况、调查某一传统文化的由来等等。校外实践教学优势在于，开展较灵活、开展空间更宽阔，但是需要看到的是，其在组织方面和管理方面较为困难，风险更大。

（3）网络实践教学

网络实践教学就是在顺应当前新媒体时代的趋势下，运用互联网技术，借助网络平台，开展思政课实践教学。开展网络实践教学可以通过建立思政课主题网站、建立网络互动平台等等形式进行，教师和学生只要有一部手机或一台电脑就可以进行学生。网络实践教学可以打破时间和空间的限制，提供更为广阔的学习空间和更为丰富的学习资源，一定程度上可以解决教师知识能力受限和实践经费不足的问题。但需要看到的是，网络是一把双刃剑，它在带来便利的同时也带来了一些风险，就如纷繁复杂的网络信息如何辨别、网络技术问题如何克服、网络监管如何实现等，这些都对开展思政课实践教学的部门和教师提出了考验。

3. 竞赛激励实践研学

竞赛激励实践研学，是通过开展公开、公正、公平竞赛的方式充分展示和表达大学生的思想政治素养和精神风貌，并激励更多大学生热爱思想政治理论学习与实践，让思想政治理论教学教育更具感染力和吸引力。竞赛激励实践研学一方面激发了学生的学习积极性和表现力，另一方面扩大了思想政治理论课教学的影响力，实现了理论课堂的时空延伸，形成以竞赛为载体的紧张活泼、灵活多样的思想政治理论课"第二课堂"，起到了教学示范、扩大影响的作用。而且还可以通过竞赛发现和选拔人才，对有特长资质的个别优秀学生开展更具针对性地培养，进而由点到线、由线到面地带动和影响教育更多的学生。思想政治理论课教学竞赛的参赛作品以大学生在思想政治理论课学习过程中完成思想政治理论学习"微视频""公开课""社会调查"等学习作品为主，既是对大学生创作学习作品实践研学的鼓励和肯定，又是对创作学习作品实践研学的进一步升华和延伸，使思想政治理论课实践研学更具延续性和系统性，从而更具说服力和影响力。虽是思想政治理论课实践研学的一种形式，但不应局限于课内或班内，而应在学校整体范围甚至在各省市展开，以更有力地激发学生、扩大影响，让更多的大学生体会思政理论的魅力。实践证明这种竞赛激励式的实践研学活动实效显著。因此，全国很多省市已全面开展，如中共天津市委教育工作委员会、天津市教育委员会连续举办的"高校大学生思想政治理论课公开课大赛";河北省教育厅以"大学生思想政治理论课艺术作品展""大学生讲思想政治理论课公开课"、大学生思想政治理论课"微电影"等形式开展习近平新时代中国特色社会主义思想大学习领航计划系列主题活动。竞赛激励式实践研学旨在通过竞赛的途径激励学生学习思想政治理论课。对于有突出表现和特别贡献的大学生应有特殊的奖励,而最好的奖励莫过于开展考察服务式实践研学,给他们提供机会深入社会,通过社会考察或参与志愿者活动,有更大获得感。

4. 考察参与实践研学

考察参与式实践研学,是"扎根中国大地办教育","坚持开门办思想政治理论课,推动思想政治理论课实践教学与学生社会实践活动、志愿者服务活动结合,思政小课堂与社会大课堂结合",精神和理念的"落地";是思想政治理论课教学与学校、社会思想政治教育工作深度融合,实现全方位全过程全社会完成"大思政"教育的有效形式。由马克思主义学院等思想政治理论课教学单位、高校宣传部、学生工作处、团委等党政部门以及爱国主义教学基地、志愿者协会等社会组织机构合力组织完成。比如:大学生参与精准扶贫、城市服务、敬老助残等志愿者活动;开展追寻"红色记忆""行业精神""伟人事迹""改革前沿""开放口岸"等思想政治教育主题的考察活动等。通过上述"现场教学""亲身体验"的方式对大学生进行"实体式"思想政治教育,充分发挥实践教学基地的"场效应",加强和深化大学生对思想政治理论课所学习的马克思主义理论知识,尤其是21世纪马克思主义即习近平新时代中国特色社会主义思想实践基础及行动指南根本意义的理解。理论联系实际是马克思主义理论最重要的理论品质。让大学生深入社会,通过亲眼所见、亲手触摸、亲身经历社会的发展变化,将思政小课堂与社会大课堂深度结合,使其在内心深处由内而外地获得中国特色社会主义制度优越性、中国共产党领导的伟大正确性等真知,从而更加坚定"四个自信"、树立"四个意识",进一步促进大学生努力做到爱国、励志、求真、力行,成为德智体美劳全面发展的社会主义建设者和接班人,为全面建设社会主义现代化强国,实现中华民族伟大复兴的中国梦而努力奋斗的倡导者和践行者,是思想政治教育的终极目标和理想状态。

为实现这一目标,应大力组织大学生开展考察参与式实践研学活动。但现实中这种实践研学活动开展很难,因此也很少开展。因为考察参考实践研学客观上不能实现大学生全员全程参加,而且要深入社会,安全问题、经费问题等要求更高。所以一方面需要特别强调学生选拔和组织以及经费和安全保障等工作,另一方面更需要高校与社会组织机构之间的高度重视及通力合作，需要严格落实高校党委书记、校长带头抓思想政治理论课和地方党委思想政治理论课建设主体责任制，实现高校各部门之间以及高校与社会各单位之间协同实践育人的机制。

5.加强实践教学的组织管理

（1）实践教学开展前

成立专门的实践教学的管理机构，由学校主要领导担任机构负责人，对实践教学的组织管理进行有效协调和全面监管。给下级执行部门合理分配任务，并督促教务处、高校团委、马克思主义学院等部门各负其责、密切配合，同时做好上级任务下达和下级部门执行的有效衔接，努力构建上级党委、教务处、团委、马克思主义学院联动机制，充分发挥马克思主义学院的主导作用。同时还要制定详细的实践教学计划、宣传培训方案、学生实践手册、实践报告撰写规范等等规章制度和准则，组织实践教学教师培训学习等。

（2）实践教学过程中

实践教学的开展严格按照实践教学计划进行，对整个过程投入的教学资源进行合理分配和有效监管，避免资源分配不均和资源浪费的情况出现。同时，各部门要对实践教学的开展，给予大力支持和帮助，涉及本部门负责的部分要认真执行。如果在实践教学过程中，有出现突发状况，相关部门要及时进行处理，并对下一步工作开展进行重新规划，要保证实践教学能够顺利开展，如期实现实践教学目标。

（3）实践教学结束后

在实践教学结束后，组织开展实践教学的考核评价，对整个过程的每个环节进行总结反思，查看在组织管理方面是否存在不足之处，并进一步完善。同时，要利用原先所制定的考核评价方法对实践教学成果进行检验，在此，也同步检测原有制定的实践教学考核评价方式是否科学、合理。对于实践资源分配、实践教学计划制定等方面进行经验总结，为进一步更好的组织管理实践教学做

6.虚拟实践教学体系构建

虚拟实践在发展过程中，必然包含基本结构、特征，自成系统。虚拟实践教学体系基于各组成要素的协同、支撑、耦合，依靠各要素功能的发挥，以及运行系统、载体系统、支持系统三个子系统间的相互支撑、良性互动、协同运转，加之外部因素的介入与制约，最终实现功能的最优。其中，运行系统保证教学活动在一定场域内，沿特定路径展开运转；载体系统保证教师将思想政治教育的内容通过一定的媒介传递给学生，并内化为学生的自觉行动；支持系统为学生提供实

物支撑或精神支撑，优化操作过程，增强学生可操作性。

（1）运行系统

运行系统主要包括实践路径、管理制度、考评反馈三个环节。实践路径包括两方面。一是虚拟体验，学生基于虚拟现实技术沉浸式、全景式体验虚拟场景。场景模式应选择与教学内容密切相关、与当代大学生发展相契合的代表性的虚拟场景。如教师可引导学生线上体验红色纪念场馆等，接受爱党爱国教育，形成情感认同，并结合相关问题进行理性思考，完成实践目标。软硬件条件不足时，虚拟体验可通过音频、视频等形式进行。二是网络调研。教师设定较为宽泛的选题范围，学生针对选题深入挖掘社会现实问题，通过数据资源库等公共资源获取数据等资源信息；或通过网络调研软件设计问卷，以微信群等传播媒介发放问卷，获取有效问卷信息。对调研结果运用马克思主义的立场、观点、方法进行深度探究与评析，实践成果以虚拟技术形式呈现。

虚拟实践教学体系的运行要有相应的管理制度，即需要形成科学规范的虚拟实践教学管理。学院组织教师围绕教学大纲制定虚拟实践教学计划、筛选教学内容，形成规范文件后发放师生具体执行，并将学生虚拟实践成绩纳入期末成绩；教师在虚拟实践教学过程中对教学计划、教学过程要进行研讨交流、经验总结，巩固实践教学成果。建立监督机制，明确职责，实行专职人员监督、师生互相监督，保障多层次、立体化监督。建立保障机制，可由校级部门牵头、马克思主义学院主导，协调联动其他部门、学院，成立虚拟实践教学中心，统筹资源分配，保障虚拟实践教学活动开展。建立考评机制，期末成绩由平时考勤、实践课成绩、期末考试三部分组成，实践课成绩可通过考试或微电影等新媒体形式进行评定。考评反馈应凸显结果考评与过程考评的结合，以结果评价为主，辅之以过程考评。就考评指标而言，对学生提交的作业，应坚持思想性第一，重点关注内容的科学性、学术性、创新性，同时还要考核其技术含量，如技术难易程度、操作的便利性等，考核指标还包括信息量大小、资源类型的丰富性等因素。

（2）载体系统

虚拟实践教学的载体是五门思政课程和作品大赛。依据五门课程特色与学生认知能力、个性特点分类设置相应的虚拟实践模式。在"马克思主义基本原理""毛泽东思想和中国特色社会主义理论体系概论""形势与政策"课程学习过程中，可以通过微信群、腾讯会议等虚拟形式进行网络热点研讨、网络调研等，通过思想碰撞发掘热点本质，提高学生思维能力、判断能力和解决问题能力，同时实现正确的价值引领。"中国近现代史纲要"涉及中国共产党的奋斗历程，可通过 VR 技术搭建党史相关虚拟场景，打破学生与场景的"第四堵墙"，使学生集中精力沉浸于虚拟体验中。"思想道德与法治"可以开展线上或线下法庭模拟案件审理，培养学生法律意识，提升学生道德素质。

在五门课程的虚拟实践教学之外，可以同时组织全校性的思政课虚拟实践作品大赛。选题应紧紧围绕当代中国重大理论与实践，聚焦社会热议、人民反响强烈的焦点问题；围绕选题运用所学理论知识进行科学分析，针对问题提出自己的独到见解。比赛可以设置多个赛段，从班级海选到最终决赛层层把关，确保高质量作品入围决赛。参赛的项目团队应在教师的全程指导下准备作品，以弥补学生理论素养的相对不足。作品形式应丰富多样，近年来，学生作品形式已由 PPT 为主拓展到电子书、网页设计、视频制作、微电影拍摄等。作品评选既可请经验丰富的高年级学生参加，也可邀请校内外专家参加。学生点评可以锻炼学生自身能力，校内外专家点评可以促进赛事质量的提高。

（3）支持系统

虚拟实践教学的支持系统主要指利用互联网技术建设的虚拟实践教学资源库与专题网站，主要包括虚拟实践教学经典案例库、网络实践资源库、虚拟实践教学选题库、虚拟实践教学成果库等。该资源库不同于思想政治教育与研究专业网站，也不同于思政课线上课程中心，而是直接服务于校内思政课虚拟实践教学的一种新型资源库。网站搭建方面，需聘请专业技术人员，在教师、学生的协作下三方共同搭建专题资源库；资源库设计上宜采用模块化集成的方式排列，即以课程内容的若干微教学单元为轴心和统领，配置相应的案例库和问题库，并定期维护与更新，优化虚拟实践教学平台。资源库与专题网站可建设成一体化模式，方便教师、学生等利用电脑、手机等在不同操作环境下使用，为用户提供个性化服务。支持系统除资源库与网站外，还包括基于虚拟仿真技术搭建而成的软硬件相结合的虚拟实践教学基地。基地除可满足感官沉浸外，还可满足意识沉浸，实现具身化沉浸，师生可通过移动端、一体机、外接式等 VR 设备体验清晰生动、直观可感的虚拟场景。技术更迭换代、信息更新周期加快的客观现实也要求支持系统新益求新，循环改善设备设施。

三、混合式教学模式

（一）混合式教学

在进行混合式教学时，教师用得最多的是多媒体，有的人将混合式学习简单地定义为借助多媒体进行教学，作者看来，这忽视了学生的主体性，是将混合式教学与单纯的技术教学相混淆了，混合式教学不同于单纯的技术教学，前者是学生可以在很大程度上自主控制学习的时间、地点、路径或者是进度，而后者的学习程度是全班统一的。混合式教学具体是指运用教师的组织能力将各种学习要素分析、整合，打破以往的固定载体，拓宽学生的知识面，以达到"1+1>2"的效果，可见，借助多媒体是混合式教学的有效手段之一。

作者认为，混合式教学的关键在于"混合"，其中包括。

1. 学习资源的混合

科学技术高速发展的今天，网络技术的飞速发展为我们提供了诸多优良的学习资源，教师教学以及学生学习都不再局限于教材上的知识，而是能够充分利用网上优质学习资源，丰富表象储备，拓宽知识面。混合式教学将这些资源集中在一个平台上。这些资源包括线上课程、线下面授、经验分享交流，实现了知识体系的全面化，为学生学习、交流提供了平台。

2. 学习方法的混合

针对传统教学单一的教学模式，混合式教学将传统的讲授法与学生自主学习的方法相结合，线上教学与线下面授相结合，最大化实现学生对知识理解掌握的同时注重学生道德品质和人格的培养，将学习方法最优化运用于教学当中。

3. 学习环境的混合

混合式教学为学习者提供了优良的学习环境，其中包括以学生为中心的课堂教学和实践教学相结合，自主学习与小组讨论相结合，面对面授课与网络教学相结合，学生可选择性多，学生的自主意识得到充分发挥。

（二）思想政治理论课混合式教学有效性的特点

1. 混合性

思政课的混合性是指教学资源的混合、教学方法的混合、教学环境的混合等多个方面。首先，混合式教学将线上教学与线下面授相结合起来，这样能在时间和空间上给学生更多的可选择性，使得教学能够打破时间和空间的限制，能够结合学生的实际情况更加有针对性地开展教学；其次，混合式教学混合的还有书本上的知识和书本外的知识，书本上的知识主要是指教材中的知识，是学生所必须要掌握的，书本外的知识是指网络、报刊、课外读物、新闻等与实际情况密切相关的知识，思政课不能等同于其他学科的教学，有固定的算法，思政课是根据中国特色社会主义的发展来制定的，因此具有与时俱进的特点，所以，单单只学习书本上的知识是不够的，还需要了解时事，及时更新自己的知识体系，做到与时俱进。

2. 整合性

思政课具有与时俱进的特点，这也说明了思政课所涵盖的知识面相当广，传统教学模式更多地关注学生知识的获得，对此，混合式教学与其不同点在于重知识，更加注重能力的培养。一方面，混合式教学整合了学习资源，学习资源是广泛分布的，混合式教学整合了对学生学习有利的资源，让学生学习更加成体系，更加具有逻辑性；另一方面，混合式教学还将课堂教学与实践活动充分整合，在课堂教学方面，将讲授法和小组讨论法相整合，在实践活动方面，组织学生参加实践活动，培养学生学会设身处地思考问题的能力。混合式教学的整合性促进了学生的全面发展。

3. 个性化

传统教学以教师为中心，培养的是学生的共性，混合式教学则以学生为中心，培养学生的个性。思政课混合式教学以线上教学和面授教学相结合为主要特点，在教学开始之前，教师要告知学生预习的内容以及预留一些问题供学生自主思考；在课堂教学时，主要采取学生小组讨论，教师点拨提高的方式进行；在课后，教师可适当设置开放性作业，以培养学生的创新精神和自主思考的能力。整个教学都是围绕学生来进行的，有助于培养学生的个性。

学生的个性培养不仅指学生课上的表现力，还指学生在学习生活中解决问题的能力。混合式教学培养的不仅仅是学生掌握知识的能力，还有学生应用知识的能力，思政课和我们的生活密切相关，课上的很多问题在生活中都能找到原型，学生不仅仅是为了学习而学习，还要学会应用知识，充分发挥个性，用所学知识解决生活中的问题，做到学以致用。

（三）思想政治理论课混合式教学深度融合路径

思想政治理论课教学改革必须加强党对思政课建设的领导，强化顶层设计和统筹兼顾，紧密结合时代特征，不断提升授课质量，完善育人体系建设，合理运用现代教学技术，以多元方式搭建教学平台，进而实现混合式教学难点融合的创新发展，推动教学一体化建设；必须发挥改革溢出效应，以系统综合的路径，全面深化教学领域综合改革，同步推进存量和增量改革，使多元教学环节衔接协调、成熟定型，形成尊重教学规律、坚持依法治教、强化底线思维、确保平稳有序的教学生态环境，为加快推进教育现代化水平做出应有贡献。

1. 注重思想理念融合教育平台创新发展

在当今多元文化的背景下,思想处于人体大脑中潜意识支配着人的行为,思想理念可以提高层次认知,是对物质以外的理论深度需求。简单地说,思想理念的产生是对事物的整体认知后触发的思维方式、表达形式、主流观点的理解和阐述,从多角度、多侧面、多结构反映事物理性的看法和见解。教师充分运用创造性思维从多种方案、多种途径去探索与选择,突破固有思路,研究教学呈现的方式也有重大突破,学生获取知识的途径和过程也将随之改变,更大程度上实现教师思想理念在平台的融合。思想教育任重道远,理念阐发也需要平台支撑。然而,教学理念受特定环境的影响,在促进高校育人方面起主导性作用。如果理念存在差异,那么在阐释过程中就很难达到思想的统一性,效果则相差甚远。当然,拥有积极正向的思想理念,往往是拓宽教学道路的重要桥梁,也是思政教育转型的基本前提。

科教兴国战略目标所反映出的教育改革是全面推进素质教育的重要环节,如何将这种想法与行之有效的教学平台有效融合,成为研究的主体方向。与此同时,在不同的教育理念支配下,课程承载的任务也不尽相同。充分开发、使用、巩固现代教学平台,有利于创新教育资源整合,发展高质量教育水平,教学理念在平台运行中才能得以展现。此外,平台框架设计的关键在于融入思想性、学科性、目的性的有机统一,通过主观意识的自我建立,形成层次管理,将被动接受转化为强烈的求知欲望,改变依靠外力的作用转化为内在需求的驱动力,形成科学有效、合理规范、长期共存的育人机制。如图 7-4-2 所示。

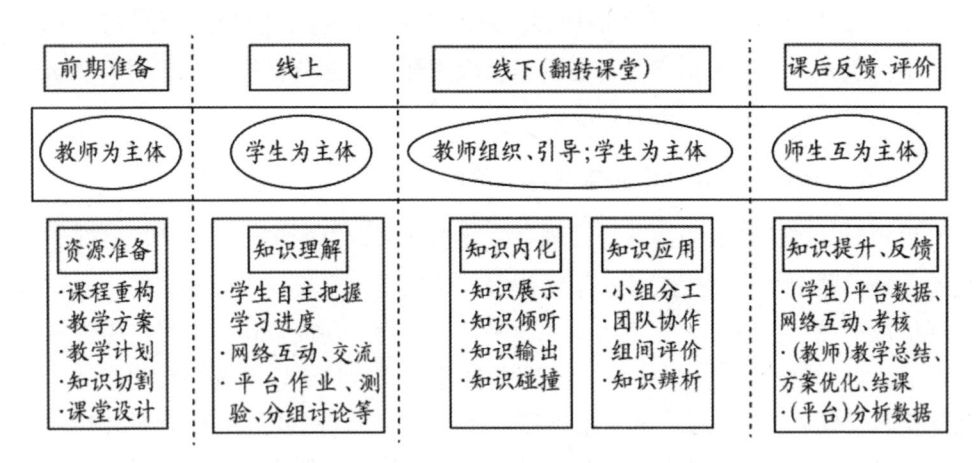

图 7-4-2 理念融入教育平台的育人思想

2. 长效保障机制的建立与完善

高校思想政治理论课混合式教学的质量保障是一项系统工程。学校要给予高度的重视，高校思想政治理论课混合式教学的建设要在学校党委的领导下，相关部门相互协调、相互配合，形成整体联动，开创协同创新的格局，保障高校思想政治理论课混合式教学的有序实施。

学校要制定科学的管理制度。高校思想政治理论课混合式教学的长效良性实施，需要科学的管理制度作为保障，这样才能使高校思想政治理论课混合式教学的组织与开展更加规范化、科学化。要完善学生的学分互认制度、教师互聘制度、工作量核算和绩效考核制度等，解决校内、校外优质教学资源的共享和高校课程联盟的组建，解决教学团队的优质配备和强强联合，解决绩效工资的结构优化和激励机制的立体化，提升教师进行教学改革和创新的积极性。

学校要为课程建设提供经费和物质保障。学校要有充足的专项经费投入，用于高校思想政治理论课的课程建设和师资队伍建设，保障高校思想政治理论课混合式教学的课程建设需要，满足教师学习培训及社会实践研修活动的需求。学校要有齐备的配套设施，并与优质网络教学平台合作，为高校思想政治理论课混合式教学的顺利开展提供技术服务。学校还应不定期举办混合式教学相关培训、交流活动，提供相关资讯、试点课程经验分享等。

3. 提高思政团队教师自身素质

（1）注重自身师德修养

教师是人类灵魂的工程师，作为教师要有高尚的思想品德、人格和风范，教师要学高身正，不仅要有专业的理论知识素养，更要有高尚的师德；作为教师要有热爱教育事业的强烈事业心和责任感，教师工作任务重，但是既然选择了这一条路，就要对学生负责，对家长负责，对自己负责。在教育工作中，教师不仅要热爱自己的工作岗位，更要热爱自己的学生，只有真正爱自己的学生，才能甘愿为教育事业付出；作为教师要淡泊名利，耐得住清苦，受得住寂寞。在工作当中，难免会有不少诱惑，这就需要教师自身有强大的自制力，一心为教育事业奉献；作为教师要知难而进，勇挑重担。高校教师工作任务重，在工作中会遇到很多困难，这时候就需要教师不忘初心，砥砺前行，勇攀高峰。

（2）参加继续教育学习培训

作为教师要有终身学习的意识，教师学习不仅仅是为了拓宽自己的知识面，更是为了学习教法。当下，科学技术发展日新月异，教育要跟上时代的步伐，必然离不开网络，通过不断学习，教师才能掌握现代科技，将其运用于课堂教学当中。

教师参加学习培训还能够与不同教师交流教学经验，在不断的交流中取长补短，结合学生的学情形成自己的教学风格，从而不断成长。可见，作为高校政治教师，参加继续教育学习培训是非常有必要的，这也是提高教师素质的重要途径。

（3）拜师专业引领

相对于年轻教师而言，老教师拥有更加丰富的教学经验和更加宽阔的知识面，在老教师的引导下，年轻教师可以更加准确的进行自我定位，并找到自己的教学风格。在与年轻教师的合作中，老教师可以学习现代科技在课堂中的运用，这对双方而言都能够达到理想的效果。

主动拜师有利于教师在成长过程中少走弯路，成为教育教学的行家里手，这比全靠自己独立摸索省时且见效快，拜师不仅仅是找本校老教师作为自己的导师，还可以拜知名度高，在事业上有所建树的名师、专家，根据研究领域和专业特点，专家会给出实质性的指导。可见，拜师能够快速而有效地提高自身素质。

（4）教育教学研究

教科研是教师自身高层次的进修。教科研的先决条件是教育思想的转变，知识、信息、理论的学习、积累、沉淀是教育科研的必备条件，而及时的总结、深化、内化是其必然的归宿，只有这样，教育教学与科学研究才能相互渗透，相辅相成，才能以教带研，以研促教。

提到教育教学研究，大多数老师会觉得自己教育教学任务已经很繁重了，无心从事教研，但这样也恰恰忽视了教学和研究是相辅相成，不可分开的，教师只有从事相关教育教学研究，才能从职业领域促进自身成长。教育教学研究固然不容易，但也是教师为自身加分的重要指标。

4. 强化知识传播与价值引领的融合

如何把思政课变成一门时代性强、实践性突出的学科，成为教学研究的价值主题。针对学生而言，随着学习任务的不断增加，掌握知识的广度和深度也随之变化。在知识体系搭建尚未形成之前，这种以知识应用为目的，并将知识附着于各种载体上进行多样化交流的行为，便是知识扩散传播，虽然达到了传播的目的，但其方法、内容、途径等方面还需要加强正向引导、合理规划。在实际的教学活动中，有意识地培养学生观察、分析、解决问题的能力，有助于提升整体授课效果。知识的传授不仅体现在教师立德树人的思想观念，还要突出"以学生为本"的全面发展，通过易于接受的方法将思政课内容"润物细无声"传播给学生。习近平总书记在不同场合强调：要引导和帮助广大师生"扣好人生的第一粒扣子"[①]。语言形象，通俗易懂，准确传达了价值引领的重要性。大学生处在人生又一起跑线上，面临诸多新问题，走好人生的第一步，理应树立正确的价值导向，展现新时代活力。在国家飞速发展的转型期、教育事业深化改革期，知识传播的传统方式已逐步显露弊端，必须选择正确的途径和科学的方法传播知识才能有效实现价值引领。

5. 新媒体技术的利用与融合

习近平总书记在全国高校思想政治工作会议上强调，"要运用新媒体信息技术使工作活起来，推动思想政治工作传统优势同信息技术高度融合，增强时代感和吸引力"[②]。新媒体技术的更新能不断推进高校思想政治理论课混合式教学的网络化、数字化和智能化的发展，使高校思想政治理论课传统教学以及教学关系发生革命性变化。新媒体技术具有传播方式快捷化、信息数据海量化、数据来源多样化等优势和特点，高校思想政治理论课混合式教学要充分利用并融合新媒体技术，整合数字化资源，建立完备、科学的网络学习平台，优化平台功能，为教师和学生实时提供直接、便捷的服务。同时，要充分利用在线课程的开放共享优势，实现多元主体间的协同发展和有效互动，实现校内和校外的资源共享，实现线上线下的合作交流，建立高效灵活的教学体系，打造互利共赢的高校思想政治理论课发展新生态，实现教学的供需对接，达到高效供给。

通过新媒体的虚拟现实技术，增强高校思想政治理论课的感染力。虚拟现实技术丰富了高校思想政治理论课的教学手段，教师有目的地设置情境，创造虚拟学习环境，将系统、科学的教学内容有效地融入直观、生动的虚拟现实环境中，通过情景模拟、历史再现、角色体验等形式，开展沉浸式、场景式、体验式等智慧学习方式，引导学生用身心感知所要学习的知识，增强学习体验，实现情境学习和知识迁移，增强学生的感受力，激发学生的学习兴趣，提升高校思想政治理论课的获得感。

6. 增强"理""例"互补融合效果

"理"和"例"是思政课教学的两个基本要素，"理为例之体，例为理之用"。"摆事实，讲道理"作为教书育人的基本策略，把教学中所体现出的观点、重点、

---

① 柴武龙，刘忠.兰州新区新建高职院校新时期党建工作和"立德树人"机制的研究[J].中外交流，2020，27（2）：9.
② 习近平在全国高校思想政治工作会议上强调把思想政治工作贯穿教育教学全过程开创我国高等教育事业发展新局面[N].人民日报，2016-12-09（1）.

难点，采取科学的方式予以解答，成为主流形式。发挥"理"的育人作用，"理"体现出两个必备条件，分别是事实充分和说辞令人信服。当然，在学术界这种方式相对合理受用，在尊重事实和科学依据的前提下，得到普遍认同。在舆论界掺杂个人情绪和利益，无法满足所有人的立场论说，强大的舆论导向在权威面前显得不对等。鉴于"理"的客观性，教师应当充分发挥学生主体作用，借助课前导课、课中授课、课后结课、课外延课等形式，增强学生对思政课理论的认同感、参与感、获得感。

同时，增强"例"的科学价值。"例"来源于文献和教学实践，是增强说服力和吸引力的有力依据，将相对封闭的教学形式转变为开放互动的具体方式，可激发学生求知兴趣和精神动力，从而达到思政课教学改革的实际效果。"例"具有较强的实用性和针对性，当理论需要消化时，可通过案例的重点查找问题、分析原因、研究对策，从不同层面分析、不同角度理解，形成客观理性认知。在注重教学互动方面，案例展示相对直观，运用方法灵活，学生理解透彻，便于调动学生参与积极性，还可以通过现代教学平台巩固学习。总之，有机融合"理""例"，有助于破除思政教学内容"散、浅、泛"的陈旧问题，引导教师挖掘能塑造学生人格的教学内容，激发教师共建资源的动力，实现思政课教学体系科学严谨的创新性转化。

7. 关注课堂讲授与线上交流有机结合

课堂的重要性在于正面引导学生的知识认知，用直观的方式将抽象的内容具体说明，用扎实的理论功底和丰富的教学经验诠释知识内涵，拓宽知识体系。当然，"一言堂"的教学已不能满足当前学生的个性化发展，更不是时代主题的特征。单一灌输明显忽视了对学生创新思维的培养，教师从根本上没有把握教育实际效果。课堂以启发式主导教学，在此基础上分析现状，循序渐进地进行教学转变，揭示知识的运用，提高课程内涵建设。在当今信息化教学时代，观点启发是思维锻炼的前提，共同探讨是语言交流、思想交换的主要形式，阐述道理、传递信息是教师授课的常用手段。线上交流最大的价值在于发挥学生主体性，基于交流的基础上，交织不同观点，潜意识中激发学生独立思考。交流所呈现出对难点的针对性解答，能有效提高学生提取信息、分析问题、语言表达的能力和自我认知水平等。通过运用信息化教学手段可以直观展示结果，有助于形成大致观点的判断，再使用数据分析强化现实依据，进而提高授课效果。根据学生发展规律和行为认知习惯，这两种方式融合的效能可以促进对知识掌握和运用能力，对资源共享、知识生成效果显著。客观来说，教学过程以教师为主导、学生为主体的教学原则，体现了全过程参与、深层次解析的实践意义，有利于改变教师传统育人观念，增强创新实用性。

高校思想政治理论课混合式教学的质量保障，必须注重线上教学和线下教学的有序延承和无缝对接。通过对线上线下教学的有机结合，实现二者的融合增效，把学生的学习循序渐进地引向深度学习。线上教学的有效开展，需要教师深入研究教材，合理设置知识点，把握知识点的关联性，形成系统的知识链。同时，要充分利用大数据的预测功能，实现对大学生的学习状态、思想动态等方面的精确把握。对学生在线学习进行学情分析和诊断性评估，对共性和差异性问题进行整体分析，坚持以问题为教学导向，根据分析评估出的结果，进行有针对性的线下教学，保证线上线下的延承与对接。线下教学要进行有效的"翻转"，使学生线上的自主学习得到延续。教师根据在线学习情况的评估，制订有针对性的导学方案，突出重点和难点，以问题为导向，在线下教学的过程中，通过教师提问和追问、学生质疑和讨论、学生展示学习成果等，对学生的在线学习进行有效的延展。使线上教学的知识点和线下教学的重点难点讲解和翻转课堂的活动主题相一致，真正实现从教材模式向教学模式转变，从教学模式向学生认知和行为融为一体的模式转变，从知性教育为主模式向以价值教育为主的模式转变，充分发挥线上教学和线下教学的优势互补。

8. 持续推进混合式教学融合发展常态化

混合式教学没有统一模式，但有相同的要求，即：达到知识体系双向互补。这类教学难点是对传统教学的应用进行拓展，在教与学的实现路径上充分融合育人思想，在保留传统教学优势的基础上，实现多元化融合理念。科学实施混合式教学还要把握几个重要环节：一是及时修正反馈，完成教学研究，广泛征求意见并及时研究判断，确保教学内容有效，课堂安排合理，使用方法得当，构建体系科学；二是建立交流平台，加强师生交流，以开展研究性学习为目的，增强学生思想活力，提高思政理论教化功能，提升学生的整体思政素质；三是推动思想政治理论课从教育资源单一问题到资源健全互利发展，激励学生善于思考，在立足实际、与时俱进的时代发展中，高效培养产教融合的新型人才；四是多元的教学形式能体现知识与技能的高度统一，是全面、客观发展的教学模式，教学评价综合体现出科学、合理、有效，匡正思想行为，为混合式教学体系的构建筑牢基础。

面对不断更新的学生，思政教师必须考虑怎样更好地因材施教，如何搭建更为科学的学习平台，从而适应这个时代育人环境的变化。课程建设需要循序渐进，不断完善信息资源，充分体现高阶性、创新性、实操性的建设标准。推广混合式教学创新应用，不仅更加快速、准确统计数据，还为资源共享的课程建设及教师互助带来便利。从知识、内容、方法、策略上完善资源建设，提高课程体系的完整性和覆盖面，借助平台整体搭建课程规划、理念贯穿教学实施，将枯燥的理论知识具体化、形象化、丰富化。

9. 学生自主学习的干预与管理

高校思想政治理论课混合式教学的在线学习是一种时空隔离的学习模式，具有较大的随机性和灵活性，学生可以自由计划和安排自己的学习活动，这就要求学生具有较强的自主学习能力和自我管理能力。由于学生存在个体性差异，对学生的在线学习进行因地制宜、有效适度的干预和管理，对于提升学生的自主学习能动性、激发学生的优势潜能、提高学习成效具有重要意义。干预与管理是在线教学环节的重要任务。教师要通过借助网络数据对学生学习的实情进行科学、及时的分析，通过网络渠道或课堂活动，以提醒、指导、协助等方式，对学生的学习进行具有引领性、差异性的干预和具有规范性、科学性的管理，保证学生在线学习的时间和效果。比如在教学进度的管理上，教师要通过学生的实际学习进度和课程学习进度的对比，对学生的学习进行督促。教师还可以根据学习效果的评估进行管理与干预，根据学生在线学习的测试参与度和测试结果，聚焦学生的知识接受和掌握情况，有针对性地实施教学干预。

营造具有驱动性和鼓励性的在线自主学习环境。教师要为学生提供优质的在线学习支持服务和个性化指导，实现教学供给的精准化，使学生在环境的影响下能够有明确的学习目的和积极的学习态度，保证在线教学的有序高效进行。比如，提供个性化学习任务单，推送个性化学习内容和评价，提升学生学习兴趣，引导学生进行探究式学习，并关注学生的评价和反馈，改进课程建设，提升应用水平，不断提升高校思想政治理论课混合式教学的教学质量。

10. 教学资源与高校思政教学的混合

（1）传统文化

①营造传承优秀传统文化的良好社会氛围

当前市场经济环境产生的负面影响给优秀传统文化融入思想政治教育带来了一些现实性问题，应结合当下的实际情况做出积极应对，统筹社会多方面力量协同发力，为中华优秀传统文化发展做好环境建设。

第一，社会媒体担负起传承优秀传统文化的宣传责任。社会媒体在新闻报道的方向上要严守传播先进文化的高地，勇担蹈厉之责，传扬时代先声。首先要坚持正向宣传推出优秀传统文化作品，追求"日日新"的创作模式，以喜闻乐见的方式吸引年轻受众,与高校联袂展现中华民族凝神聚气的崇高气节。另一方面,社会与媒体环境中隐藏着优裕的隐性思想政治教育资源。因而要遵循传播规律,宣传极具代表性的中华优秀文化故事达成"成风化人"的育人功用;在不同场域的润物无声中磨砺其"思想筋骨",坚固其"精神脊梁"。另一方面,要及时发现和处理负面信息,将有效的建议与意见汇总并考证,如发现恶意传播不良、不实传统文化信息要启动应急措施,根据舆情管理条例等细则进行严肃处理或上报公安部门备案,协同捍卫传统文化的良性传播,助推中华优秀传统文化的创新驱动力,守护好华夏土壤中的优秀传统文化之根。

第二,加强理论研究工作促进传统文化的现代转换。优秀传统文化意蕴丰富,思想政治教育工作要想在教育教学中完善育人功用,在融入中获得实效。还要将视野拓宽,依托社会各界各领域的相关理论研究成果,将学理性作为开展工作的支撑点,针对当下传统文化教育转换不充分或者过度解读等现实问题,立足现代历史的文化基点来进行合理的学理性阐释与资源整合,选取与现代发展相适宜的内容进行融通。在融入过程中决不能简单复制已有的传统文化,要贯彻与时俱进的时代要求,进行文化的创新性发展工作。必须紧紧环绕加强学理研究这一亟待解决的问题,筑牢融入工作的"指挥部"。要全面把握优秀传统文化的内在逻辑与结构,以学术视角对优秀传统文化进行审视,将抽象的价值理论转变为具体可行的教学内容;还要做好优秀传统文化的现代化转换,扶正优秀传统文化的真正价值,并最终通过了解大学生的喜好,采用适宜的内容与形式将抽象的价值理论转化为行为准则。将理论的理念阐释清楚从而外化为实际行动。只有这样,才会实现优秀传统文化的现代化发展,助力优秀文化教育的大环境建设。

第三,鼓励创作弘扬优秀传统文化的影视文艺作品。时代发展为优秀传统文化的传承与弘扬提供了多元载体,影视文艺作品作为文化传播的重要载体之一。为人们聆听时代先声,以先进文化引领社会风尚丰富了喜闻乐见的艺术形式。习近平总书记曾多次在文艺工作座谈会上阐明其对于推动我国社会主义文化建设的重要意义。因此,通过影视文艺作品这一纽带来提升优秀传统文化的传承意识,并将其辐射到社会的各个阶层,是对人们潜移默化地进行优秀传统文化教育的极佳方式。如今生活节奏的加快使得人们期待富含精神内涵的作品,鼓励创作优秀传统文化体裁的影视文艺作品,既能赋予作品本身以传播与弘扬优秀文化的神圣使命,又有助于使其艺术创作不偏离历史方位在"正途"中行进,更有益于丰富人们的精神世界。譬如,央视举办的《中国诗词大会》就是影视文艺作品成功的范本,节目借助影视手段将诗词的意境、思想、语言之美精彩呈现,在传统与现实的交融中获得了观众对优秀传统文化的深层次认同。影视作品具有的传播范围广、艺术审美性强等特性，是很多教育载体不能比拟的，国家鼓励相关作品的创作必将有利于创设优秀传统文化教育的优良环境，会为优秀传统文化提供新的发展方向。

②将传统文化元素融入高校思想政治教育

A. 茶文化融入高校思想政治教育

第一，以茶会友，组织举办茶系列主题活动。在轻松自由的茶时光中渗透思政教育，让大学生在品茶的同时无形中接受思政引导。建议高校将茶系列主题活动定位或者设置成定时定期举办的活动类型，规模要稍微小一些，针对性、互动性和精致性要更强一些，多采用和借鉴座谈式模式，多关注学生的个性化特征，做到因材施教。在茶系列主题活动当中教师要下意识地引导学生做好社会主义核心价值观的坚定信仰者、积极传播者、模范践行者。茶系列主题活动以对话式分享发挥校园文化的素质养成功能，提升思想政治教育的亲和力和针对性；以浸润式引导发挥校园文化的价值导向功能，满足学生成长需求和期待，推进知与行的统一；以休闲式体验发挥校园文化的情操美育功能，培养健康的生活方式，营造风清气正的校园文化；经过一段时间的实践与探索，茶系列主题活动加强了与第一课堂的同向同行，形成了协同效应，增强了育人的针对性和有效性。

第二，树立问题导向，寻找创新方法。茶文化之所以能够在日新月异的社会变化中依然保持住如此重要的地位和价值，与茶文化中所蕴含的与时俱进、不断创新的思想理念有着非常紧密的关系。因此，在高校大学生思政教育工作当中，高校也要勇于创新和尝试，树立问题导向，积极寻求新的创新方式，将发现问题作为推动创新的契机，将创新作为解决问题的手段，坚持发现问题与解决问题相统一。近年来，针对大学生"家国情怀不够、理想抱负不足、乡风民情不熟、职业素养不高"，但思政教育内容相对传统、针对性不强，形式相对单一、吸引力不足等问题，学院积极探索大学生实践育人，以学生支部"红色印记"主题特色党日活动为切入点，逐步将实践教育延伸到学生党员培养的各个阶段，并进一步扩展到大学生思政教育全过程。创新开展"有风景的思政课"实践育人模式，以实物、实景、实例、实事为载体，让大学生走进绿水青山、田间地头、水库大坝、示范窗口，通过大量的实地参观、田野调研、动手实践、多维宣传活动，把爱国写在祖国大地上，把学问做到乡村田野里，让思政教育"有知有味"，让学生入脑入心，有效推进"八个相统一"。

第三，开设茶艺课程，渗透思政理念和内容。茶艺课程，即以茶艺为核心内容的课程。为了更充分地利用茶文化教育资源来辅助思政教,高校可结合自身实际情况来开设茶艺课程,并根据需求来定位茶艺课程,以便更加顺畅地将思政教育的内容渗透其中,减少不必要的问题和麻烦。关于如何在茶艺课程中渗透思政理念和内容,建议其从以下几个方面着手。

首先,注重"规矩"的渗透和养成。俗语有云:没有规矩不成方圆,一个懂规矩、守规矩、用规矩的人才能够成大事。茶艺对规矩是非常重视的,在茶艺课程当中,教师必须要向学生们渗透规矩的重要性,要时刻注重规矩的培养,要对学生茶艺的一招一式都提出明确的规矩要求,让学生们感受到规矩是不容更改的,要在潜移默化中帮助学生养成良好的茶艺习惯,将规矩感和秩序感深深烙印到学生的心中。此外,建议教师在茶艺课程当中要多给学生们传授一些古代师徒教学的理念,也可以尝试将古代师徒教学模式落实到实际教学当中来,比如,针对一些在茶艺课堂学习中表现不是很好的学生,可以适当予以惩戒,要通过此种方式让学生明白界限在哪里,规矩是什么,不可在课堂上做出任何不符合规矩的行为。

其次,多讲授文化史内容。其一,在茶艺课程中,教师要多给学生们讲授茶的历史,要让学生们感受到中国茶文化的博大精深。古代,茶不仅仅是饮品,其更是以药材的角色出现在各个朝代当中,让学生们意识到茶的重要性,以此来提高学生对茶的认知程度,端正其对茶文化的学习态度。其二,教师要给学生们讲授一些关于茶具的历史,于茶道而言,茶具是至关重要的组成部分,而且茶具有着非常丰富的历史文化含义。教师在阐述这些茶具的历史文化含义时,学生们对于茶具和茶道自然会产生一种崇敬感,也会更加认真地学习茶道仪式和礼节,对茶具也会更加呵护,学习效果自然也会越来越理想。

再次,在茶艺课程中渗透哲学思想。哲学思想是茶文化中至关重要的组成内容,教师在茶艺课程中必须要加强对哲学思想的渗透力度,要将茶文化中所包含的哲学思想和茶艺课程的内容紧密融合到一起。其侧重点要集中体现在几个方面:其一,渗透"明礼"思想。教师要借助"明礼"思想来引导学生树立服务意识和奉献精神,要让学生深刻体会到"礼"的重要性,要求他们在真实的学习和生活中以礼待人。其二,渗透"知止"思想。"知止"思想,核心在于虚怀若谷的心胸姿态和谦让包容的待人之道。在茶艺课程中,教师要渗透"知止"思想,帮助学生摆正心态,以更加包容谦虚的姿态去待物接人,以更高的标准来要求自己,逐步提升自身的综合素养。

B.传统家训文化融入高校思想政治教育

第一,传统家训文化中德育思想的当代价值。

首先，推动社会主义道德建设。现如今我国社会风气总体上是好的，但是也时不时出现一些道德沦丧事件。我国的社会主义道德建设提倡培养良好的个人品德、家庭美德、职业道德、社会公德，这些内容在传统家训中都有所体现。在个人品德方面，提倡勤勉自立，以德为先；在家庭美德方面，主张尊老爱幼、夫妻和睦；在职业道德方面，主张诚实守信、奉献社会；在社会公德方面，倡导文明守礼、助人为乐。有助于推动树立爱国思想。在传统家训里，很早之前就确定了家与国的关系，也强调了维护国家尊严的重要性。树立家国一体的意识，是为国家建设做贡献的前提条件。其次，增进对社会主义核心价值观的认同。习近平总书记指出，培育和践行社会主义核心价值观必须立足中国优秀传统文化。优秀的传统家训文化中蕴含着的德育思想是中华民族宝贵的精神财富，与社会主义核心价值观的内容有着共同的内涵，对弘扬核心价值观有着极大的参考意义，不仅可以促进对社会主义文化的认同，也可以促进对社会主,义核心价值观的认同。当前社会和学校加大了对我国优秀的传统文化的汲取和挖掘，兼之对培养优良家风的重视，有效地增进了公民对核心价值观的理解，并将其中的内涵落实到行动上。再次，形成良好的家风。中华文化之根上的集体认同与每个个体成长的精神足印就是家风，家风与家训对家族兴旺、家庭幸福和谐都有举足轻重的影响。传统家训文化对良好家风的传承发挥了很大的作用。在新时代，培养良好的家风离不开传统家训文化的指引。深入挖掘传统家训文化中的德育思想，对于培养良好的家风提供了文化基础。中共中央国务院印发的《新时代公民道德建设实施纲要》提出倡导现代家庭文明观念需要让美德在家庭中生根。

第二，传统家训文化中德育思想当代价值的实现路径。

首先，加强对传统家训文化中优秀德育思想的宣传和落实。随着网络技术和社会的快速发展，人们的生活和工作方式发生了极大变化，节奏越来越快，闲暇越来越有限；因此，传统纸质媒体的阅读市场受到限制，碎片化、视频化、针对性摄取信息的需求成为广大受众的首选。与此同时，新媒体技术发展方兴未艾。思想政治教育工作者应及时察觉这些新型媒体手段的巨大影响力，广泛利用电视，尤其是重视QQ、抖音、微信公众号、微博、微视、快手等社交软件的扩散效应，宣传传统家训文化中优秀德育思想。另外，关注传统家训中优秀德育思想的现代价值重点在于落实，需要社会、学校、家庭三方面协同发挥作用。政府应出台相关政策，加强在主流官方媒体的宣传力度，为优秀德育思想的落实提供政策保障；学校完善好相关课程；家长自觉学习优秀的德育思想，创建良好的家风、制定优秀的家训。

其次，丰富学校德育内容和方法。学校德育在提高学生的道德素质等方面发挥了重要作用，但是目前大部分学校德育方法还比较单一，仅仅停留在理论说教层面。内容上还存在陈旧缺乏新意的问题，尤其是一些理论说教空洞又缺乏感染力，与学生的实际生活相脱离，无法满足学生提高道德修养和健全理想人格的需要。德育工作者要根据受教育者的身心特点更新德育的内容，使传统的德育思想更能吸引学生的注意力，激发学生主动学习、自觉遵守的动力。此外，要为传统优秀德育思想增添时代内涵，使德育内容符合新时代道德建设的要求。要吸取传统家训文化中所运用的德育方法，注重德育方式方法的生活化，恰当运用隐性的德育方法，以达到更好的教育效果。

③优秀传统文化融入党团组织与校园文化活动

党团组织与校园文化活动可作为优秀传统文化融入思想政治教育的活动载体，充分发挥其特殊优势利用思想政治教育的内容开展实践性活动，以此活化优秀传统文化的人文精神，使学生在潜移默化中自觉接受优秀传统文化教育，提高思想道德素质。

A. 开展传承优秀传统文化的讲座和读书活动

融入工作中开展实践教育为大学生转变思想意识、提升优秀传统文化的理解力提供了"知行合一"的方式。应调动校园内可利用的实践平台联合图书馆开展讲座与读书活动，激发大学生的学习兴趣与主动性。邀请校内外在传统文化教育中较有影响力的专家、学者，开设名师国学讲堂、传统文化专题讲座，突破讲授人"一言堂"的陈旧模式，打造师生双向互通的优秀传统文化交流新格局。将讲座氛围与成效及时评估，在活动中总结经验与不足。为大学生深入领会传统文化的精髓进而对传统文化进行现代性转化搭建契机。另外，要对照国家《意见》中强调的"实施中华经典诵读工程"的重要指示，组织开展优秀传统文化的经典著作读书活动，帮助学生了解经典著作所承载的中华民族极具思想价值的内容，使师生意识到经典著作对于文化教育的不可替代性。并在经典著作的琅琅书声中提升大学生对优秀传统文化的认同，增加师生的知识储备、陶冶师生的道德情操。在诵读活动开展之时，要提前掌握学生的专业背景情况与认知水平，以便设置适宜的活动书目。最后，要有专人负责定期开展此项活动，在活动中引导学生畅谈读书体会，及时答疑解惑。

B. 注重校园文化活动体验优秀传统文化魅力

首先，要充分挖掘中国传统节日活动和民俗文化。中国是一个大国，有很多民族，人们说着不同的方言，吃着不同的菜肴，有着不同的精神世界，风俗习惯也是形态各异，等等。学校可以通过充分挖掘传统节日相关形式，和来自全国各地有着不同风俗的大学生们开展活动交流。让来自各个地域的大学生通过活动，体验到其他地域的风俗文化，感知中华文化的博大精深，在体验的过程中普及节日活动和民俗活动的背景知识，从而提升大学生学习优秀传统文化的主动性，增加学生对优秀传统文化的认同，进而增强学生的文化自信和民族自豪感。例如：端午节划船等活动。既能让学生感受节日气氛，又能通过体验活动增强大学生的集体凝聚力。有条件的学校可以深入当地社区、敬老院、爱心团体等，用当地的风俗习惯过传统节日，在敬老院或社区以及其他爱心团体当中传承和弘扬我们中华民族助人为乐、尊老爱幼的传统美德并体验中华民族的优秀传统文化。对大学生来说，校园环境是良好的教育环境，校园文化具有重要的价值熏陶作用，让传统文化融入校园文化，能够通过耳濡目染，从日常生活中提升大学生文化认同感，体验传统文化的魅力。在多种多样的形式和丰富多彩的内容的"包装"下，通过校园文化活动这种以为常的方式，将优秀传统文化推广给学生们，让学生们不由自主地体验传统文化的别样魅力，提升传统文化的传播效果。

（2）地方文化

①地方文化融入高校思想政治的重要性

第一，丰富高校思想政治教育内容。

高校思想政治教育要想取得良好的育人效果，必须坚持"以人为本"，坚持"贴近学生、贴近实际和贴近生活"的"三贴近"原则，如此才能使高校思想政治工作更有感染力和吸引力，我国各区域都有非常丰富而优秀的地域文化资源，这些资源的充分挖掘和利用具有重要的价值，它可以成为高校思想政治教育的重要内容。当前我国高校思政理论课课程体系建设已经非常完备，国家和教育部门（包括各省的教育主管部门）从宏观上规定了课程内容和要求，但是不少高校并未从自身实际情况出发，照抄照搬的较多，能够将当地地域文化主动融入高校思政理论课课程的高校并不多。高校思政理论课教学工作如想取得理想效果，就需要教师将理论和事实结合起来，把一些深邃的理论（尤其是马克思主义哲学原理等纯理论性的课程）融入具体的实例之中，使学生能够通过日常生活、学习、工作等活动感同身受，从而主动选择改变和提高自己。高校的学生长期生活在学校，而高校又位于一定的区域，当地地域文化会潜移默化地给学生带来影响。对于地方性高校来说，这些学生绝大部分来自于省内，不少还来自于当地区域，这些学生毕业后多会留在本地就业，区域文化必定能够为坐落于此地的高校开展思想政治教育提供优越的地理条件。地域文化富含多方面内容，既有悠久的乡土文化，也有浩如烟海的艺术作品（文学、绘画、书法等），还有与众不同的风俗习惯、建筑、方言、饮食等，这些都是地域文化精髓的外在或内在表现。将这些地域文化资源融入高校思想政治教育，既可提升高校学生综合素质，又可丰富高校思想政治教育内容。

第二，提升高校思想政治教育实效。

高校思想政治教育同样肩负着为社会主义现代化建设培养人才的历史重任，因此十分有必要通过诸多途径增强高校思想政治教育实效性。地域文化融入高校思想政治教育，能够拉近教育者和受教育者的距离，增强教育效果，利于学生综合素质的提升。通过课堂内外活动，将地域文化精髓，融入学生内心深处，将使他们深入了解、热爱地域文化，增强民族自信心、自豪感。地域文化中的创新精神，高校可以加以利用，以此培养学生的创新意识，使学生自觉落实创新行动。地域文化中蕴含的包容性精神，能够帮助学生养成乐观对人、对事的态度，促进个人身心全面健康发展。地域文化中的创业文化和企业精神，能够使学生提前了解社会，为其毕业以后创业、就业或继续深造打下坚实基础。地域文化中的乡土文化知识的引入，不仅可以丰富其课外知识增长其阅历，还可激发学生的乡土情怀，使其能够理性看待家乡的发展，继而产生对国家和民族深层次的认同感、自豪感。另一方面来说，地域文化是中华民族优秀文化的重要组成部分，把地域文化融入高校思想政治教育，可以使高校学生对地域文化产生强烈的认同感，有了这种文化的认同感，他们就能够把自身需求和地域文化精髓有机结合，开始认真细致地调整心态，理清思路，做出适合自己的选择，尽早实现自身角色转换，使自己适应社会发展。

②地方文化融入高校思想政治教育的措施

第一，完善教学内容为要点，助力地方文化资源融入高校思政课教学。

目前高校思政课程作为彰显国家教育方针和教育主流的重要载体，在意识形态教育的政治性以及主流性方面的表现较为突出。教学内容设置契合我国主流文化，全部统一采用马克思主义理论研究和建设工程重点教材，这就给意识形态教育的规范性和一致性提供了便利，使得思政课成为巩固我国意识形态教育的重要保障。然而因为教学中，很多教学内容具有较强的理论性和抽象性，教学效果受到了一定影响。因此，融入丰富多样的地方文化资源，能有效弥补思政课程在教学内容方面的不足，对于促进教学效果的提升有着十分重要的意义。但是地方文化资源的取舍是关键所在。将地方文化资源融入高校思政课程教学内容时，应做到以下两点。

首先，始终遵循政治性原则，思考地方文化资源是否符合开展社会主义意识形态教育的需要。只有与社会主义意识形态教育和社会主义文化发展方向相同的文化资源，才能将其纳入教学内容。例如将周恩来精神、雨花英烈精神、瞿秋白精神等地方红色文化纳入了教学内容之中，有效深化了学生对江苏红色文化的理解和认识。

其次，始终遵循与教学主题相符的原则。高校思政课程中包含多种多样的教学主题，所以在选取地方文化资源时，需要与教学主题相符，以此促进思政课程教学实效性的提升。比如在学生学习社会主义核心价值观时，课题将范仲淹的"先天下之忧而忧，后天下之乐而乐"和顾炎武的"天下兴亡，匹夫有责"等地方文化资源纳入课程教学之中，对于促进学生践行社会主义核心价值观有着十分重要的意义。

第二，以创新教学方法为重点，提升地方文化资源融入高校思政课教学成效。

以往高校在进行思政课程教学时，主要是采取理论式、填鸭式、学生被动式的灌输教育，在创新性上较为缺乏，对学生的吸引力不足。因此需要利用地方文化资源加强对其的改进，不断创新教学方法。例如，江苏省有着十分悠久的历史，是中国古代文明的重要发祥地。截至2018年，江苏共有13座国家历史文化名城，5座江苏省历史文化名城，32座中国历史文化名镇与江苏省历史文化名镇，5处中国历史文化街区。在江苏的地域文化中，还有楚汉文化、吴文化、金陵文化、淮扬文化、海洋文化等。基于此，相关课题组对江苏地方文化资源进行了充分调研和原始资料整理，并在思政课堂中将这些丰富的内容，采取专题演讲、微电影、课堂情景剧等方式进行展示与再解读，使得枯燥而又抽象的理论教学变得更具有自主性与探索性。其中，在专题演讲方面，它是提升学生分析问题能力、逻辑推理能力、语言表达能力的重要保障。江苏丰富的文化资源，给学生提供了大量的演讲素材，课题组成员不仅指导学生进行材料的搜集和整理，还在课堂中组织演讲活动，让学生诠释对江苏文化的理解，表达对江苏文化的热爱，从而强化对学生的爱国主义教育、社会主义核心价值观教育和中国特色社会主义文化教育。微电影短小精悍，灵活多样，这使得其得到了广泛运用。因此课题组试图将微电影纳入思政课程实践教学之中，采用微电影的形式将昆曲、锡剧、扬剧、淮剧、淮海戏、柳琴戏、江苏梆子等江苏戏曲进行展现，强化学生对江苏地方戏曲文化的认识，促进学生艺术素养与思政素养的提升。在课堂情景剧方面，主要是让学生结合课本知识，自主设计情景并分配角色，再以短剧的方式进行表演，从而打造灵活而又生动的课堂形式。

第三，高校社会实践活动中的深化拓展。

社会实践是高校思想政治教育开发利用地域文化的"第二"课堂，是课堂学习的拓展、延伸，通过社会实践，学生能够在做中知、在行中悟。高校要依托地方优秀的地域文化资源，在结合课堂教学基础上，在社会实践中融入地域文化。

首先，建立富含地方特色，具有长期性和稳定性的实践教学基地，定期组织学生开展校外教学实践，这种教学方式是高校课堂教学有益的补充，可让学生"零距离"直观感受地域文化。诸如，地方的博物馆、历史性遗迹、烈士陵园、纪念馆、古村落、古建筑，以及现代化的工业企业、城市和农村社区等，都是很好的可资利用的校外教学实践基地。通过与地方（政府、企业、农村等）加强合作交流，本着一切从实际出发的原则，投之以必要的物力、人力、财力建设实践教学所需的基础设施，同时做好带队教师的教学和管理培训工作。基地建成投入使用后，要安排日常维护和管理工作；而且，对基地的教学实践在运行过程中出现的问题，及时发现、及时解决，并对教学的内容、形式、效果及时进行评估和检测，不符合要求则立即更改调整教学课程。

其次，安排高校学生开展地域文化知识进中学活动。教学实践是高校学生的必修课之一，高校可将学生的教学实践安排在中学（初中、高中）进行，高校学生在授课时融入地域文化知识，既能提高授课效果、提升教学技能，又能锻炼自己的语言表达能力、随机应变能力、分析问题和处理问题的能力。加之，中学生对当地地域文化有深厚感情，易于接受，高校学生的授课能活跃课堂气氛、丰富他们的地域文化知识，同时还能促进地域文化的传承与保护。

再次，寒暑假社会调查活动。这种活动应由学校统一组织，建立健全相关规章制度，使活动制度化、标准化、规范化；要安排定向资金，使活动的开展有充足的物质基础；调研安排在寒暑假进行，在学期开学不久前就需组建调查队、选定调查主题、安排调查任务。比如，调研当地的历史文化、风俗习惯，访谈当地老者（对地域文化熟悉的人）等等。调研期间，由带队老师负责学生的生活、学习、工作等情况；调研当天晚上，师生积极思考地域文化在传承与保护过程中遇到的问题，以及相应的解决策略，在此基础上书写调研报告并上交学校。调研结束后，学校整理上交的材料，通过网络、新闻媒体、报纸杂志、微博、微信公众平台等将调研成果及时推介；对活动中涌现的好人、好事、好成果，给予奖励。

最后，志愿者活动。鼓励高校学生利用业余时间，组织或参与各类地域文化知识下村、下企业、下社区等公益宣传活动；或者，以志愿者身份参与当地地方文化事务；或者，以志愿者身份参与地域特色文化的维护和整理工作，等等。参加这样的志愿者活动,学生在宣传推介的同时自身也会感同身受,一方面接受地域文化的熏陶感染和思想洗礼,另一方面也可接受体力上强有力的锻炼,在与地域文化的接触过程中,学生能够养成关心集体、关爱他人的良好品质。但是志愿者参加此类志愿活动时必须注意自身人生和财产安全,更不要单独行动,要同组织者始终保持紧密联系,发现问题及时使用通信工具等报告。

第四,政府的积极引导和社会力量的支持。

将地域文化融入高校思想政治教育仅靠高校的力量是远远不够的,政府(尤其是地方政府)也应该为之提供保障。一是政府可以利用自身所掌握的信息资源优势,定期对高校思政理论课教师进行培训。在这方面,中国共产党和政府一直以来都特别注重高校思想政治教育工作,为此采取了诸多措施,尤其是高校思政理论课教师的培训,这能为高校思想政治教育开发利用地域文化创造重要条件。比如,2005 年中宣部、教育部、总政治部等几部门,"联合举办高校哲学社会科学教学科研骨干研修班,计划用 3 年左右时间对全国高校哲学社会科学教学科研骨干分期分批进行系统轮……包括学习和考察并深入了解革命传统、现实国情和改革开放以来中国特色社会主义建设的伟大实践。"[①] 再如,中共中央宣传部、教育部决定从 2009 年暑假开始,"两部门每年寒暑假组织部分高校思政理论课骨干教师到改革开放前沿区域、工农业生产基地、贫困落后地区调查和研究,到爱国主义教育基地、革命历史纪念地考察学习,同时就相关问题开展交流研讨、听取报告以及撰写考察报告等"。这些活动的开展可开阔教师视野,使教师更深入了解国情,增强感性认识,为今后开发利用地域文化资源,使之融入高校思政理论课提供了便利。二是为地域文化资源进高校提供资金支持。"百年大计,教育为本",地方政府应随着地方经济发展,不断增加高校开发利用地域文化资源的经费投入,使之用于开发利用地域文化资源的科研活动、社会实践基地建设、宣传活动等。三是政府、高校以及社会力量共同合作,根据地方实际,打造具有地域文化特色的文化产业,使之以旅游资源的形式呈现在世人面前,既能为地方创收,又能很好地开发和利用地域文化资源。同时,在对高校学生适当培训和教育的基础上,安排他们在文化产业园内,对游客进行免费的地域文化知识宣传,这也将充分调动学生学习、宣传地域文化的积极性。四是加快建设与地域文化产业发展方向相符合的重点特色学科和研究培养基地,在大力推进人才培养和学科建设的同时,将地域文化资源转化为经济资源,为地方经济发展贡献力量。

---

① 本刊记者.确保高校思想政治理论课新课程方案高质量实施的有力举措——访教育部社科司司长杨光同志 [J].思想理论教育导刊,2007(5):4-5.

第五，以教学实践为载体，推动地方文化资源融入高校思政课教学。

高校思政课堂不仅要传播知识，还需要强化学生道德情感的培养和价值观的树立。但传统高校思政课堂主要注重知识传播和价值观树立，在情感培养方面往往较为忽视，所以其教学实践方面需要不断创新，加强对地方文化资源的应用。

首先，融入地方文化资源，有助于增强思政课教学的体验性。学生在接受知识和树立价值观的过程中，势必涉及情感，而在思政课的教学实践中融入地方文化资源，有助于学生情感体验的强化。例如在思政课教学中，为强化传统文化的传承与发展，可以引入与当地有关的成语典故，引领学生从成语典故中感受地方文化，并通过讲解，使学生在现场体验中加强对传统文化的认同。例如江苏省高校可引入与项羽有关的典故"破釜沉舟"，通过这个典故来激励学生下定决心做好某些事。

其次，利用地方文化资源丰富教学实践。在高校思政课程教学中，往往需要开展教学实践活动来强化学生对专业知识的学习。比如为切实强化学生的意识形态教育，增强学生的文化自信，增进学生的文化认同，在思政教学中，始终注重地方文化资源的融入，有效奠定了坚定文化自信的基础，始终注重地方革命文化资源的传承，有效打造了独特的文化标识，始终注重社会主义先进文化与江苏地方文化资源的结合，为增强文化自信、增进文化认同、铸牢中华民族共同体意识供给了充足的力量源泉。

第六，高校需要重视开发和利用地域文化。

高校要充分重视对地域文化资源的开发利用，主动承担起责任，为地域文化进高校创造良好的条件。

首先，加大资金投入。地域文化融入高校课程、高校校园文化、高校社会实践，以及相关的课题研究、师资培训等，都需要资金支持，这是地域文化融入高校思想政治教育的物质基础。一方面，高校可专门设立地域文化保护和开发的专项资金，并根据学校自身实际情况，有计划、有选择地逐年增加经费投入。另一方面，高校要抓住一切可以利用的机会，全方位、多角度筹集资金，为地域文化引入高校思想政治教育奠定物质条件。

其次，高校要充分重视引进和培养这方面的教师。一支政治素质高、能力强、业务熟，对当地地域文化知识十分热爱并且熟悉的专业性师资队伍，是能够使地域文化发挥思想政治教育作用的关键性所在，高校要在这方面做好功课。对于有本地地域文化知识背景的专业型、复合型人才，在人才引进、业务培训、职称的晋升等方面为之提供方便，为他们的工作、生活和科研等营造良好的氛围，这样能够不断提升授课教师的地域文化知识水平。同时，要加强校与校之间教师的交流和学习（定期或不定期），及时分享地域文化给高校思想政治教育工作带来的成效与不足，总结经验与教训，使教育者的综合素质不断得到提升。

再次，重视对地域文化资源的研究与开发。高校要根据区情和校情建立研发基地，切实加强对地域文化资源的研究与开发，形成特色鲜明的研发基地、研究重点以及研究成果。各校思想政治理论教研部门以及相关研究机构，应在地域文化资源保护和开发利用方面发挥主干作用，高校应为相关课题研究提供方便，对于研究前景比较好的科研项目重点扶持、重点建设，为地域文化进校园搭建坚实的科研平台。另外，高校也可以加强同社会力量方面的合作，使地域文化资源的研发工作向纵深方向发展。比如，高校可以同政府文化部门、宣传部门、社会科学研究部门，以及企业、社会性学术群体等，联合开展研发工作，努力形成系统性、全面性以及动态性的地域文化资源研究成果。研发的学术成果，要及时加以推介，并适当融入高校课程教学，使之焕发出勃勃生机。

最后，重视地域文化知识教学评价体系建设。教学评价体系的建设，其作用不容置疑。当前高校在将地域文化资源融入高校思想政治教育过程时，应按照符合地域情况、学校情况、教师情况、学生情况的"四符合"原则要求，建立地域文化知识评价体系，使地域文化知识融入高校思政理论课教学更加规范、科学。

在教师教学评价上，尝试建立科学可执行的地域文化知识教学评价方案，将学生评价、教师自我评价、校内外专家评价、校教学督导组评价等相结合，学生评价分数应占总评分数的50%以上，评价采用匿名形式进行。对评价结果优秀的教师，学校应给予物质或精神的奖励，将其教学的成功经验通过报刊杂志、新闻媒体、广播、电视、网络等，及时宣传。对于总评分数较低的老师，学校以及学院教学部门应帮助其查找原因，寻找解决对策，以利于其以后的教学。在对学生的评价方式上，教师要首先设计好考核评价方式，多样化评价，将理论成绩与实践成绩相结合、笔试成绩与面试成绩相结合、平时成绩与期末成绩相结合、闭卷成绩和开卷成绩相结合，以提高教学质量和教学效果。

（3）革命文化

将"两弹一星"精神融入大学生思想政治教育对于我国高校来说是一项全新的课题，在融入的过程中我们不仅要考虑从何种渠道入手，还要考虑当代大学生对于该精神的一个接纳程度。所以，我们在融入的过程中要充分考虑大学生人群的特点，去制定适合他们的一个融合方案。这就要求我们要构建"两弹一星"精神教育新模式，开创协同育人新局面。

①奏响实践教学活动"交响乐"

实践教学活动的开展，是大学生思想政治教育的一个重要环节。它有利于学生将思政课堂上所学到的理论知识内化于心、外化于行，从而增强他们自身的思想政治素养。所以，大学生思想政治教育必须将理论教学与实践教学相统一。

在"两弹一星"精神融入大学生思想政治教育的进程中，增强实践教学活动也能提升该精神对于学生的亲和力。首先，高校可以组织师生参观"两弹一星"工程的博物馆、红色文化教育基地和研制旧址等，将"两弹一星"精神更加生动灵活地展现在大学生面前，提高他们对该精神的兴趣和对科研人员的敬意。其次，可以开展与红色文化相关的各种特色活动，利用这些红色文化展示平台可以更好地推动红色文化进入校园，在一定程度上也能为"两弹一星"精神融入大学生思想政治教育打下良好的基础，为学生树魂、立根、打底色。

我国很多高校在传承和弘扬优秀传统文化上面有很多值得借鉴的东西。比如，浙江大学开展的"先锋学子"全员培训计划和"竺可桢奖"的制定颁发，中国地质大学开展的八大文化建设工程就是以楚文化为依托，以及南开大学举办的"三大工程"等等。我们在大学生中传承和弘扬"两弹一星"精神可以充分借鉴这些活动经验，发挥其对大学生树立正确的历史观、国家观、民族观的"主心骨"作用，构建该精神与思想政治教育在高校中的协同育人作用。

②擦亮红色文化名片，为"两弹一星"精神圈粉

为扎实推进"两弹一星"精神深度融入大学生思想政治教育，建议高校与"两弹一星"精神文化教育基地、博物馆和研制旧址开展深度合作。将学生的课上理论与课下实践充分的结合起来，还可与"两弹一星"精神研究基地开展科学研究，带领学生深入挖掘其当代价值与在高校中的育人价值。在这一方面我们可以学习优秀传统文化的发展和弘扬，挖掘它的深厚底蕴和时代价值打造出来的精品文化品牌。例如一些革命老区遵义、延安和井冈山以爱国为主体开展的一系列教育活动，让红色文化在当代得到充分的弘扬与传承，让人们回望革命先辈们所经历的艰难险阻，激励人们自己不忘初心，砥砺前行。高校要多组织学生参与这种社会实践活动，身临其境去感悟"两弹一星"精神的精髓与科研人员顽强的意志，从而提升大学生的思想政治素养。让高校思想政治教育从枯燥无味的理论课堂解放出来，变得有声有色，又创新务实。

③继承"两弹一星"精神的优秀精髓

因为"两弹一星"工程的研制大多在偏远山区和沙漠戈壁，所以博物馆、研制旧址等地都远离城市，资源分布不均。为解决"两弹一星"精神教育资源分布

不均的问题，高校可以选择有关书籍作为传播该精神的另一重要载体。我们要充分弘扬和传承"两弹一星"精神中的爱国主义精神、集体主义精神、艰苦奋斗精神和科学创新精神，再充分结合当代大学生的特点和思维模式将其编制成册，制作成大学生们喜闻乐见的形式，以此在高校中厚植文化自信。

除了正面向大学生推广和弘扬"两弹一星"精神之外，高校还可以向学生宣传其他红色文化，图书馆可以采购一批优秀传统文化及红色文化普及书目，大力宣扬社会主义优秀文化的魅力，向当代青少年宣扬红色文化魅力，再由他们向世界讲好中国故事，传播出中国声音，展现出中国特色。近年来，大学生的就业形势越来越严峻，高校也就开始逐渐重视大学生的创新创业教育。思想政治教育要贯穿于大学生创新创业教育的全过程，与"两弹一星"精神相连接，扶持大学生积极开发其该精神的相关资源，向社会输出与"两弹一星"精神有关的系列文化产品。西北师范大学的一个创业团队"睒子本生"，为了弘扬敦煌文化，形成的以公司、高校、民间手艺人相结合的研究团队。我们可以利用这种模式，积极鼓励学生成立与"两弹一星"精神有关的创新创业团队，打造与其有关的文化产品，推动"两弹一星"精神走向世界。同时，这一做法让大学生在深刻领略传统文化魅力的同时，厚植文化自信，发扬文化育人的功能。

（4）社会主义先进文化

①新时代高校加强"四史"教育的必要性

A. 加强"四史"教育是高校创新思想政治理论课的实务需求

思想政治理论课的根本任务是实现立德树人，这就要求其必须承载党和国家对于新时代人才培养的规范性要求，即培养德才兼备、又红又专的时代新人，在传授大学生理论知识的过程中，尤其要注重对其信仰价值观的引导教育。"四史"是中国特色社会主义先进文化的杰出代表，高校加强"四史"教育能够丰富现有的思想政治理论课的教学内容，创新思想政治理论课的表达形式，提升思想政治理论课的教学实效。

a. 加强"四史"教育能够丰富高校思想政治理论课的教学内容。目前高校思想政治理论课多为对教材中思想理论的讲述，通过理论知识的灌输来启发学生的情感认同，从而使大学生将知识内化于心，外化于行。而采用将"四史"内容引入课堂的形式，利用生动典型的历史事例来辅助大学生理解抽象性的纯理论知识，则有助于拉近大学生与历史的时空距离，深入了解近现代以来中华民族曲折发展的历史，加深对中国共产党领导的革命、建设和改革实际情况的认识，帮助大学生提高对历史唯物主义的认知，强化民族自豪感和爱国主义精神，更好明晰初心和使命，形成对中国特色社会主义信仰的感性认知。

b.加强"四史"教育能够创新高校思想政治理论课的表达形式。思想政治理论课是高校思想政治教育的主渠道，承担着讲好中国故事、实现铸魂育人的时代使命，而坚持思想政治教育方法的多样性是提高其教育实效的客观要求。"四史"教育可以采用"讲故事"的教学手法，通过内在红色故事的鲜活题材来创新教材内容的表达方式，充分利用革命纪念馆等历史遗迹来进行实地参观学习，在潜移默化中帮助学生树立正确的价值观念。例如通过讲述"半条棉被"的红色故事，可以有效引导大学生理解革命战争时期中国共产党与人民群众的鱼水之情，深刻认识到中国共产党群众路线的内容和意义，更好帮助其利用厚重生动的红色文化来提升自身知识水平。

c.加强"四史"教育能够提升高校思想政治理论课的教学实效。理论思维不能脱离现实的土壤，高校思想政治理论课的重点在于通过弘扬中国特色社会主义先进文化，培育新时代大学生爱国主义情怀，提高其思想道德修养水平，实现对大学生理想信念的正确引导。单一抽象的理论思维教学在一定程度上会抑制大学生学习知识的积极性，影响其价值情感认知水平的提升。"四史"文化资源可以为思想政治理论课提供一个实践学习平台，历史中的红色榜样所具有的示范激励作用可以帮助大学生在历史故事中更好地了解过去、把握现在、预见未来，激发大学生学习理论知识的兴趣，促进大学生对理论知识的内化。

B.加强"四史"教育是促进大学生自我成长的内在需要

新时代高校德育目标是致力于培养和造就能够担当起民族复兴大任的时代新人，在于解决教育"培养什么人、怎样培养人、为谁培养人"这个根本问题，因此高校必须注意加强大学生的理想信念教育，培养塑造"有理想、有本领、有担当"的新时代青年。加强"四史"教育可以有效化解部分大学生存在的历史认同危机问题，增强大学生的历史使命感，帮助其形成正确的历史观。

a.加强"四史"教育可以有效减少历史虚无主义对大学生的冲击。历史虚无主义思潮彻底违背历史研究应当坚持的实事求是原则，它实质上是对党领导的革命事业和社会主义建设事业在内的中华民族发展史的抹黑，是在意识形态领域对马克思主义指导地位的颠覆。当前，历史虚无主义思潮凭借着网络信息技术的迅猛发展在大学生群体中快速传播。在历史虚无主义思潮的侵蚀下，大学生的价值观念容易出现混乱和迷茫，这无疑会弱化大学生的青年先锋作用，淡化高校传统理想信念教育的效果，从而对现阶段高校思想政治教育工作提出严峻挑战。为此，高校应当强化"四史"教育的新定位，在课堂上注重通过典型历史事件和生动历史人物的故事来弘扬正确的历史观，使大学生加深对中国近现代史的认识程度，坚定自身的政治立场，强化政治自信，自觉抵御历史虚无主义思潮的侵扰。

b. 加强"四史"教育可以有效帮助大学生形成正确的历史信仰。"四史"蕴含的丰富历史内涵彰显着中国共产党人的优良传统和优秀作风，其内在的红色文化流露出来的昂扬向上的奋斗精神、许身报国的爱国情怀、视死如归的革命意志和宁死不屈的守节品质等，是中华民族乐观、忠诚、奉献、拼搏等高尚精神的外化，这些无一不是当代大学生所急需的优秀思想文化资源。高校加强"四史"精神的学习教育，有助于大学生汇聚"向上""求真""臻善""崇美"的精神力量，提高大学生自身的历史知识素养水平，自觉运用辩证唯物主义和历史唯物主义思维看待历史，从而充分学习革命精神和革命思想，增强中华民族的自豪感和认同感。同时高校可以运用"四史"教育来加强大学生的爱国主义情怀，强化大学生政治信仰的立场，提升大学生的文化自信，进而完善大学生理想信念教育机制，促进青年学生身心健康成长。

c. 加强"四史"教育是破解大学生信仰教育困境的理想思路

强化大学生马克思主义信仰教育的深度，提高理想信念教育的水平，这是现阶段高校落实立德树人根本任务的必然要求。牢记初心使命，学习红色历史，感悟红色精神，传承红色基因，始终保持积极向上、斗志昂扬的精神状态和奋斗姿态践行崇高理想信念，为振兴中华而砥砺前行，这是新时代党和国家对广大青年的殷切期望，也是高校在加强大学生马克思主义信仰教育领域的方向指导。然而高校在将马克思主义信仰教育融入实践育人体系的过程中，出现了方法僵化、针对性差、效果欠佳等一系列问题，这对大学生形成正确的信仰产生了一些阻碍。加强"四史"教育则是高校有效破解这一实践困境的思路探索。

a. 加强"四史"教育可以有效融合和创新大学生信仰教育的方式。当前世界范围内激烈的国际竞争的实质就是人才的竞争，大学生是国家建设发展的栋梁之材，其思想信仰的高度和忠诚度是高校思想政治教育效果的关键体现。当前高校思想政治理论课程虽然整体上贯穿了"四史"教育，但是一些教学单位不能很好落实，对"四史"教育缺乏合理规划，各门理论课程各自为政，未能形成有机衔接和结合，致使大学生学习过程中难以全面系统了解"四史"教育的内容和意义，对其蕴含的思想信念价值观也产生隔阂，进而对高校信仰教育的实效性的提升产生一定影响。高校要着重应对大学生思想领域出现的问题，积极完善信仰教育过程中出现的不足。"四史"教育蕴含着丰富的民族精神和时代精神，是从历史和现实的角度对教材中思想理论的实践体现，其内在的红色故事就可以很好引导大学生树立马克思主义信仰，加强对大学生的政治引领，提升大学生理想信仰教育的效果。

b.加强"四史"教育可以有效改善大学生信仰价值的认同问题。当前大学生群体对于信仰教育存在的问题主要是对马克思主义信仰教育的认知不足和认同缺失。同时，部分高校对于信仰教育的重视度不高，信仰教育在一定程度上局限于思想政治理论课程特定的内容范围，缺乏对学生学习环境的整体性关注和研究；信仰教育的方式长期以来较为单一固定，忽略了新时代大学生的生活环境，他们对课本上红色历史知识的背景存在着认知隔阂，对于蕴含于其中的信仰精神也不能形成很好地理解和认同。因此，高校必须加强"四史"教育以提高马克思主义信仰教育的说服性，结合大学生的个体需求进行引导，加强唯物主义历史观教育的实践性，精炼红色历史文化的时代价值，加强信仰教育的感染性，引导大学生从红色历史精神中去探求信仰，从而转化为自己的人生信仰和行动指南。

②抗疫精神与高校思想政治教育的融合

A.挖掘战"疫"英雄，发挥榜样引领作用

历史大浪淘尽无数英雄人物，如果说邱少云、黄继光、雷锋等英雄让人"只敢远观"，那么疫情期间涌现的无数"新"英雄，上至钟南山、李兰娟院士，下至周洋、赵珺延"小英雄"，都是值得我们学习，也能够学习的榜样。疫情暴发最严重的时期，全国大中小学校纷纷延期开学，大学生们也各自被迫"困"于家中，在此期间，许多中华儿女积极响应党中央号召，有序加入抗击疫情的斗争，为维护人民健康安全贡献力量。其中不乏大学生身影。

榜样的力量是无穷的，来自同辈群体的价值引领和思想教育更是深刻。各大高校可以充分利用同辈教育，组织开办抗疫专题活动，挖掘身边的战疫小英雄，形成"以生育生，互促互进"的教育格局。首先，各班班主任、辅导员应牵头起势，组织班委，精心设计一场如以"寻找身边的抗疫小英雄"为主题的班级活动，组织"抗疫小英雄"依次发言，讲述其在参与抗疫防疫过程中的所见所闻、所思所感，并以"抗疫中的所见所闻"为主题，组织学生自由发言，让来自全国各地的同学讲述自己家乡的防疫事迹，和自己所亲身经历的抗疫事件，以及在这场艰苦卓绝的战疫中的感想和体会。以此鼓励同学们向榜样学习，在班级乃至学校范围内形成一股良性竞争氛围。其次，院系可以进一步扩大活动范围，将各班级评、选出的英雄代表再次集结，在全院召开表彰大会，并对其进行一定的物质或精神表扬，从学院层面肯定"小英雄"们的责任与担当，最后，可以将院系评选出来的优秀抗疫小英雄通过学校公告栏、广播等形式加以表扬和宣传，营造一种向优秀看齐的文化氛围，加深大学生对伟大抗疫精神的理解和鼓励大学生积极进行伟大抗疫精神实践。

B.依托"云上思政课"，弘扬伟大抗疫精神

疫情暴发后，掀起一场国际范围内的舆论风暴，个别资本主义国家借机向我国泼脏水，恶意扩散"中国病毒论"等不实言论，实则是一场意识形态领域内的侵略。特别是对于世界观、价值观尚未固定的青年大学生来说，无疑是一次重大思想撞击。在抗击疫情的关键时期，高校思想政治教育工作者应把握关键节点，树立主动意识，占据网络思政高地，充分发挥意识形态引领作用，直面实际问题，主动发声，及时答疑解惑。

首先，高校应抓紧培训思政教师基本网络知识，提高思政教师基本网络素养，积极开展"云上思政课"。一是可利用钉钉、腾讯课堂、企业微信等网络平台，展开网络教学。二是针对学生特点，选择和开发适合学生学习的网络课程模式，在确保落实"停课不停学不停教"的基础之上，保证教学质量不缩水、教学效果不打折、教学进度不落后。同时，充分整合网络资源，为学生自主学习提供丰富的优质资源。其次，学校应充分发挥党团组织的政治核心领导作用，依托互联网，引导学生学习习近平总书记关于疫情防控工作的重要讲话，深入贯彻落实伟大抗疫精神。需要特别说明的是，据了解，当前高校党组织在开展疫情相关专题学习会等方面做得比较好，但团组织基本没有组织相关的学习。要知道，高校共青团组织是中国共产党领导的先进青年的群团组织，是高校大多数大学生的组织归属，源源不断地为党和国家事业的建设输送新生力量和工作骨干，思想政治工作贯穿所开展的全部工作，是高校大学生思想政治教育的重要阵地。学校应主动搭建并完善团组织机构，利用互联网，创建微信或QQ群在线交流平台，并指派专人进行集中管理。通过开展"云团课"，将疫情期间中央各类重要讲话精神传递到大学生中去，不断提升大学生政治素养，不断增进大学生理论认同和政治认同，促进大学生深刻体悟伟大抗疫精神。

C.加强线上交流，及时进行心理疏导

疫情当下，虽然我国现已成功转入常态化防控阶段，但严防严控、群防群控仍是主题。大学生在经过2020年春季延期开学长达几个月的居家隔离，加之开学后学校的封闭式校园管理，难免有所不适。容易滋生散漫、厌学等消极心理，严重的会出现焦虑、抑郁等心理疾病。在此特殊时期，大学生思想政治教育工作应该与大学生心理健康教育工作相互配合，共同维护大学生积极向上的心理状态和乐观拼搏的人生态度。

首先，高校应结合疫情实际，开通大学生线上心理咨询服务直通车，除了科普系列疫情防控知识，发布保持心理健康的知识和帮助大学生正视心理健康问题的常识以外，还要指任专门教师，引导大学生找准"树洞"，及时吐露苦水，排遣消极情绪。针对大学生对未知所产生的恐惧心理，老师要"对症下药"，及时纠偏指错，提高大学生对复杂信息的甄别能力，锤炼大学生心理承重能力；针对大学生的学习、就业压力，老师要深入了解情况，针对学生的不同性格特征，以鼓励教育为主，尽可能地与大学生处于同一水平线上，进行平等、民主地沟通交流，温和地做好大学生思想政治教育工作，以免激起大学生的逆反心理。

其次，高校辅导员要发挥作用，做好特殊时期大学生的人文关怀工作。新冠肺炎疫情百年难遇，大学生久居家室而不出、封闭管理不得自由，对于自律性强、心理素质较高的学生往往能够平稳度过，但对于自律性较差、心理承受能力、抗压能力较弱的同学，心理、生理可能会衍生出诸多问题，作为与大学生联系较为密切的高校辅导员，应重点关注大学生心理健康状况，以预防为基本前提、以解决问题为根本旨归，及时发现、诊疗学生心理问题。对问题学生要多加关怀，以帮助解决实际困难为基础，以鼓励、引导为前提，耐心、细心地倾听学生的内心世界，帮助学生排忧解难。如涉及家庭矛盾问题，可联系学生家长进行沟通交流，但要注意保护学生隐私。必要时，也可寻求学院以及学校领导的帮助。如无法从根本上解决学生问题，也要第一时间稳定学生情绪，并及时上报学院，进一步针对学生具体实际，拟定更加完善的解决对策，及时解决问题。

四、翻转课堂教学模式

（一）翻转课堂的理论基础

对翻转课堂的阐述，首先要了解教学模式的含义，即包括教学内容决定的教学体系和大纲，在教学过程中形成的对学生的学习习惯、学习素养、学习能力以及学习思路的教育，进而实现教学目标。全方位特性作为翻转课堂的特殊之处，在教学过程中发挥的重要功能，在国外被称之为影响意义较大的模式之一，因此在国内外被普遍采用，适用的范围越来越广。翻转课堂的教学模式就是以情境为核心，在这一背景下，学生的被动地位变为主体地位，学生的积极性和主动性就提高了，学习兴趣逐步变得浓厚，良好的学习习惯就会养成，为学生更好地完成学业发挥重要作用。

1. 建构主义理论

所谓建构主义理论就是在知识的传递和学习中，教师的主导和主体地位变为学生，变"刺激—反应"的教学模式为学生主动学、自愿学、自己学。那么，在建构主义理论的指导下，翻转课堂就把教学和课堂的中心转移到了学生身上，变学生的被动地位为主动地位，让他们主动学习，被动的灌输变为主动接受，自己主观意愿去接受教师传递的信息，或者说在接受这种信息之前就对信息有所了解，然后自主对信息选择、加工甚至是建构和完善，形成自己的知识体系和理论构架，因此说，这种理论和翻转课堂是相符合的，是翻转课堂的理论基础。

2. 布卢姆的掌握学习理论

布卢姆的掌握学习理论，作为卡罗尔学习理论的发展理论，吸取了后者的五大变量理论之后，提出了自己的模型——学习理论模型，这种模型在实践中进行了验证和实施。这五大变量包括学习时间、学习毅力、教学质量、理解教学的能力和能力倾向，他们之间相互依赖相互影响，进而对学生的学习状态和学习目标产生影响。所以布卢姆的"掌握而教"的学习理论适合于所有的学生，更适合翻转课堂的学习模式，是翻转课堂教学模式的基础理论。

3. 自主学习理论

自主学习，顾名思义就是指学生自己决定自己的学习内容和学习状态，对自己的学习程序、学习环节、学习目标进行自我决定，然后判断学习任务和学习目的是否实现的过程然后在此基础上进一步深化和凝练，提高学习效率，因此，自主学习理论具有三个特征——自立性、自为性和自律性。因此，从自主学习的概念以及自主学习理论的特征可以证明，学生是依靠自己来完成学习任务，实现学习目标的。在翻转课堂的学习过程中，学生的自主权和参与权都转到学生身上，不论在课堂上还是课堂前的预习阶段，学生的主体地位凸显出来，自己选择适合自己的学习方法和学习路径来完成学习任务，这就是自主学习理论的深刻体现。利用课堂时间自己学习，学习效率的提高，可以提前在课堂完成家庭作业，然后对兴趣小组活动的顺利开展有重要意义。在教师愿意提供各种资料和材料的课堂上，再加上教师的指导下，学生会提高课堂上的学习效率，由此学生的主体地位提升，增加学习活动的探索性、延伸性以及开拓性。但是，要学会一分为二看问题，辩证看待，也要看到教师能够提供的材料和资源的有限性，完成学生理想中的目标还有差距，困难难以克服，最为重要的是可以支撑的技术还是大大被限制了，这是关键所在，解决了这个问题，学生的积极性和自主性就会相应提高。由此看出，这一理论也是翻转课堂的重要基础。

4.人本主义的学习理论

自主性是学校教育教学中最为看重的,学习任务的完成和学习目标的实现就是依赖于学生积极性主动性在学习过程中的发挥,自己主宰自己的学习过程和学习状态,这与翻转课堂是不谋而合的。发挥自己的主动性和主观能动性去学习,这是人本主义学习理论的出发点和落脚点。与此同时,人本主义学习理论还强调学生作为人,最为重要的是他们的尊严和价值,要对每一位学生充分关注,注重他们全面整体的进步和发展,最终实现他们的价值。所以,人本主义理论在翻转课堂中体现在,变学生的被动为主动,关注其个性发展的同时注重其整体全面发展,调动学生的积极性和主动性,让学生自觉自愿去学习,而且要注重所学内容对学生而言具有重要的实际意义。因此,罗杰斯认为,在学习过程中对于教师和学生的位置和作用,强调教师要发挥主导作用,激发学生的驱动力,在此基础上挖掘学生的潜能,让学生释放自我,实现自我,实现他们的价值。对于学习的内容,教师应该依据对学生的意义和价值进行筛选,学习任务不能太重,学习目的不能太多,要在经验的基础上对所学内容进行适当选择,内容的理论价值和现实价值对于学生的重要意义,所以要本着引导的原则,在整体发展的基础上去调动学生的积极性、主动性和创造性,去参与到学习过程中,来适应不断发展变化的社会。

(二) 高校思政课翻转课堂方法新思路

1.理论知识与实际能力相结合的翻转课堂方法

高校的教育教学的特征是比较注重学生实际能力的培养。展现在思政课程翻转课堂上,就需要秉持实践与理论并重的教学理念。高校对于思政课程的培养需要摒弃注重理论轻实践的教学观念。理论知识是实践的基础,这是毋庸置疑的。但是在网络环境下变化发展的节奏极快,仅依靠理论知识的学习,在没有更多实践能力拓展的情况下,学生是很难适应社会实际需求的。所以,在思政翻转课堂中,要时刻了解网络环境的变化,深入了解课程的发展变化。在教学上注意理论知识与实际能力有效结合,给予学生主动学习和研究的成长空间,达到翻转课堂的目的。因此,高校应当投入更多的精力发展具有高校特色注重实际需求的翻转课堂模式。

2.理论知识与学生竞赛相结合的翻转课堂方法

高校思政翻转课堂的可以采取多元化的教学方式,课程内容不能仅仅只是学生在课堂本身的培训。可以通过竞赛的方式让学生看到自己的学习成果,这也是结合学生争强好胜的心理特点进行正确的引导教学。激发学生在翻转课堂中积极表现的意识,学生对于思政课程的意义也会有更深刻的认识,这在某种程度上能够有效提升课程的教学成果。与此同时,这也为教师教学提供了丰富的教学案例。教师可以在课程上根据学生特点安排适宜的竞赛活动,竞赛活动的内容需要根据现实的问题进行安排,并且接近于真实的素材也能进一步激发学生参与的兴趣,引导学生了解现实问题。教师把学生进行分组来进行思政项目的竞赛。为了强化学生对竞赛的参与感,根据团队表现进行评分,给予适当的奖励,也能增强学生的集体荣誉感。此外,还可以把与思政相关的竞赛引入到翻转课堂中来。很多校内外安排的竞赛活动也是结合当前最实际的需求进行的。通过模拟竞赛的方式,进一步培养学生的实际处理问题的能力,增强学生对思政课程主动深入探索的兴趣,达到翻转课堂的目的。

3. 培养目标与就业选择相结合的翻转课堂方法

高校注重学生实际能力的培养,也是希望学生能够毕业后找到适宜的工作,顺利实现就业的目的。因此,思政课程的培养应当与就业选择相结合。就业选择往往需要思政的指导,进一步细化学生毕业后的发展岗位。为了让学生更加适应社会的发展,并有更好的发展空间,可以为学生就业岗位需求指导,明确未来的发展方向。根据学生的选择意向在课程上有针对性地进行培养,这样也有利于学生毕业后能尽快适应岗位需求,提高学生自主选择性,达到翻转课堂的目的。

五、"学研拓思"教学模式

思想政治理论课作为关键课程,如何提高其针对性和实效性是当前必须面对的重大现实问题。"学研拓思"教学模式探索实现从被动学习向主动学习的转化,实现教学切入点从单一灌输向引导探究的转化,实现教学关键点从理论知识传授向实践能力培养的转化,实现教学着力点从理论与实践向思维与信念转化,进一步明确了思想政治理论课的教学理念重构问题。

首先,"学"是基本点,即指增强思想政治理论课学习"主动性",思政课教师要积极研究学情,课前通过信息化平台发布学习指南,积极引导高校学生课前自学思想政治理论课基本理论,将引导学生主动地学融入教学全过程。具体而言,即指教师主动研究大学生的学情,学生主动自学掌握基本理论,发现理论知识与现实问题的矛盾,主动提出疑问的过程。因此,这就要求思政课教师要有"三心",第一,对教育事业要有责任心,从党和国家伟大事业长远发展的战略高度,深刻认识办好高校思政课的重大意义。第二,对教学要有设计心,思政课不同于专业课，教师要努力培养设计理念与能力，认真钻研不同专业的育人目标，根据学生特点有针对性的做好教育教学设计。第三，对学生要有同理心，就是要实现思政课教师的情感共鸣，不仅将思政课教学作为本职工作，更将其作为引领学生健康成长的事业，感悟思政课教师的职业自豪感与使命感。"学"是教师发展与学生成长的基础，只有教师对高校思政课充满不断探究的热情，学生对自身成长充满自主学习的意识，才能真正发挥高校思政课应有的育人功能。因此，"学研拓思"教学模式以"学"为基本点，将教育环节进行主动化处理，通过发挥教师主导和学生主体作用，强化教师对思政课的使命感，提升学生对思政课的获得感，从而形成稳定的、积极的师生学习共同体。这就要求教师在课前精心选择问题与案例，不仅要对本门课程做到融会贯通，而且要根据学生情况及时更新教学案例，做到不同专业进行不同的教学设计，从而达到有效提升学生的关注度，发挥学生的主观能动性，使学生成为课堂教学中的主体。同时，也需要让学生在课前主动查找相关学习材料，对所学的内容进行整理。在这样的背景下，学生的学习不仅是主动的，而且是具有创新意识的学习，这是上好一堂课的必要前提和重要保证。

其次，"研"是切入点，即指提升思想政治理论课"钻研性"，将主动探究融入教学全过程。第一，在教学环节中，思政教师要全身心投入，认真研判高校不同专业学生的学习基础，密切关注学生的思想变化和心理变化，探寻适合不同专业背景学生的教学方式方法，针对学生困惑进行问题凝练，鼓励学生阐发见解，积极探究问题的根源并寻找解决方法，在不断的思维拓展和释疑解惑中推动学生成长。第二，针对当前思政课教学过程中较普遍存在的"低头族"现象，教师要改变理论讲授满堂灌的方式，精心设计教学环节，优化教学内容与方法，用学生喜闻乐见的教学方式和贴近生活的教学内容，把抽象化、理论化的内容学懂弄通。第三，随着创新创业教育的不断深入，思政课教师要主动将思政课教学改革与创新创业型人才培养协同驱动，加快思政课与创新创业教育的融合，将思想政治理论与创新创业能力培养有机结合，提供相关理论政策梳理与解析。同时，积极参与指导学生开展社会实践调研等创新创业项目，通过竞赛引导大学生自主学习、独立思考与团队合作，提高发现问题、分析问题和透过现象发现事物本质的能力，激发当代大学生的学习热情和干事创业的激情，从而推动大学生将个人理想和民族复兴相结合。

再次，"拓"是关键点。思想政治理论课的终极目标在于能够推动实现人的全面发展，实践是实现高校人才培养的重要举措，将思政小课堂与社会大课堂有效衔接，引导学生在实践教育过程中提升明辨是非的能力。当前，高校思想政治理论课实践教学存在着较多问题，突出体现在对实践教学的重要性及内涵认识不足，与专业教育实践有效融合缺乏，与地域文化融入形成育人氛围不够，欠缺对实践育人的整体设计和合理规划，尚未形成全方位实践育人"大思政"格局。以上种种问题都是思政课引领实践育人的拓展格局尚未构筑，值得认真梳理。针对现存问题，积极构建大思政大实践育人格局，拓展思想政治教育实践育人场域，推进"课程思政"实践育人融合发展，形成高校思政课改革创新特有体系。

最后，"思"是着力点，即指突出思想政治理论课"延展性"，推动广大师生将理论、实践转化为个人内心信念和行动指向，形成可持续发展的内在动力。从教师维度来看，"思"就是要求教师自身和教研团队要经常进行教学反思，总结思政课"学""研""拓"进展状态，关注教学内容与学生思想实际是否贴近，不断提升思政课教学的实效性。从学生维度来看，"思"就是要提升大学生的思想水平和思维能力，勤于反思，在学好专业本领的同时，积极主动将个人价值实现与民族伟大复兴有机融合，促进高校大学生的可持续发展。高校思政课改革创新是一项关乎人的全面发展的系统工程，从个体可持续发展的战略高度，"学研拓思"教学模式能更为显性地将自主性、合作性、实践性和反思性融为一体，从而更为有效地以"思"为着力点和落脚点，加强对当代大学生思维创新的引导，为创新创业型人才培养提供良好基础。

此外，"学研拓思"教学模式不仅仅针对思政课教学环节，更要融入整个高校思想政治教育过程。因此，在具体实施"学研拓思"教学模式时，必须要树立大思政育人理念，积极构建新时代高校"三全育人"工作的新格局。作为一项思想政治理论课改革创新系统工程，"学研拓思"教学模式需要在"学"字上做文章，在"研"字上花气力，在"拓"字上下功夫，才能在"思"字上见成效，发挥对高校立德树人的积极影响。

六、思创融合、协同育人教学模式

（一）协同育人的主要原则与基本特征

1. 基本原则

（1）方向性原则

推进构建思想政治教育协同育人机制过程中，方向性是我们必须坚持的原则。

加强高校思想政治教育工作,旨在能够更好地服务于社会主义现代化建设。所以,在方向性原则指导下,思想政治教育协同育人主要体现在分别从马克思主义、社会主义等不同层面对大学生开展信仰教育。除了与学生健康成长息息相关的同时,甚至在很大程度上关系到整个国家及民族的发展进程。所以,构建思想政治教育协同育人机制过程中,必须要以方向性原则作为其中首要原则。

(2) 系统性原则

强调我们应加强宏观认知,把协同育人体制理解为由不同要素共同构成的统一体,其中的有关要素并非是彼此孤立的,而是具有很强的关联性。不同要素均具有独特的功能特点,当存在要素不和谐的情况下,必将会对整体发展产生较大的冲击,不利于实现整体教育发展目标。

(3) 制度性原则

制度性原则旨在能够实现思想政治教育协同育人的既定目标,全面提升协同育人实效性水平。其中,借助制度性原则,能够有效地对思想政治教育权利及义务予以统一规范,具有稳定性、强制性的特点。也就是说,在完善发展期间,确保制度能够维持积极循环状态,这样也有助于教职人员能够严格按照规章制度来开展工作。在这一原则指导下,国家要求高校应健全完善长效教育体系,为了能够确保发挥机制的长效影响力,要求我们结合社会发展实际来对机制进行针对性优化整合,以此能够达到系统自我优化的状态。

(4) 成长性原则

成长性原则具体表现在下列两点,都考虑到受教育者为高校学生这一特殊的群体。从学生成长层面上看,在向前推进中学生的思想认知也会不断发展调整,20世纪60年代以来,儿童道德发展的研究开始流行,《道德发展理论的新突破——道德基础理论解析》一文对于儿童的道德判断和道德推理占据了道德心理学中的核心地位,在此后的近20年时间里,几乎所有的相关研究都围绕儿童的道德推理能力发展展开,道德判断的研究走向高潮。所以,结合学生道德水平特点,思想整治教育内容协同应该拥有成长性原则,以此能够保持与大学生发展实际相符。此外,从理论创新角度来讲,思想政治教育内容应该增强时代感,不断增强对时代的接受水平。不过在创新发展中需要提升针对性水平,完全按照大学生需求来开展。所以,在这一背景下,要求我们不断优化创新思想政治教育协同内容。

(5) 科学性原则

作为一门系统科学,无论是在理论知识层面还是在实践教育层面,思想政治教育内容均应该严格遵循科学性原则。由此指出机制不同主体在能够确保统一理念、优化资源配置的基础上，还能够贯彻落实协同育人思想，这一协作性拥有相应的技术标准。所以，内容协同要求具备有关技术扶持。协同理念当且仅当能够通过科学技术系统分析匹配的基础上，能够最大限度地发挥思想政治教育的协同整体作用。

（6）交互性原则

协同育人期间，教育内容能够有序推进，在很大程度上与主体适应性有关。机制不同，教育主体借助互动交流能够促进思想政治教育多重叠性、多层次性建设，在重叠期间能够将其中存在的无效教育手段省去，并且能够对教育内容资源进行合理配置，在沟通交流中也能够适时调整优化教育内容，结合实际情况做好教育工作。

（7）整合性原则

整合性原则表现为协同育人机制的系统整合性，在构建协同机制基础上能够全面提升教育内容朝着横向协调性、纵向广度性方向发展。这样也能够很大程度地避免在教育开展期间因教育主体的差异而出现消极影响。

（8）超前性原则

当外界环境等因素发生变化时，思想政治教育内容协同也会出现转变。此外，不同教育主体发展需求存在差异。衡量一种科学理论是否具有生命力，要看它是否尊重科学、服务人民、注重实践、勇于超越和追赶时代。所以，对于思想政治教育内容协同，应该做到超前性，在确保能够拥有稳定教育内容的同时，还存在前瞻性，这样能够促进内容协同和谐推进。

2. 基本特征

（1）组织性特征

自然界和人类社会中的任何系统都可以通过其内部子系统之间的相互作用与协作，形成具有一定功能的自组织系统。作为社会系统中的一个子系统，高校思想政治教育系统旨在能够实现思想政治教育整体目标，该系统具有非平衡性、开放性的特点，本质上看，属于自组织范畴。高校思想政治育人系统作为一种自组织，在和外界环境交流期间，内部子系统相互协作融合，产生序参量，为系统向前发展提供动力。相应地，组织性特征也能够具体划分为他组织性特征、自组织性特征两种不同形式。其中，针对自组织特征，表现为在免受外界指令影响背景下，协同育人系统参照彼此默契的原则，规范有序地确保有关工作能够顺利实现。但是，我们在关注做好协同育人系统自组织性的基础上，还应该关注他组织性特征在其中的影响。某种层面上，系统波动也会受到他组织性的影响。思想政治教育行政管理部门为了做好这一工作，也相继出台颁布了各种政策措施，带领学生对就业环境形成科学的认知，做好就业预期优化整合，形成科学积极的就业理念，为大学生创业能力提升提供发展平台。从中我们能够得到，高校思想政治教育协同育人系统在发展进程中，在高校内部系统、外部社会系统共同努力下，极大地提升了协同育人机制向前发展的水平。

（2）秩序性特征

协同学强调，系统处于无序状态向有序状态转变的过程中。相应地，我们应该在系统中发现，不同序参量在做好对整个系统的控制工作，确保其能够在系统秩序化发展中起到主导性作用。所以，高校育人工作开展期间，除了要关注整体之外，还应该关注其中扮演主要角色的要素，将其作为系统序参量。例如，高校思想政治教育协同育人系统发展中，能够将教育目标作为其中序参量。基础理论课堂教学期间，对应的序参量便是课堂中的师生，确保思想政治教育工作能够形成科学交流，增强效果提高水平。所以，协同育人机制建设发展中，秩序性能够为其提供主要发展动力，在无序与有序间的转换发展期间，系统也不断得到优化发展。

（3）关联性特征

高校思想政治教育协同育人工作涉及教育者团队、受教育者以及不同介质等，不同要素存在关联的同时又彼此独立，并且与整个系统间存在彼此作用的关联。结合协同学理论，社会发展中全部系统的不同子系统均彼此作用与影响，在这一关联性影响下，能够进一步优化系统功能及系统结构。关联性按照关联形式的不同，分为外部关联、内部关联、系统关联三种不同的类型。前两种关联形式，主要在高校思想政治教育系统中不同构成要素间存在，表现为周边环境与不同要素间存在着的关联性关系。在这一关联性的影响下，协同育人结构呈现出稳定性、独特性的特点。课堂教学中，师生之间的关联便属于内部关联范畴，其中，主体与客体间的关联，不同主体间的关联也表现为一种协同关联。在对教育实践流程进行汇总整理期间，教育者和受教育者间并非仅仅表现为教育主体与教育客体的关系，从协同关联性特征角度看，教育者与受教育者之间的地位出现较大的转变，也就是从原有的单一主体关联逐渐朝着内部协同关联的方向发展。与此同时，教育介质、教育者、受教育者也构成协同关联关系。所以，为了优化思想政治教育结构建设，我们应该有效地将内外关联联系起来。

高校思想政治教育育人系统在应用期间，具有全员性、整体性的特点，高校全体教职员工均承担着育人的工作。在育人系统中，其中不同子系统均具有独立性、完整性的特点，不过要想能够实现教书育人的效果，便应该关注系统关联性。相应地，高校思想政治教育协同育人机制发展中，以关联性为前提，能够整合系统资源，促进系统健康有序发展。协同育人机制建设发展中，其中主要步骤便是做好思想政治教育主体协同。其中，协同育人机制是否能够得以成功，在很大程度上与主体协同契合度密切相关。我们应该切实明确思想政治教育主体协同规律。首先，增强思想政治教育不同主体之间的关联性。原有的育人模式下，不同育人要素彼此独立，不同要素的单一作用很难能够发挥作用，不过当各种要素能够融入集体之中，不同要素彼此作用与影响，则能够给集体发展注入全新的发展动力，起到良好的协同效应。如果在引导集体发展的积极影响进一步提升的基础上，也能够带动其中个体效益的提升，反过来也会促使他们更好地为集体发展贡献力量。协同育人机制借助协同效益，能够最大限度地激发不同育人主体的参与热情，不同要素也会不断增强对协同育人机制的认可和关注。

其次，增强思想政治教育不同主体的协同理念。唯物辩证法指出，物质决定意识，意识对物质具有能动的反作用。物质世界发展中，意识形态在其中扮演着关键性角色。所以，我们应该积极培养不同主体的团队合作理念。如果思想政治教育主体不同而协同育人的目标相同时，彼此间形成的协同效应就为发展育人机制提供了发展动力，这样能够确保不同主体彼此影响和促进，由此能够达到一种科学和谐的发展状态。

最后，控制思想政治教育不同主体顺利推进。在积极科学的组织结构框架下，思想政治教育主体能够顺利保证育人机制有序开展，并且在此期间，不同主体在和谐配合下能够增强整体效果水平，并且可以考虑到不同个体发展规律。

（二）思政教育与创业教育的关系

首先，教育目标基本类似。高校创业教育目标是培养和提升学生的综合素养和实践能力，促进学生更好地适应社会发展，引导学生将所学的知识转化为创业能力，培养学生的创业精神。思政教育的目标主要是提升学生的思想道德素养，引导学生树立正确的价值观念，培养学生良好的品质，提升其心理素质和政治素养等。因此，从教育目标方面来讲，大学生思政教育和创业教育都是以提升学生综合素质为最终目的。其次，人才培养的重点基本相同。最后，思政教育是创业教育的保障。有效的思想政治教育是创新创业教育开展的前提。现在很多用人单位在录用人才的过程中，都把人品考核放在首位。一个人的道德品质不是通过短期的技能培训就可以得到塑造的，需要通过长期的思想政治教育过程才能实现。因此，高校必须重视大学生创业教育与思政教育协同发展，提升学生的精神品质和整体素养。

（三）大学思政教育与创业教育协同发展的对策

思创融合协同育人的关键是打破部门壁垒，从顶层设计、统筹规划入手，基于职业教育特质和大学生实际，从教育目的、教育任务、教育要求、教育方法和教育环境等方面开展学科整合，从而科学构建思创融合协同育人机制，促使思想政治教育与创新创业教育相互助力、协同发力，发挥出"1+1>2"的教育融合效能。

1. 构建以素质教育为统领的发展模式

思想政治教育与创新创业教育同属于素质教育范畴，为党育人、为国育才是高校教育的终极目标，二者在教育目标上的一致性，为深度融合、协同育人提供了前提条件。在育人目标统领下，高校必须打破部门管理纵向条块分割，淡化产教之间、校企之间的横向教育边界，整体构建融思想道德素质与专业素质培养、职业能力和创新创业能力提升、个性发展指导与身心健康教育为一体的素质教育体系，并在此框架下构建起协调第一、二课堂，贯通校内外、连接校与企的思创融合协同育人的子体系，实现以完善的高校思政教育体系指导创新创业教育发展，以创新创业思维推动思想政治教育改革，建立起思想政治教育与创新创业教育的动态互动共融共建的发展模式。思创融合协同育人体系与融合发展模式的构建，从宏观层面有效解决了思创融合协同育人的体制障碍和总体行动规划问题，这是思创融合协同育人机制构建与实施的前提与基础。

2. 转变教育理念

思政教育的教学目的就是为了引导学生树立正确的思想观念，而创新创业教育是为了发展学生的创造思维，两者开展协同教育能够有效培养学生的创新能力，并将共同理想转化为个人追求，进而实现高校思政教育的最大化价值。同时，高校要充分发挥思政教育在创业教育中的指导作用，引导学生树立正确的价值观，了解现阶段我国的就业政策，对就业和创业形成正确的认识，结合自身的发展实际，了解所学专业的行业发展动态及对人才的实际需求，并不断提升自身的专业技能。教师可以在入学讲话、班会及讲座活动过程中，不断渗透思政教育，不知不觉引导学生的思想，促进其价值观和职业观的同行同行，内化于行，达到理想的教学目标。

3. 建立思政课与创新创业课的课程共建机制

融合创新创业教育的新型思政课改革与建设，是思政课体现时代性，发挥教育功能，增强说服力、吸引力和时效性的应然选择。思政课要深入挖掘教学内容中的创新创业元素，训练学生的思辨能力和创新思维，培养创业精神，锻炼创业意志。理论教学在提升学生思想素质、价值取向、政治信仰的同时，有机融入对党和国家理论政策的解读，以党和国家的创业史和鲜活生动的大学生创业案例来丰富思政课教学内容，采取创新创业案例教学方式，把社会热点问题植入具体事件之中，深化学生对社会具体问题的认识，培养和树立正确的"三观"。为了更好地实现思政教育立德树人的根本任务，还必须借鉴、发挥创新创业教育的实践价值，推动思想政治教育突破原有的以课堂授课为中心的教学方式，由单一理论课堂向第二课堂的社团协会活动和社会实践拓展。积极开发基于企业实习实训的思想政治教育企业主修课、基于众创空间和创业孵化基地的创新创业研修课，全学程设计构建"课程+活动+研修"的思想政治教育课程模块，从理论教育向实践教育转化，做到显性课程与隐性课程有机结合、理论与实践相统一。

创新创业理论课教学要借鉴思政课的育人方法，加强课程思政建设，不能仅满足于创业理论知识与技能的培养，更应重点加强价值观培育和社会责任担当精神的培养，增强课程的政治教育和人格塑造功能。创新创业实践要对照思想政治教育的教学大纲和教育计划，调整创新创业教育模式，依托课程、项目和活动，全学程系统设计创新创业实践体系，在培养创新创业能力的同时，强化社会主义核心价值观教育。总之，创新创业教育在职业生涯规划与就业指导课程建设中，以及具体的就业创业指导服务实践中，要深入挖掘思政元素，加强思想引领和理想信念教育，全方位发挥育人功能。思政课教师与创新创业课教师在知识结构与素质能力专长方面存在差异性：思政课教师普遍缺少创新创业经历和创新创业意识，对学生专业岗位技能培养问题关心较少；而创新创业课教师政治站位不高、思想政治理论不足。所以思创融合协同育人的实施，关键是引导教师转变教育理念，建立两类课程共建共研机制，两类师资实现人员互聘、课程共建、课题共研、资源共享，定期开展集中交流与教研活动，努力形成资源集聚效应，避免育人条块分割、各自为战，避免出现教育脱节、教育盲区和"两层皮"现象。

4. 提升教师的能力水平

为了满足创业教育与思想政治教育协同发展的需求，高校需要构建一支优秀的教育工作队伍，教育工作者自身的实力要达到一定标准和要求，这样才能够满足学生在日常学习过程中的个性化需求。教师的能力水平直接影响思政教育和创业教育的实际效果，高校要鼓励教师不断提升自我，不仅完善自身基础理论知识，还要重视提升自身的实践能力。首先，学校需要选拔校内思政教育经验丰富，同时又热衷于学生创新创业教育的教师，让其到企业中去锻炼，丰富教师的创新创业实践指导能力。其次，在相关教师选出来之后，学校要加强这些教师的培训工作，积极组织这部分教师参加一些专业的创新创业教育技能培训、思政教育培训、心理教育培训等活动，通过培训能够使这部分教师不仅掌握丰富的思政教育理论知识，也能够具有较为丰富的创新创业教育经验。此外，学校要鼓励这部分教师积极考取相关专业证书，教师只有通过考核取得相应的资格证书之后，才能参与到创新创业教育与思政教育结合的教育实践活动，作为教育精英力量推动大学教育的发展。

5. 建立思创融合协同育人实践共享平台

近年来思想政治教育和创新创业教育都很重视开发实践育人功能。思想政治教育关乎"培养什么人""为谁培养人""怎样培养人"的政治问题，高校更加重视思想政治教育实践体系建设，推进思政课程改革，积极开展课堂教法改革，强化实践育人，如成立思政类社团协会、组织大学生"三下乡"实践、红色教育基地参观、"三农"问题调研、组建党的政策宣讲团和协助开展大学生"青年红色筑梦之旅"社会实践等，同步推进课程思政，强化党团组织和学生日常管理的思想政治教育，突出课程、实践、环境的育人价值与功能属性。高校不断深化创新创业教育改革，实践体系日益完善，基本构建出以课堂、社团协会、双创大赛、大学生"青年红色筑梦之旅"社会实践为支撑的创新创业活动体系和以校内外众创空间、创业孵化基地、创新实践基地为支撑的创新创业实践平台体系，极大促进了大学生创业意识、创新精神和创新创业能力的培养。但是大多数情况下，思想政治教育实践体系和创新创业教育实践体系基本都是平台自建自用、活动自行组织，结果造成资源浪费、教育投入重复、活动排他性强、参与学生覆盖面有限、育人质量和效率都大打折扣。从"三全育人"和思想政治教育、创新创业教育贯穿人才培养全过程的要求出发，应着手建立思创深度融合协同育人的实践共享平台：一是对现有的两类实践平台分别挖掘思政元素和创新创业元素，建设成"思政教育＋创新创业教育"二合一的实践共享平台；二是推动专业层面校内实训基地功能开发，打造集专业实践、创新创业实训实践、思想政治教育实践于一体的多功能共享型专业实训基地，将心理咨询室、职业规划咨询室纳入思创融合教育基地，并积极开发、盘活、拓展校内教育资源与空间；三是积极对外合作，采取嫁接、嵌入、共建等资源整合的方式手段，建立政府、学校、行业、企业多元共建、协同管理、共用共享的校外专创融合、思创融合、产教融合等多样态的协同育人基地，积极推进思创融合实践平台的校内外对接；四是充分利用网站、微信、QQ 等新媒体和腾讯、钉钉、尔雅等在线教育平台，构建"互联网+教育"在线平台，定期推送思想政治教育和创新创业教育方面的人物与事件等典型案例、专家报告等学习资料，以及相关政策、市场信息等，推进实施教育在线融合；五是统筹制定思创融合协同育人实践方案，从主题内容策划、时间安排、人员与场地资源调配、经费预算与使用、前期宣传发动、预期成果、设计实施、总结和理论提炼等方面统筹组织协调。多措并举，最终建成上下联动、内外衔接、多元协同、统筹实施的思创融合协同育人的共享实践平台体系，使思创融合协同育人落到实处。这方面有一个获得广泛好评的成功案例，值得深入研究、理论升华、实践推广。中国国际"互联网+"大学生创新创业大赛同期活动"青年红色筑梦之旅"社会实践，堪称思想政治教育与创新创业教育有机融合、协同育人、协同服务的典范。通过大学生创新创业项目对接革命老区经济社会发展需求，助力精准扶贫脱贫，为创业青年提供了继承革命传统、传承红色基因的精神盛宴，把创新创业实践打造成一堂有高度、有深度、有温度的思政金课，为建立思创融合实践平台树立了典范。

6. 完善创业教育和思政教育的协同体系

高校思政教育和创业教育都是长期发展的过程，无法在短时间内对学生起到明显的作用，因此，高校要端正认识，重视对教育体系的改革和创新，在传授学生理论知识的同时，还要做好思想教育和创业教育，以创新创业教育为核心，以思政教育为引导，以心理健康教育为基础，对相关课程内容进行分类和完善。同时还要给学生创造良好的创业环境，包括资金、技术及人员等方面的支持，重视对学生的创业培训教育，培养其良好的创业精神，使其以积极的心态对待创业。高校要以提升学生社会责任感、创新精神和能力为目标，完善创业教育和思政教育的协同体系，通过教育体系的构建，引导学生把个人成长与国家发展结合起来，使学生能够掌握基本的创新创业知识技能，使学生能够制定科学可行的创业规划，不断实现自我发展、自我突破，全面提升学生的综合素养，提升学生的创业能力。高校要认真分析思政教育与创业教育的关系，深刻认识到两者的指导作用，对学生的思政教育和创业指导不能仅停留在形式上，要结合实际制定科学的教学方案，结合学生的实际需求，真正发挥引导作用。在教学中，教师可以利用网络优势，开展网络创业教育和网络思政教育，不断丰富教学手段，促使创业教育和思政教育有效结合，借助热门互联网平台，提高大学生认同感，充分调动大学生学习热情，优化教育效果。

7. 建立思创融合协同育人动力机制

首先，要调动教师的积极性。建立与思创融合协同育人相匹配的"双导师"制度，鼓励思政课教师、校内创新创业导师与校外兼职教师"结对子"，协同开展思创融合教育，协同指导服务学生就业创业。学校要建章立制，加强思创融合工作绩效考核，对在思创融合协同育人中表现突出的团队和个人予以表奖，同时在职称评定和晋职晋级时予以政策倾斜。其次，要调动学生的积极性。建立第二课堂素质教育成绩单制度，加大对学生思想政治素质和创新创业素质的量化考核权重，实施多元主体考核，建立创新创业教育与思想政治教育实践学分互认制度，规定学生素质教育考核成绩达标方能顺利毕业，形成"三全育人"背景下学生积极参加思想政治教育和创新创业教育实践活动，努力提升综合能力和素质的自我赋能态势。再次，还要调动合作企业的积极性。建立校企合作档案和合作绩效考评制度。基于合作企业的付出与贡献值，试行优生优推制度，吸引企业协同育人，最终实现校、企、生三赢。

8. 重视校园文化建设

高校校园文化对大学生的健康成长具有积极意义。因此，高校要充分发挥新媒体优势，重视校园网的建设和完善，加强思政宣传和创业教育宣传，鼓励学生的创新创业活动，积极营造良好的校园创业氛围，推动创新创业教学活动的开展，同时要积极建立创业平台，加强高校、企业和学生之间的交流，让学生更好地了解社会需求。首先，学校要重视校园文化活动的开展，能够以思政教育和创新创业教育相关内容为引导，确定校园文化活动内容和方式，通过丰富多彩的校园文化活动，实现创新创业教育与思政教育的结合。如学科竞赛活动、创业论坛活动、创业模拟大赛活动等，以营造浓厚的创业文化氛围，对学生的创新思维进行训练和培养。其次，学校可以开展一些主题教育活动，如以理想和信念为主题的教育活动、以爱国教育为主题的教育活动、以社会服务为主题的教育活动等。一方面，通过这些主题教育活动，使学生对国家发展、社会建设、个人发展、个人选择等内容有更为深刻的认识。另一方面，要通过这些主题教育活动，使学生能够把自身发展与国家社会的进步有效联系起来，把个人创业与社会需要有效联系起来，促进学生综合素养的提升。此外，学校还可以开展一些社团活动，以思政教育为引导，以创业教育为主线开展活动，引导学生参加社团，在社团内使学生能够积极参与实践活动，提升学生的实践能力。

9. 完善思创融合协同育人保障机制

（1）组织保障

学校层面成立素质教育工作委员会，全面负责包括思想政治教育和创新创业教育在内的多维教育相互促进协同育人的顶层设计与组织协调，成立素质教育中心，会同创新创业学院、马克思主义学院具体负责推进思创融合协同育人机制构建、资源调配、教学与实践活动计划的制定与组织实施。强化院系两级组织建设，指导和监督思创教育改革的过程实施，健全思创教育融合改革工作的评价标准体系和考核制度，确保相关政策落地和制度执行到位。

（2）师资保障

建立思政课教师与创新创业导师互兼互聘联培制度，人事部门、教师发展中心、素质教育中心会同教务处、马克思主义学院、创新创业学院等相关部门协同组织实施，采取联合开展教学研究、教学研讨、集体备课、专项培训与实践、以老带新跨院"结对子"等措施，实现两类师资共育共享。同时在全校范围择优遴选思创融合型教师，建立思创融合型师资库，实行动态考核和管理。

（3）资源保障

在素质教育下，加大优质教育资源跨部门整合力度，盘活校内闲置资源，开发公共资源教育属性，强化现有资源功能拓展。学校层面设立思创融合协同育人专项研究经费和教改经费，同时建立经费多元投入机制，积极组织课题申报，争取上级专项经费和地方政府、行业组织、合作企业、校友的项目合作经费。加强相关经费的统筹使用管理，重点加强人员、场地、经费的统筹使用和教学文件、教学资源的共享共用，形成资源集聚效应，助力思创融合改革开花落地见成效，保证思创融合协同育人改革建设顺利推进。思创融合可以实现双赢，使思想政治教育和创新创业教育充分发挥教育价值和时代价值，共同完成为党育人、为国育才的教育目标。高校应努力探寻两者融合发展的有效路径，体现大思政观、大创业观和高校教育特色，有效拓展教育的时间空间，培养优秀合格人才，促进大学生充分就业和高质量就业。推动思想政治教育工作、创新创业教育工作的迭代优化升级，使二者深度融合，协作发力，帮助大学生成长成才，顺利步入社会，施展报国才华，为实现中华民族伟大复兴实现中国梦贡献力量。

参考文献

[1] 王璐颖.新技术条件下高校思政教学改革研究综述[J].中国教育技术装备,2017(22):16-20.

[2] 徐趁丽,于金伟.微课在高校思政教学中的应用思考[J].中国现代教育装备,2017(23):61-63.

[3] 赵伟.经济新常态下高校思政教育改革路径思考[J].陕西教育(高教),2018(06):73-74.

[4] 齐玉龙.新常态下高校思政育人工作研究[J].高校辅导员学刊,2015,7(01):1-6.

[5] 赵彤璐.大思政视野下高校思政教学问题探讨[J].高教学刊,2015(20):62-63.

[6] 李丽.微时代背景下高校思政教学改革的探析[J].佳木斯职业学院学报,2016(07):139-140.

[7] 王晓明.新常态下高校工会工作创新和发展研究[J].新丝路(下旬),2016(09):50-51.

[8] 郑文杰.文化多元化背景下高校思政教学改革之探析[J].智库时代,2019(51):203-204.

[9] 齐翙如."互联网+"背景下高校思政教学的改革[J].西部素质教育,2019,5(23):44.

[10] 丁爱云,张敏.微时代背景下高校思政教学模式研究[J].湖北开放职业学院学报,2019,32(04):78-79.

[11] 赵婷,顾晓芬,王秀梅.大数据时代下的高校思政教学改革探析[J].当代教育实践与教学研究,2019(13):26-27.

[12] 郭嫽.探析文化多元背景下的高校思政教学改革[J].考试周刊,2018(13):145.

[13] 彭瑛.以就业导向为视角的高校思政教学改革探讨[J].山西青年,2018

（19）：5-7.

[14] 张巍. 关于"互联网+"背景下高校思政课改革的多元思考 [J]. 中国校外教育，2016（30）：7-9.

[15] 罗玺. 新媒体背景下高校思政教学工作思路创新探究 [J]. 人才资源开发，2017（04）：15.

[16] 陈源波. 高校思政教学与创业教学的融合研究 [J]. 佳木斯职业学院学报，2017（03）：158+160.

[17] 李曼玉. 文化多元化背景下农业高校思政教学改革之探析 [J]. 山西农经，2017（02）：103+115.

[18] 张慧芳. "三生教育"融入高校思政教学的思考 [J]. 智能城市，2017，3（05）：139.

[19] 刘妍. 以"实事求是"的理念看待茶文化与高校思政教学模式的创新结合 [J]. 福建茶叶，2017，39（10）：181-182.

[20] 石丽，王作亮. 创新创业视角下如何优化高校思政教学模式 [J]. 高教学刊，2017（19）：24-26.

[21] 姬其佐. 基于慕课模式的高校思政教学改革研究 [J]. 才智，2017（26）：70.

[22] 张瑜. 文化多元化背景下的高校思政教学改革探析 [J]. 山西青年，2017（06）：284.

[23] 吴玲妮. 文化多元化背景下的高校思政教学改革探析 [J]. 青春岁月，2017（07）：77.

[24] 刘杰. 基于就业导向为视角的高校思政教学改革研究 [J]. 文存阅刊，2017（20）：146-147.

[25] 王揽. 高校"微思政"工作优化策略研究 [D]. 南昌：江西农业大学，2019.

[26] 余波. 重庆市普通高校思政辅导员激励研究 [D]. 重庆：重庆师范大学，2012.

[27] 江慧. 以微课为契机的高校思想政治理论课教学模式探究 [D]. 无锡：江南大学，2017.

[28] 张景瑞. 微信移动学习平台在高校思政课教学中的应用研究 [D]. 福州：福建农林大学，2017.

[29] 崔玉田. "思政课"对大学生形成主流意识形态引导功能研究 [D]. 北京：

中共中央党校，2016.

[30] 丛玲玲. 高校思想政治理论课教学实效性研究 [D]. 长春：吉林农业大学，2016.